ZHONGGUO CHUANTONG JIERI DE
WENHUA YANJIU JI QI SHIJIAN YINGYONG

中国传统节日的文化研究及其实践应用

高巍 著

YSP 北京燕山出版社

图书在版编目（ＣＩＰ）数据

中国传统节日的文化研究及其实践应用 / 高巍著

. —北京：北京燕山出版社，2015.12

ISBN 978-7-5402-4063-9

Ⅰ.①中… Ⅱ.①高… Ⅲ.①节日－风俗习惯－文化研究－中国 Ⅳ.① K892.1

中国版本图书馆 CIP 数据核字 (2015) 第 318924 号

中国传统节日的文化研究及其实践应用

作　　者	高　巍
项目策划	李满意
项目负责	
项目统筹	王梦楠
责任编辑	葛瑞娟
营销编辑	涂苏婷
责任校对	甄　飞　石　英
整体设计	闽江文化
社　　址	北京市西城区陶然亭路 53 号（100054）
网　　站	http://www.bjyspress.com/
微　　博	http://weibo.com/u/2526206071
电　　话	01065240430
传　　真	01063587071
印　　刷	北京长阳汇文印刷厂
开　　本	710mm×1000mm　1/16
字　　数	370 千字
印　　张	23
版　　次	2017 年 6 月第 1 版
印　　次	2017 年 6 月第 1 次印刷
定　　价	68.00 元

出版发行　　YSP 北京燕山出版社 BEIJING YANSHAN PRESS

2003年，陪家严参加在东岳庙举办的中秋晚会，他虽读书不多，但一直鼓励笔者的民俗研究，并曾为笔者提供资料信息

2004年，在北京市东城区文化馆考察春节庙会活动

2004年，策划并参与了在九门小吃举办的"传统京味过除夕"活动

2004年上元节，参加在九门小吃举办的猜灯谜活动

2004 年，在北京市东城区遂安
伯小学参加端午节活动

2004 年，主持在陶然亭公园
举行的端午诗会

2005 年春节前夕，在北京电视
台生活频道介绍节日习俗

2005 年春节，在九华
山庄举办的春节庙会
上介绍民间花会表演

2005 年，参加由《北京
青年》周刊举办的中秋节
作者读者见面会。左为北
京民俗界著名专家常人春

2006 年春节前夕，在中国教育
电视台录制春节系列节目

2007年，在日坛公园参加第三届春分朝阳民俗文化节，与策划人（左）和舞台总监马源（右）合影

参加招待国际友人的民俗体验活动，客串小吃制作

2007年，与北京电视台生活频道编导讨论中秋节特别节目设计

2007 年，主持在天寿陵园举办的中元节公祭大典

2007 年，在天寿山举行的中元节公祭仪式祭坛

2008 年冬至，主持民间祭天仪式

2009年端午节,在圣泉山景区参加游园活动。左一为民间艺术家顾小玲,左三为文史学者方彪,左六为民俗风情画家徐进,右一为景区负责人赫首君

2014年,与画家徐进在什刹海荷花市场参加清明节活动,背景为徐先生创作的《清明风俗图》

2014年,在通州区参加社区端午节活动

2014年重阳节前夕,与剪纸艺术家孙二林一起,在什刹海敬老院慰问老人

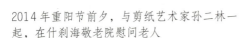

2015 年小年之际，与孩子们一起拓印门神年画

2015 年，参加在日坛公园举办的清明节活动，为大家分发寒食

2015 年端午节，在陶然亭公园举行的祭奠屈原仪式上恭诵祭文

2015 年端午节，在陶然亭公园举行的祭奠屈原仪式上行祭祀之礼

2016 年 4 月，在嫘祖文化研讨会上做主题发言

在呼家楼北里社区，为社区居民讲解端午习俗

在顺义区乡村敬老院给老人、残疾人介绍端午文化

序
Preface

一

　　本书是关于传统节日的理论探索和实践经验的汇辑之作，是笔者多年努力的成果。

　　传统节日已不再被当成个人、家庭的小事，它已融入中国人的民族情感，成为凝聚全民族的精神动力。

　　2005年，中宣部、中央文明办、教育部、民政部、文化部《关于运用传统节日弘扬民族文化的优秀传统的意见》（简称《意见》）中明确指出："充分运用民族传统节日，大力弘扬民族文化的优秀传统，对于推动形成团结互助、融洽相处的人际关系和平等友爱、温馨和谐的社会环境，对于进一步增强中华民族的凝聚力和认同感、推进祖国统一和民族振兴，对于不断发展壮大中华文化、维护国家文化利益和文化安全，具有重要意义。"

　　党和政府对传统节日的高度重视，对其重要意义的着力强调，这在历史上都可以算是罕见的。这体现了党和政府发挥民俗文化的积极作用，不仅仅局限于满足人民群众日益增长的精神文化需求，更是面对世界范围内思想文化相互激荡的现实，从构建社会主义和谐社会的角度作出的战略考虑。

　　与此同时，随着我国社会的持续变革，社会生活多样、多元、多变的特征日趋明显，人们的交往方式和情感表达方式发生了很大变化，而我们的传统节日，无论在文化内涵的挖掘上，还是在节庆活动内容和形式的创新上，都还不能适应社会发展和人民群众的需求。

作为一个民俗工作者，笔者有责任担负起时代的使命，以高度的文化自觉，投入到弘扬传统节日优秀文化传统的工作中去，尽自己的一份绵薄之力。为此，笔者几年来做了以下两方面的工作。

一是对传统节日禁忌、祭祀、庆祝、娱乐等民风民俗进行认真的研究和系统的整理，科学分析传统节日的历史价值和现实意义，深入挖掘传统节日的文化内涵和精神实质，不断丰富传统节日的内容和形式。

二是广泛参与群众性的节日民俗活动和文化娱乐活动，努力引导传统民间节庆文化，使其成为检阅民俗文化成果，发扬民族文化优秀传统的盛会。同时，争取在节庆用品、用语上不断推陈出新，适应时代发展要求，运用现代科技手段，多制作一些美观大方、富有情趣的节庆文化用品，多生产一些安全卫生、健康有益的节日食品，突出民族特色，体现人文关怀，增添节日魅力。把传统节庆活动作为重要的人文旅游资源，通过科学讲解、情景重现、参与互动等方式，让来客参与其中，亲身体验民族民俗节日的无穷魅力。

诚然，以上内容当属笔者认知和努力的方向，在具体实践上还需要本身的执行能力和外界环境的配合。

二

本书具有以下几个特点：

一是理论与实践的有机结合。理论来自于实践，同时，实践又需要理论的指导。因此，本书既包括理论，包括基础理论的学习心得，又含有作者从事传统节日实践的内容和心得体会。正是二者的相互促进，推动了传统节日工作的进一步展开。

二是历史与现实的有机结合。处于 21 世纪的今天，传统节日的内涵和形式都发生了很大的变化。同时，传统节日的内核依然存在，并被不断丰富。所以，一味地回忆过去，或者只是关注眼前，忽略了传统，都不利于传统节日的继承和发展。笔者的目标，是打造既有历史传承，又体现时代风尚的节日新民俗。

三是满足人民群众的精神文化需求与传统节日文化产业开发的有机结合。在市场经济的今天，发展文化离不开市场。只有经历了市场检验的文化产品和服务，才能借助市场这一杠杆，更好地走入百姓生活，发挥应有的作用。

四是中外节日文化的有机结合。中国与外国，尤其是西方国家的节日，在产生环境、节日主题、活动内容方面具有很大差异。纵然是源于中国的传统节日，在蔓延到周边国家以后，也会不自觉地发生变异，呈现出不同的色彩。韩国的端午祭就是如此。这当中，他山之石，可以攻玉。别人好的经验，特别是带有规律性的东西，值得我们借鉴和参考，成为我们创新发展的动力。

为了体现上述特点，本书在内容、结构上作了如下安排。

第一部分是关于文化，特别是中国历史文化的理论探索。以往对传统节日的研究，往往仅限于节日理论本身，使其成为无源之水，无本之木，难以发现问题的本质，只能头疼医头，脚疼医脚，难以根本解决问题。为此，很有必要从整体上对传统节日进行文化溯源，因为文化对节日的规律、本质、发展方向等具有统领、引导乃至决定的作用。

第二部分是关于具体的传统节日以及相关问题的研究，如十二生肖、民间手工艺在年节活动中的作用，具体民俗事项的文化解析等。这当中，不仅包含了笔者的独特感受，同时也是对大量实践经验的总结，具有相当的实用价值。这部分内容也是全书的主体，占有较大篇幅，是理论联系实践的产物。

第三部分是笔者参与传统节日活动设计、组织和实施的成果。这当中，不仅有设计方案，还有活动解说、报道，以及致辞、祭文、歌词等应用文体。从事民俗工作数十年，参加、组织、主持和策划的传统节日活动不可胜数，笔者穿梭于每年大大小小的节日活动和传统文化活动，算是为民俗工作尽了一些绵薄之力，也从中体会良多。这里只选取了几个节日活动案例，希望能给同人和读者提供一些关于传统节日实践发展的思路。

第四部分是从文化发展的宏观角度，对传统节日的生存现状和发展的理论探讨，如非物质文化遗产保护背景下的传统节日研究、创建新民俗的路径等。传统节日理应成为传承和弘扬优秀传统文化的有效方式，因此关于如何利用传统节日弘扬传统文化的问题在这部分也有论述。文化历来都是一个相对比较抽象的话题，为此，笔者多年来阅读了大量的关于文化史、哲学史、艺术史、民俗史以及文化理论、名人专著等方面的书籍，以求能够从理论高度指导自己开展传统文化和传统节日发展的工作。

第五部分，是笔者在从事传统节日研究和实践过程中写就的随笔、散文、感想等内容，从侧面反映了笔者从事理论研究和实践活动的心态、背景等。

本书的写作在一定程度上也算是一种创新，尤其是由一个人来参与诸多方面的活动，这本身就是一种难得的锻炼，非常有利于自己专业水平和实践能力的提高。现在，笔者将其整理成集，供大家参考。同时，祈盼各位领导、方家、同行，特别是广大读者批评指正，以便笔者将来能够做得更好，尽到一个民俗工作者的责任。

作　者

2016 年雨水节气后三天

第三篇 | 传统节日活动实践案例

第四篇 传统节日发展与传统文化

第五篇 | 节日文化畅想

中国传统节日的文化研究及其实践应用

第一篇

活水话源头

——寻找中国传统节日的文化根源

水无源不活，树无根不茂。中国传统节日的发展，离不开其赖以产生和丰富的文化土壤，传统节日也被烙上深深的文化印迹。以儒家为正统，兼道、佛及其他杂家思想，相融共生之下形成的中国传统文化，以及在此文化浸润下，中国人独有的人生观、世界观，无一不体现在传统节日的精神、习俗、物质载体中。由此，在对传统节日进行研究之时，首先探求其背后的文化根源就显得尤为必要。文化根源问题与节日的产生背景、本质、特点、未来走向、观察方法等皆有关。

简论中国文化的基本精神

一、关于文化精神的理解

（一）什么是"精神"

"精"：生成万物的灵气。

《庄子》："吾欲取天地之精，以佐五谷，以养民人。"引申为精粹、精妙、精华、精微。

"神"：指人的意志、精神。引申为不以人的意志为转移的客观力量，人们因不理解而对其产生的兴趣，如玄妙、奇妙。比如"这人神了"这样的说法。

"阴阳不测之谓神。"一种客观存在，人们不一定全都能够感知，于是产生神奇感。

总结："精神"就是指天地万物的精气、活力，万物运动发展的内在动力。

（二）什么是"文化精神"

文化并非空洞的概念，可以具体化为器物、制度、习惯、思想等多种形式。

关于"文化"概念的理解：

"文"："文，错画也，象交文。"（《说文解字》）引申为人文修养，美、善、德行之义。

"化"：本意为生成、造化，"男女构精，万物化生"。引申为事物形态或性质的转变。"教行迁善"。

总结"文化"的本意，为"以文教化"，即以美好的事物和心灵教育，使社会文明之风在人们心中扎根，简称"文明教化"。

英文"culture"是从人类物质生产活动出发，相反，中文的"文化"则从一开始，关注的就是精神领域，注重精神的统领作用，即"人的主观能动性"，所以用"文明"更贴切。

通过以上分析，"文化精神"可理解为：体现在文化的具体形态背后的内在思想基础和发展动力。它决定文化的性质和发展方向。

对于一个人、一个企业、一个民族来说，文化精神都起着非常重要的作用。一方面它提供了做人做事的最高准则和指导思想，另一方面它还为个人或集体的发展提供精神动力，是个人或集体生存发展的精神支柱，是维系民族生存发展的灵魂。

文化精神应体现为具体的民族精神，因为文化都是在特定的背景和环境当中产生的，没有抽象的文化精神。当下有部分人把我们的民族精神表述为以爱国主义为唯一内容的民族精神，笔者认为这种表述难以体现出有着几千年文明史的中华民族在精神层面的独特价值。试问，哪一个国家的人民不爱国？爱国理应成为一个公民的基本义务。20世纪二三十年代，希特勒正是打着爱国的旗号，激起了德意志民族的疯狂。仅仅以爱国主义来定义中华民族的民族精神是远远不够的，不但未能反映中华民族的本质，而且某些时候还会引起社会的误解。

那么，什么称得上是中华民族的民族精神呢？

笔者认为，《周易》中强调的"天行健，君子以自强不息"和"地势坤，君子以厚德载物"这两句话，应该成为中华民族的精神写照。近现代以来，中国不少思想家也都早就提出了这一观点。

首先，"自强不息"和"厚德载物"是对中华民族生产生活经验的总结和提炼。长期的农耕生活让我们的祖先对天文和大地的观察十分深刻，他们从中感悟到了天地自然的精华。天体的运行周而复始，年复一年，四季更替，日复一日，这种规律性的运动已经重复了数亿年。这当中，无论遇到来自自然或人类的多少干扰和影响，它都会义无反顾地运行下去。这种刚毅顽强、不被任何外力所影响的精神，深刻影响了世世代代的中国人。在中华民族几千年的发展中，正是凭着这种精神，我们自强不息、奋斗不止，在战胜各种困难的过程中不断前进，不断取得新的成就。自强不息正是中华民族对天意的深刻理解和实践。

"厚德载物"是对大地美好品格的最高赞美。大地承载着在上面生存的万物，小到一棵草、一个细胞，大到高山、河流，大地母亲都以其宽广的胸怀包容着它们的生存发展。世世代代的先民在土地上耕耘，一分汗水，一分收获。"种瓜得瓜，种豆得豆"，只要有付出就会有回报。大地不仅为人类提供了衣食，而且提醒人类去体悟它所具有的内在品格。四季的轮回让我们察觉到了事情的因果关系，一分耕耘一分收获的现实让我们养成了实干、务实的良好品格。农民的质朴、实在正是大地母亲长期教诲的结果。

以上这些品格，正是我们民族精神的重要来源。这是一种在实践中形成的理念和精神，它已深深地植根于中国人的心中。

所谓传统，就是在历史上形成的，延续至今，仍在影响当代人们的社会心理和思维习惯。传统之所以能够传承至今，正是因为它代表了正确的方向，体现了民族的本质。

二、文化精神的产生背景

俗话说，一方水土养一方人。同样，一方人也因此而形成一方的地域文化。换句话说，任何一种文化的产生都离不开特定的自然环境和人文环境。

（一）自然环境的影响

中国疆域辽阔，地理位置比较优越，适宜农业生产。以黄河中下游、长江流域等早期形成的农耕区为代表，不仅面积广，而且历史悠久。

为什么中国历史上对外国发动的侵略战争比较少？主要是因为以农耕为主的疆域适合农耕，可以满足人口的粮食需要，而往外扩则不适宜农耕。之后随着农业区面积的扩大，大量人口由中原迁到南方、西北、东北，他们尽管也受到当地文化影响，但农业生产方式得到保留，所以农耕文化得以传承。这正是中国文化延续的物质基础。

奴隶社会、封建社会和帝制社会时代，在亚洲，与周边文化相比，农耕文化的经济基础雄厚，历史悠久，流传面积广，所以当时比中国经济落后的朝鲜半岛、日本列岛和东南亚各地，自然形成以中国文化为核心的格局。

自秦汉一统以来，来自北方的游牧民族的强大军事力量不时进入中原，但因缺少文化上的优势，不得不接受农耕文化。

至于西方文化，在近代以前，则因与中国在地理位置上相距甚远，也难以对中国文化形成根本性的影响。

中国疆土辽阔，各地地理特征各异，由此形成了中国文化的多样性，包括不同的生活方式和理念。比如，沿海地区和西部一些地区因依赖大海生活或土地有限，所以很早就产生了发达的商业。相反，在传统的中原农业区，因以农耕为主，商业则长期欠发达。此外，还有靠山吃山的林业，靠水吃水的渔业、养殖业……

具体来说，地理环境对中国文化的影响，主要体现在这样几方面：

1. 农耕经济源远流长，中国文化定型较早，所以习惯按经验办事，少有改革，更缺少创新精神；

2. 经济的多元化产生了文化的多元化，由此造就了中国文化兼收并蓄的包容性格；

3. 文化的早熟和过分发达，致使重视人格修养，人伦道德重于科技发展，科技发明不被重视。比如，祖冲之的数学著作已然失传了，宋应星《天工开物》在清康熙年间已无人知，后从日本传回中国。与此同时，文化的保守性越来越突出。

（二）人文环境的影响

1. 农耕生产以家族为基础，于是形成宗法制度；

2. 人口多、地域广、民族众，需要凝聚的力量和坚强统一的领导，于是形成了专制制度。

宗法、专制两种制度结合，形成"家国同构"的社会政治结构。国是放大的家，家是缩小的国。因此形成的意识形态和思维方式，直接影响到民族精神的形成和发展，但凡史学、文学、艺术、民俗，甚至科学技术无不受其影响。

三、中国文化基本精神的主要内容

中国文化的基本精神是以中国文化为核心的基本思想和观念。中国文化的博大、丰富也必然使中国文化的基本精神发展为一个包含诸多因素的完整体系。

（一）天人合一思想

人生活在天地间，人与天地自然的关系如何？在这一根本问题上，中西文化随着各自的发展，其观点是迥然不同的。

西方在总体上讲究天和人割裂、对立，人要战胜天，代表性口号就是"人定胜天"。相反，中国文化则是讲究天人协调，天人合一。都江堰工程自诞生以来历经千年，因巧夺天工，人力与自然结合，至今仍发挥着灌溉、疏流的作用，造就了四川大平原的天然粮仓。这一方面是因为农耕文化形成了靠天吃饭的传统，人在自然面前力量微不足道，同时也体现了人类对大自然的尊重。另一方面，在长期的生产生活中，中国人感到天与人、天道与人道、天性与人性是相类相通的。这方面的代表，就是礼与俗的关系。礼体现的是人伦关系，自然法则；俗则是按照礼的要求，落实于生活当中的具体习惯和思维方式。

于是，《周易》提出"夫大人者，与天地合其德"的天人合一思想，要求人与自然适应、协调。

庄子认为构成生命的基本元素是"气"。大到自然，具体到人，无不由气凝聚而成，何况人本身就是大自然的组成部分，所以人与自然也就是统一的。但是人类的实践在另一方面也会破坏自然，造成天人对立。

由此，庄子提出了自己的一套理论，反对人为，追求一种"天地与我并生，万物与我为一"的天人合一的精神境界，恢复人性的自然，顺应天意，避免人为所带来的负面影响。在这里，庄子提出了人与自然在本质上相互统一的观点，具有合理性。但同时他又否定人的主观能动性，这又是片面的。理想的状态，是在尊重自然的前提下，发扬人的主观能动性，更好地顺应自然。

古代学者将天人合一作为人生的最高理想来追求。这一主张的意义在于以下几点。

1. 体现了阴阳合万物生的道理，是人与自然共同的法则。

2. 人类只有在尊重自然、顺应自然的前提下，才能有更好的生活。

3. 人做事要合天意，进而强调人格修养。做事先做人，体现了人对事物规律性的尊重和遵守，同时也有利于营造有益自身的良好外部环境。

特别是知识分子，要以人生的实践去完成"为天地立心，为生民立命，为往圣继绝学，为万世开太平"的使命。因为知识分子是民众的引领者，具有引导社会文明进步的作用。同时，他们还是社会的精英，文化的播种人、火炬手。

4. 在尊重自然的前提下，与自然界万事万物和平相处，相互依存。

总之，中国古代"天人合一"思想体现了主客体之间、主观能动性与客观规律之间的辩证关系。人只能在尊重自然的前提下去发挥主观能动性，使万事万物和谐发展。

（二）以人为本的强调

前面讲到的"天人合一"思想，强调了天人之间的统一性，把人的行为归依于天道的流行。与此同时，中国文化并不认为人只能被动地顺应天道，而是非常强调人的主观能动性，把人的情感和意念灌注在天道当中，成为一种外在体现。比如，帝制统治者为了提高自己的身份，自称"天子"，称自己的统治为"奉天承运"，农民起义也打着"替天行道"的大旗。天人之间，人成了主导。这正是中国古代以人为本精神的体现。东汉思想家仲长统强调，人们要顺应四时自然，用天道指导人道，而不要用自然现象随便作为判断人间吉凶的手段。这一思想成为中国帝制社会宣称的人本思想的经典概括。

孔子虽然认天命，但对鬼神取怀疑态度："未能事人，焉能事鬼？"孔子将解决问题的希望寄托于人，将现实的人事、人的生命放在第一位，将事鬼神放在次等位置。

于是，中国人在宗教信仰方面要么多信仰，采取实用主义态度；要么没信仰。这与其说是中国人的宗教意识淡薄，不如说中国人更加把人当成宇宙万物的主宰，注重发挥主观能动性。怎样发挥人的主观能动性呢？按照儒家的理论，就是注重人的道德修养。所以有人说中国的人本精神具有鲜明的道德伦理特色。而道家呢，更强调通过修炼，达到与天道相一致。

实事求是来看，中国人的这种以人为本，注重人的主观能动性的主张，有利于调动人的内在潜能，把人的道德实践放在重要地位。但从另一个方面来看，对人主体性的过分强调，可能会导致忽略对自然规律、自然科学的探索和发现。

重视伦理规范，有利于处理好人际关系，每个人都明确自己所扮演的社会角色，履行一定的义务，维系社会的正常运转。但这样也会在重视群体关系的同时，忽略个体的诉求，甚至不尊重人权和自由。因此，这些理论今天看来是有些落伍了。尽管如此，人本主义高扬人的主体性，肯定精神生活的价值，强调道德理性对于个人境界的提升仍然极为重要。

（三）刚健有为

刚健，就是坚定。《周易》说："天行健，君子以自强不息。"天体的运行自有规律，亘古不变，不会因来自外界的自然或人为的因素干扰而发生改变，体现了无比的坚定性。天体运行的这一特点，正是古代中国人在农耕生产生活的过程中，通过观察天象而发现的。这与农耕文化的需要紧密结合。通过这一观察，古代中国人还发明了廿四节气、中华阳历和阴历计年等方法。

坚定的性格需要体现在具体行动上，所以刚健与有为不可分割。"刚健"有两层意思。

一是有为。所谓有为，就是要敢于担当，具有历史责任感和时代使命感。孔子说："不知命，无以为君子。"反过来说，凡是君子，都应该晓得自己所肩负的使命。那么，作为一个知识分子，负有怎样的历史使命呢？这就是前面提到的，"为天地立心，为生民立命，为往圣继绝学，为万世开太平"（张载）。也有人解释为立德、立功、立言。《易经》把刚健作为一种最重要的品质，正是因为它体现着中华民族的精神。面对来自自然界或人类社会的重重艰难险阻，中华民族自强不息，在挫折面前不断地抗争、奋起，表现出坚韧不拔的精神。

二是独立的人格。所谓独立的人格，就如孟子所说，富贵不能淫，威武不能屈，贫贱不能移。这也体现出一种坚定性，就是不为外界的诱惑、引导所迷惑，始终坚持自己既定的主张。当年孔子周游列国，宣传自己的主张，这当中碰壁的事经常发生。尽管如此，他也没有轻易地改变自己的主张，去迎合统治者。他始终坚持"天下有道则现，无道则隐"。孔子自尊、自重的高尚气节，一直为后人引为榜样。为了保持独立的人格，孔子强调"无求生以害仁，有杀身以成仁"。孟子也说，生存和道义都是可贵的，但是当二者不可兼得时，宁可舍生而取义。

（四）包容、贵和

《周易》说："地势坤，君子以厚德载物。"这是中华民族在几千年的农耕生活中对大地品德的感悟。大地以母亲般的胸怀，包容和承载了万事万物。小到一棵小草，大到江川河流。不论贫富、种族、男女、南北……这种宽厚的品德为大地所独有，值得每一个人去效仿、学习。

西周末年有位学者叫史伯，第一次对和谐理论进行了探讨。他在实践中发现，五味按比例放在一起，可以调制出美味佳肴；六律和谐地排列在一起，就可以演奏出优美的乐曲。相反，如果不是这样做，比如做菜不使用五味，而是只有一味，或咸得要命，或甜得要命，或辣得要命，那么做出的菜肴会无法下咽，遑论美味。同样，六律未和谐排列，而是只有一种声音或杂乱无章，其单调乏味或喧嚣聒噪也是很难让人爱听的。

因此，同一种事物放在一起，只有量的增加，而无质的改变，不但不会诞生新事物，而且事物本身的发展也就停止了。

孔子进一步指出："礼之用，和为贵。"礼作为调整人际关系的强制规范，必须体现和的精神，而和的前提是异，也就是不同。只有先承认不同，才能谈到和。孔子又说："君子和而不同，小人同而不和。"实践中，任何事情都会有拥护和反对两方面。如果拥护的占多数，那么这种事才可能算可行。如果一件事得到所有人的拥护，那是不正常的，一旦出现，可能是过程出了问题。所以，有人反对属正常，一致拥护则往往是不正常的，这属于同而不和，表面的意见统一背后是分歧。而如果是君子，就要把自己的想法提出来，而不是追求表面的同，却把真实想法隐藏起来。孔子把这种判断作为区分小人与君子的重要标准。

中华民族历经数千年而不衰，而且保持着旺盛的生命力，就是因为在历史进程中实现了不同派别、类型、民族间的交流、渗透，兼容并包，多样统一。

著名学者文怀沙曾经提出："佛教尚和气，道教尚清气，儒学尚正气。中华文化贯以正气。"组成中华文化主体的三种文化类型，分别代表了不同的阶层，来源各异。但它们彼此包容，异中求同，共同缔造了中华文化。尤其是对外来宗教的包容和吸收，体现了中华文化"有容乃大"的胸怀。

和谐的最高境界是"太和"，也就是至高无上的和谐。它首先体现为整体的和谐，其次体现为动态的和谐。同时，太和还体现在三个层面，即人与自然的和谐，人与人的和谐，人自身的和谐。孟子也提出，天时不如地利，地利不如人和。俗话说，人心齐，泰山移。

四、中国文化基本精神的作用

（一）凝聚力

共同的生产生活环境和方式，让以往的中国人形成了关于民族精神的共识，并发自内心地认同和遵守，由此增强彼此的认同感和凝聚力，进而形成共同的行为方式和思想观念。

（二）精神激励

这一作用建立在上一个作用的基础上。也就是说，正是因为实现了民族的认同，所以才能将这种认同化为内在的发展动力，鼓舞和激励着一代又一代中国人去为实现民族理想而奋斗。

（三）价值整合

中华民族文化是在多元一体化的格局下发展起来的。不同的地域反映出不同的文化和人文特色。但它们又都是在中国的大地上产生，所以具有某些共同的价值取向。最主要的就是自强不息和厚德载物，不同的地域文化因此融合为一个整体。

中国文化的精神向度

自强厚德——从《易经》乾、坤二卦说起

《易经》中的乾、坤二卦在六十四卦中属总卦，具有统领概括的作用，讲的是一些基本原则，且是其余几十卦的本质体现。乾偏于阳，坤则偏于阴。二者全，而生成万物。乾卦体现的是天德，其本质就是自强不息。其运行不会因任何困难停止或减慢，这正是人应该学习的重要品格。坤卦体现的是地德，就地所代表的功能看，它是人、物等多种生命的载体，以厚德之美承载万事万物。乾、坤二卦共同体现了中国文化中自强不息、厚德载物的根本品质。下面分别就乾、坤二卦做具体分析。

乾卦以龙为形象代表，分别表述了龙处于不同境遇时应采取的不同举措。

初爻象征最低层次，初始阶段或时运不济之时。为此，要能潜隐、忍耐，等待时运转变，切忌操之过急，以误前程。"潜龙勿用"就是不要急于干什么大事，否则只会导致失败。学会忍受，终有机会。

九二爻，"见龙在田"说的是遇到赏识你的人以后，机会来了，要善于把自己推荐出去，让赏识你的人看出你的价值，从而得到发挥才干的机会。

九三爻，人一旦有了点作为以后，最易产生的毛病就是自以为是，闹独立，犯错误，如此必然影响前程。怎么办呢？人越是处于上升阶段，有了成绩以后越要谨小慎微，勤勉做事，夹着尾巴做人，这样才能避免麻烦缠身。

九四爻，因为取得了一定成绩，所以获得许多荣誉，这与其说是好事，不如说新的危机也开始出现。因此，此时更要非常谨慎，尽量少自我表现，因为此时你成了矛盾的焦点，一切目光都集中在你身上，你的不足也会被无限放大，甚至在小河沟里翻了船。此时既要非常谨慎，同时也要注意时机，甚至创造时机，一跃而起，获得成功，稳扎稳打，不失时机，百尺竿头，更进一步。

九五爻，有了地位、权势以后，要了解天下人民的愿望，顺其势，执政为民。"利

见大人"是得到有权势的人的赏识，得到特别的提拔。

上九爻，人的寿数、福数是有限的，当你已然年迈体衰时，能做事的精力越来越少，为此，应找一个适当的时机体面隐退，获得比较圆满的结局，同时也为后来者提供机会。

乾卦的核心，是讲人的一生在不断变化当中，因为只有变才通，通才顺，"元亨利"就是此意。当然，还要有守正的良好品德做保证，即"贞"。所以，乾卦的主题为"元亨利贞"，讲的是做事情的大的原则。要想做到妥善处理内心与外部环境的关系，永远立于不败之地，关键是一个"变"字，不断地处于变化当中，以适应需要。而变的前提为识时务，而非主观妄为。

需要结合具体的人生经历来体会龙在不同阶段的作为，来为自己提供参考。把前面提到的人生六个阶段的处事方法进行总结，可以总结出这样几个原则。

之一，天生我材必有用。其用无非大小而已，绝非无用。那么，究竟是大用还是小用？这要由主体的志向而定。因为没有天生的大材或小材，主要看你的志向，有大用的人往往是因为有大志向，进而不断奋进去有新追求。无论大用小用，与其说靠天赐，不如说靠充实自己，完善自己。

之二，好的时运需要等待。但是，这个等待并非不作为，消极的等待。相反，需要不断地充实、完善自己，作为实力、知识的储备。有人说，学一门东西至少要九百天，基本上是三年。所以昔日有学徒三年零一节的说法。为此，学好一门本领至少要有三年的准备时间。"机遇总是垂青有准备的人"，即使有人可能会赏识你，那也是因为他看到或知道了你有这方面的能力。另外，等待的同时也要不断发现机遇，甚至创造机遇。

之三，保持谦虚谨慎是毕生都要有的品德，不只在底层，而且在高层，盛名之下也如此。不断提升境界、素质，勤勉做事，戒奢戒骄，"终日乾乾，夕惕若"。

之四，不断创新，不断前进，勇于向更高峰迈进。这也是应当终身保有的重要品格，反过来说，当意识到自己力不从心时，也要急流勇退，善始善终。

乾卦教人在人生各阶段如何为人处世，以便能够有所成就。人生不止，奋斗不息。

坤卦则教人要如大地一般包容。就像鲁迅所说，谁也没有办法揪着自己的头发，说是非要离开地球。即使是在空中飞翔的小鸟，它也有降落、休息的时候，因此，大地被称为人之所履。它像母亲的胸膛，包容着自己的每一个儿女，无论是贫穷还是富有，无论是统治者还是劳动人民，无论住在这里还是那里，无论年纪长些还是幼些……母亲爱着她的每一个儿女，无论儿女是一个具体的人，或是一棵小草，她都用自己的心血化成的雨露去滋养大地上的每一个生命。这是何等的胸怀，这是无可比拟的包容。于是《周易·象传》说："地势坤，君子以厚德载物。"大地的这种博大、宽厚，不正是人应该去效仿的吗？"元亨，利牝马之贞"，有了这样的品格，还有什么困难不可以战胜？

坤卦将大地的这一品格具体表述为"直""方""大"三个方面。"直"就是大地德行至善至美，上通于天；"方"是说大地是有方法可循的，春种夏耕，秋收冬藏；"大"是说大地无所不载，万事万物都在地上生长。这三方面在大地身上都以自然的方式表现出来，人们学习领会了，就可以无往而不利。

诚然，人们学习大地这些美德的过程也不会一帆风顺，坤卦的初爻就有"履霜，坚冰至"的提醒。意思是，这种学习犹如在风雪中的冰面上行进，要倍加小心，以免滑倒。

其次，是要深刻体会坤卦的核心，就是阴柔之美，这与乾卦的阳刚之美恰巧形成鲜明的对比，而只有二者兼顾，才有利于形成完整的人格。"六二，直方大，不习无不利"强调了这种领会的必要性。

按照《易经》"爻位学说"，奇数属阳，所以为阳位，而阳爻居阳位才算得位，结果会比较好；同理偶数为阴，阴爻占阴位也居位，得正，也好。运用于生活当中，男女、工农、上下级……不同身份的人要居相应位，否则不是好兆。比如，一个心胸狭隘、能力低下的人靠吹拍、送礼等手段取得了领导权，这就意味着阴占阳位，结果不会好。

即使阳爻居阳位，而且工作上比较顺利，取得了一些成绩，也要注意摆正自己的位置，将功劳归于他人，而非自己所有。保持逊顺、谦恭、节制，凡事不自作主张……这些都是一个居上位的人应具备的品质。

至于下属面对上级之时，则更需小心谨慎，不随便说话，把才华隐藏起来，等待适当的时机，宁可得不到美誉，也不要犯错误。否则会引火烧身，给自身造成损害，即"龙战于野，其血玄黄"。

有人说，坤卦讲的是一个位居从属地位的人，如何去与居于上位的人相处，得到自己想要的东西，其核心是"顺从"二字。笔者觉得这样的理解未免狭隘了，因为大地母亲的宽广胸怀、包容精神更能体现坤卦的内在本质，而且也正是一个人非常需要的宝贵品质。包容首先需要胸怀，而且只有包容他人，才能与他人和谐相处。人生的最大修养是包容。它既不是懦弱，也不是忍让，而是谅他人之难，补他人之短，扬他人之长，而不会嫉人之才，鄙人之能，讽人之缺，责人之误。包容是肯定自己，也承认他人，是一种善待生活、善待别人的境界。在包容的背后，蕴含的是爱心和坚强，是挺直的脊梁，是博大的胸怀。

因此，笔者在此格外强调的还是坤卦本身所要求的那样："地势坤，君子以厚德载物。"这与乾卦所昭示的"天行健，君子以自强不息"不仅构成了天地之大道，而且也应该成为中华民族精神的生动写照。因为中华民族正是在与自然的长久接触中，感悟到了它们的深刻内涵，并化为自身的追求目标。

中庸的真谛

自先秦始，诸子百家，相与争鸣，各树己说。但随着朝代更迭，唯有儒家文化一脉脱颖而出，渐居中国文化的主位。它的内容之丰富、影响之深远，是其他任何文化形态无法比肩的。而儒家思想中的仁、义、礼、中庸等思想，则成为中国传统文化的精神内核。关于这几点的阐释，已浩如繁星，在仁、义、礼三点上少有分歧，唯有对中庸的认识，很多阐释都还只停留在形而上学层次，以至于形成否定的固化思维。中庸思想在儒家文化中的地位不可小觑，只有了解中庸的真正要义，才能对儒家文化有比较彻底和全面的认识。

什么是"中庸"？

房顶上的房梁是房屋中最大、最中、最正的物件，民间甚至赋予它神圣性。而对称、中正、左右平衡不仅产生稳定感，还让人欣赏后产生踏实、平和、悦目的感觉。这种审美观进而成为中华民族的一种宇宙观，一种处世的方法。

孔子认为中庸是至高的品德，道德的最高标准，体现了中正、公正、平正、中和。"中"就是不偏倚，无过无不及；"庸"包括平常、不轻易改变、使用等三种含义。

中庸并非不讲原则，相反，儒家很讲原则。

"中"不是固定、僵死，处于两端中点，或总在某一点，而是随具体条件而变动。

在"过"与"不及"之间保持动态的统一，使各种力量与利益掺和调剂、补充；在大小、刚柔、强弱、周疏、疾徐、高下、迟速、动静之际保持弹性，具有一种节奏感。

中国的哲学不承认绝对对立，只看到事物双方的相对性、动态性。孔子讲，礼乐等方式、规范、原则、标准都是可以调节的，应与时代要求相符。

通权达变是中庸思想的核心，"权"就是秤砣，秤砣的滑动使秤杆保持平衡、统一。孟子认为，中庸必须注重灵活性，懂得变通，切勿偏执一端。

《中庸》一书开宗三句话："天命之谓性，率性之谓道，修道之谓教。""性"就是人性，天所赋予人的本性。儒家认为人的本性为善，但人又往往被丑恶的东西所蒙蔽，表现为不善。所以才要大力启发人的内在美德，提扬善性。"道"本指一个过程，"率性之谓道"，就是顺着性而行，这就是道，用善去待人处世。"修道之谓教"，提醒人们通过修养、学习人道，受到教育。受教育，就是知道、明道的过程。所以开宗三句话讲的是中庸之道的核心，即通过自我教育，来明了性、道、教的关系，实现自我教育、自我监督。

孔子说，好学近乎智，努力实践近乎仁，懂得羞耻近乎勇，通过修身来管理别人，更好地治国平天下。

中庸的境界让我们成就自己，叫成己，还要成就他人，叫成物。实现自己，也成就他人。在爱别人的过程中学会爱自己，万物各安其位，各遂其性，提升自己的境界。这就是平凡与伟大的统一，既目标远大，又脚踏实地，不脱离凡俗世界，在平凡中追求真善美。

中庸辩证法强调矛盾对立的中和，使两端可以同时存在，保持各自特性，促进两端彼此互动、兼济、反应、转化。对立的双方彼此渗透，共存共荣，这是两极或多极对立间的中介关系及其作用。

遇到与自己对立或见解相左的人或事时，出于人的本能，往往想到的是把对方压下去。然而，这样做的结果，就必然是问题的圆满解决吗？恰恰相反，这往往是新的一种对立的开始，而且比以往对立得更强烈，甚至引起矛盾的激化。这样的结果，会使对立的双方都付出代价，有时代价还会非常惨重。

儒家正是因为看出了这一点，所以特别强调彼此的尊重、沟通，从而找出双方都能够接受的最佳利益结合点。这种办法就是中庸之道。所谓中庸，不是无原则地妥协，也不是死抱住固有的观念不做一丝改变，而是审时度势，机动灵活，懂得变通、妥协之道。

这种方法和能力必须通过学习和修养才能逐渐增长。这当中，要注意发挥人善的本性，懂得尊重对方，照顾到对方的利益，在成就他人的过程中成就自己。所以，中庸实际上是一种境界，一种修养，需要在长期实践中不断提升。中庸是一种伟大的品格。

无为与逍遥——老庄的人生哲学解读

道家作为中国传统文化中的另一流，虽然比不了儒家的地位，但其思想精神对中国人的影响也是久远而深入的。儒家讲究入世求道、言道，"学而优则仕"，追求齐家治国平天下之术。道家亦讲求"道"，只不过是无为之道，无所为才能无所不为。古来文人贤者、士大夫之流，在人生路途不畅或倦怠之时，都会向道家思想寻求精神慰藉。大到人生态度，小到具体的审美观，道家思想的影响都渗透到中国人的文化骨髓之中，须臾不可离分。若想真正理解道家思想，则必须对道家学说的两位代表人物老子、庄子的人生哲学进行深入剖析。

我们先说老子的人生哲学。

老子讲哲学，并非只是一种自然哲学。相反，老子的整个哲学都与人的问题有关，体现了对人的本质和价值的探究，对人生理想境界的追求。

老子所描述的道，发轫于对人道的经验体悟，由人道自然化、普遍化和绝对化之后提升而成，道的本质也正是人的本质，以道的特性作为人及社会政治生活所遵从的最高准则。

那么，什么是道的本质要求呢？这就是无为。这里的无为不是无作为。无为首先是对一切不正常、不自然、不合理的作为的全面否定。其次才是在顺应、遵从自然，取法自然之后的有为，这种有为最终复归于天地造化之中。这是对自然环境的适应，而不是主动的自由选择，是在自然规律支配下的"不由自主"的自由选择。这种人生智慧要遵道、行道，与道浑然一体，人为与自然合为一体，水乳交融，天衣无缝。这就要求人生的种种作为、社会生活的运行都要遵从道的种种特性。这里的"道"与其说是"天道"，更不如说是对人道的总结和升华。这是人的自由生存发展的理想境界，老子将其称为"玄同"，就是遵道、行道，与道浑然一体。

这是一种人生的大智慧，即西方所说的"爱智"，这正是希腊语"哲学"的本意。哲学本应是使人聪明、给人智慧的学问。这种智慧不同于一般知识，具有方法论、世界观的意义，而且哲学关注的首先是人生，因为观点、方法对人才有意义。

老子的哲学是这样的一种人生智慧，儒学也讲人的价值、人的性质，但它对人的理解较狭隘，把人仅仅看作道德的存在，其人学是一种道德人学，视野仅限于家法人伦领域。但老子的人生哲学扎根于对自然和人类社会的深刻洞察，对人的存在和本质作追根溯源的探究，把自然看作一切存在的终极根源，也看作人存在的根源，以此作为人生的安顿之地，使人生的意义在更广阔的领域展开，变得更加丰富。所以它回归人类本体，比儒学在开发人生价值、意义和主体的丰富性、自由度上，更深沉、丰满、开放。

儒家也好，墨家也好，往往脱离人的自然本质，仅仅从社会伦理的角度来看人生，所以远不如老子观察人生时的视野广阔。所以老子所描述的"道"具有人生境界的意味。因为它具有整体性、总体性的特色，其主观性与客观性、精神性与实在性相统一，更具自觉性和超越性。

同老子一样，庄子的思想也上升到了人生终极意义的层面。所不同的是，老子更多的是从宇宙论层面进行"道"的阐释，而庄子的思想则更具有个人主义的色彩。受楚地文化的影响，庄子对自由有着更高的期待，他的思想也更富有浪漫主义色彩。

楚位于秦岭－淮河以南长江流域的广大地区。自周代起，楚子熊绎受封，在封地丹阳立国，到战国时，楚已位居战国七雄前列。这里自然环境优越，物产丰饶，生活富裕，礼文化教化的中原风俗和社会制度尚未流传至此。相反，这里还有原始社会的许多遗习，贫富悬殊远不如北方，形成了更为自然的社会及文化发展环境，宗法等级划分并不明显，自由精神表现强烈。

春秋战国时期，一些有学问的人见世乱难以挽救，采取消极态度，独善其身，来到南方楚国一带隐居。丰饶的物产不仅可以让他们衣食能有保障，而且众多的山川湖泽可以给他们带来归隐山水的快乐。他们希望返璞归真，重温昔日的旧梦。隐于楚的著名道者有老莱子、楚狂接舆、陆沉者宜僚、佝偻丈人等。老子也曾隐于楚。以后，隐士作风作为南方文化系统中的一种颇具特色的传统对后世产生影响。像庄子身后五十年出现的著名诗人屈原，以及后来的"竹林七贤"、李白、苏轼及文人山水、魏晋风度、诗词等都受到了隐士作风的影响。

庄子归隐于楚，与这些道者的不同之处在于，他是以退为进，在返璞归真的环境里，深入思考伴随着文明发展所带来的道德堕落，特别是人的异化问题，进而追求一种有利于人的自由发展的途径。他关心人类命运，并为此"著书十万余言"。

庄子具有强烈的平等思想。这种思想显然不是来自北方，因为那里盛行的儒家学说并不承认完全的平等，经济上的贫富悬殊尤为厉害。与之相反，南方的楚国，整个社会保有原始的社会制度、风俗、习惯等，这些因素都可以促使庄子形成他的平等思想。

提到江淮一带原始风俗，"民知其母，不知其父"的母系氏族传统依然保留着。在那里，氏族的每一个成员都拥有平等的权利，也尽一样的义务，平等相处，甘苦与共。这对庄子产生了深刻的影响，并且被他进一步用来反对权威，反对偶像崇拜，坚持用相对的眼光看待一切，甚至被圣化了的尧、舜等圣贤也无不被视为平凡之人，而且强调秕糠皆可为尧舜，所有的人人格平等。

庄子从维护个人自由的角度肯定平等，目的是获得个体身心的绝对自由，培养独立无待的理想人格。这与儒家所倡导的君臣、父子、夫妻的主从地位和人身依附关系形成鲜明的对照，更成为培养文明现代人的理论前导。可见，中国文化中并非只有儒家的说教，也有更具历史和时代感的平等、自由思想，这是中华文化宝库中更重要的组成部分。

在楚文化中，巫术在礼仪风俗中占有相当的地位。在巫术活动中，受祭祀的鬼神各种各样，有天神、祖先神，以及传说中的鬼怪、地祇等，由此显现出神灵崇拜的浓郁世俗色彩。而且，这一色彩还因与其相关的神话更增加了奇丽的内容，从而更具丰富的想象力。这也使巫术和神话更容易导向宗教的信仰。这当中，神被同化为自然，自然也就具有了神性。

受到启发的庄子，很喜欢用具有泛神论色彩的寓言来赞颂他心目中理想的"玉人""真人"，表达他那"时恣纵而不傥"的思想感情。庄子将古代神话、历史传说和民间故事作为表达自己思想的生动方式，将神话中原有的浪漫主义因素与自身葱茏的想象力和昂扬的激情结合起来，形成庄子寓言所具有的独特浪漫主义风格，开启了一个供人们精神自由驰骋的无穷空间。在这个怪异的世界里，藏有极其深长的意蕴。相比之下，北方的神话不仅少，而且品种单一，民间丰富的想象力和对神的崇拜为只讲中庸、人伦，从而过于功利、僵硬、现实和理性的儒家之礼所扼杀。

楚舞楚乐中所体现的浪漫主义风格，也在庄子的思想气质和文学笔法上得到再现。特别是那些在祭祀场合表演的舞蹈，并不像周礼中的舞蹈那么强调稳健有序，音乐曲调缓慢，缺乏热烈的气氛，甚至令人听之欲倦；而是狂舞高歌，充满刺激，使人的内心冲动得到无拘无束的自由伸展，具有强烈的感染力。而且巫师与众人同歌同舞，人与自然万物欢娱相悦。这种率性自然、不拘形迹、反对人工雕琢的审美理想，与庄子所提倡的浪漫主义理想异曲同工。

《庄子》一书笔触时而磅礴，时而细腻精妙，峰回路转，顺当自如，不仅赞美了身心自由的浪漫理想，而且记述的内容本身就是一切音乐舞蹈，体现了楚乐楚舞的神韵。

老子的无为之道、庄子的逍遥游，共同形成了道家大道至简、天人合一、返璞归真的思想追求，从而造就了道家独特的美学观点。何为美？"与天和者，谓之天乐。"这里的"天"指的是天的本质，意味着自然界的原初状态，尊重天性，与自然万物和谐共处，才是人类快乐的源泉。因此，道家认为，主观对客观的认同、顺应，处于和谐状态即为美。而审美，就是对于天地万物之间存在着的各种各样交错的纹理进行解析，体会出当中的对立和秩序。比如，欣赏音乐有三种境界：基层是人文之乐，中间是天地之乐，最高是大道之乐。真正的审美，就要求对人生有所感悟，与自然有所契合，进而有"天乐"之效，即"天人合一"。好的审美对象，应该成为反映自然之和的佳作。那么，审美的目的何在呢？道家认为，审美的目的体现在"淡"和"朴"两个方面。"淡"就是生命活动与自然和谐，心境逍遥，心包天下，无有私心，注重品味事物的内在本质，重精神轻感官，达到怡情养性的目的。"朴"即事物的原生态、自然状态、真实状态。只有朴素的事物才是最美的，只有朴素的心灵才能感受朴素事物的自然美。真是朴的本质，朴是真的表现。"天地有大美而不言。"天地之美在于自然无为，得到了自然无为的道，也就得到了至美至乐。以道德修饰自己，才是最美的人。

从某种意义上讲，道家思想对儒家思想具有反拨之义，后者重现世礼法，前者重超验意义。儒家精进入世，道家无为逍遥。两种思想衍生出不同的人生态度，很巧妙地构成了中国人处世方法的两维。

以来世修今世——佛教的传入与融合

佛教产生于印度，于两汉之际传入中国，确切年代并无定论。佛教传入中国之后，与中国的本土文化进行融合。南北朝时期，佛教的发展进入兴盛阶段。彼时僧尼、寺院的数量增加很快，"南朝四百八十寺"便是当时的确切写照，佛教的发展也已遍布全国。隋唐时期是中国佛教鼎盛之时，这与隋唐两朝皇室对佛教的崇信有很大关系。其后的时间，佛教的发展也遇到了不少阻碍和波折，但始终占据着一定的社会地位。本土化后的佛教（中国佛教）思想，自古至今对中国人的影响都是显著而深入的。

中国佛教在其发展过程中，倡导"一切众生皆有佛性"，而且鼓励每个人通过自己的努力来实现解脱。由此，继承和发展了佛陀的基本精神，体现了对自我价值和个人道德完善的追求。

禅宗进一步充分肯定了每个人在平常生活中解脱的可能性，把中国佛教所倡导的上述主张，落实到每一个平常人的当下之心和当下生活，以此来证明佛智对人与事之本性的彻见。太虚法师特别重视禅宗的这一特色，曾提出"中国佛学的特质在禅"。

禅宗用人性解佛性，把神圣抽象的佛性与人们当下本善的智慧心相联系，认为宇宙本体或精神，也是对具体生命和人生具体实践主体的肯定。所说的修行，就是人的自然生活本身。所说的佛，就是内外无住、来去自由、解脱了的人。宋明以后，"世间法不异佛法，佛法不异世间法""舍人道无以立佛法"等主张，更成为中国佛教界的普遍共识。

西汉以后，儒家的伦理纲常是千年封建社会的立国之本，佛教中国化的过程中，也必然深受其影响，染上浓厚的儒家伦理色彩。最典型的是入唐以后，佛教大倡"忠君孝亲""忠义之心"，认为"菩提心则忠义心也，名异而体同"（《大慧普觉禅师语录》卷廿四），要求"恩则孝养父母，义则上下相怜，让则尊卑和睦，忍则众恶无喧"（《坛经·疑问品》）。同时，佛教不杀、不盗的道德戒规和"诸恶莫作，众善奉行"的伦理训条，也对中国传统伦理道德产生影响。大乘佛教慈悲度人、普度众生的精神，曾激励了近代史上许多仁人志士投身于救国救民的伟大实践。

中国佛教所倡导的"出世不离入世"实际上也是印度佛教"出世精神"在中国文化中的特殊体现。这不仅弥补了中国传统思想对生死等问题关注的不足，而且提供了以彼岸世界的眼光审视现实人生的特殊视角，起到了儒、道等思想有时无法起到的作用。这方面的主要优势，即体现在以主体的"自作自受"和"三世轮回"等进一步丰富传统的人生论，以此来帮助中国人在现实世界中获得精神上的解脱。这也使得一向讲实效的中国人，切实感受到了佛教"面向社会，关怀人生，建设人间净土"的价值。

中国人的天命观与人生观

前文提到，中国文化基本精神中，包容贵和是一项突出的特点。与有些民族的排他性相比，中国文化兼收并蓄，因此在中国历史发展中，才会形成儒、释、道三家并行不悖的情况。中华民族是一个农耕民族，自从它产生之日起，就决定了它自始至终与脚下的土地紧紧相连，因此，中华民族也是最讲求现世的民族。无论是儒家的中庸入世，道家的逍遥无为，佛家的以来世修今世，关注的始终是如何经营好有限的生命，很少单纯地对彼岸世界进行探寻。现世主义是中国人的典型心理，由此衍生出的其他心理，诸如天人合一、信仰多元、为我所用、穷则思变等等，共同构成了中国人的天命观和人生观。

天人合一，即天与人是一个连接紧密的共同体，二者并不是客体与主体的关系，更不是对立的关系，而应该是整体与部分、"为学之初与最高境界"的关系。天人合一是中国人最基本的思维方式，虽然在儒、道、释三家都有体现，但是却各有不同的认识。天人合一表现在日常中，就是对天的敬畏，对自然法则和自然规律的认同。儒家把天当作社会准则和行为方式的本源，认为天赋人权，最高的统治者被称为天子，礼天祭天被当作重大的社会活动。在道家看来，天是自然，人是自然的一部分，从而追求"万物与我为一"的境界。天人合一的理念，使得中国人对昼夜交替、四时变化等自然规律比较重视，这当然也根源于中国人最初的农耕生活状态。

与诸多国家有固定且唯一的宗教信仰对象相比，中国人没有具体而固定的信仰对象。倘若不把信仰一词框定在宗教层面上，那么中国人的信仰可谓是抽象游移又灵活多样的。人总是要寻找一种精神寄托，不然漫漫人生，到底难熬，尤其是在遇到挫折打击时，脆弱无助的心灵更需要精神的慰藉。然而，中国人是比较注重现世生活的，生活的态度是很实际的，这就造成了信仰的为我所用性，信仰的纯度让位于实际功用。以中国的民间信仰为例，菩萨、月老、灶王爷、龙王等等俗信的对象，可以同时被一个人所祭拜和相信，只是在不同的时间、不同的生活状态、不同的心理诉求下。中国传统的"三教合一"也是这种现象的印证。儒家修身，道家养性，佛家修心，是传统中国士大夫的处世哲学基础。一切从自我出发，最后回归到自我，中间所采取的方式和对象则可以是多样的。

"穷则思变"是中国人的另一种典型心理。作为中国传统文化中的主流思想，儒家讲究中庸、通达。如前文所述，中庸思想主张人应该具有通权达变的能力，不能固执一端，亦不能盲目对立，遇事应灵活处理，在为人处事上保持柔韧度和动态性。《周易·系辞下》中也说："穷则变，变则通，通则久。"同时，道家的阴阳和合、阴阳互化的思想，也是强调没有绝对的对立，万事万物都是统一的。这种精神基底，养成了中国人对待生命的灵活态度，因此也才有上文所述三教皆备于我的文化传统，表现在民间信仰上，则是灵活对待信仰对象。

总之，这个在黄土地上生长出来的民族，骨子里有着贴近土地、拥抱现世的心理特质，对天地自然存有崇敬之心，对生命的态度则是实际而灵活的。它不太关注彼岸世界的样貌，更愿意把有限的生命过得踏实而红火。一个民族的心理特质，总是来自于它的文化。中国人的这种天人合一、信仰多元、为我所用、穷则思变等的天命观和人生观，在对中国传统文化具有折射和代表意义的传统节日那里，有着突出的体现。

作为传统文化载体的节日

对传统节日的认识

1. 传统节日的起源与演变

传统节日的产生，至少已有一两千年的历史，有些甚至产生于远古。其中一个显著特点，就是对天时的重视。在长期的生产生活实践中，我们的祖先在世界上最早发明了二十四节气，由此将一年分成了四季，每季中包括六个节气，体现出季节变化的不同特点。

这首先有利于农业生产，并形成春种、夏耘、秋收、冬藏的运作模式，循环往复，延续至今。与此同时，人作为大自然的重要组成部分，也必然随着季节的变化，做出相应的调整，以便保持身体的健康。节日随之逐渐形成，并与节气紧密结合。例如：春节对应的节气是立春，以至前几年有人提出以立春作为春节；端午对应的是夏至；中秋对应的是秋分。而清明则既是节气又是节日，合二为一，在节气与节日的结合上最为典型。

与节气相对应的节日产生以后，成为人们世代遵从的重要民俗，从而保证了人们的生产生活有序进行。尽管今天的中国已不再是农业社会，但节日所体现出的节气特点，以及"天人合一"的理念，对于我们今天的生活仍然具有重要的借鉴意义。

在传统节日的发展过程中，除了与民众生产生活紧密相联的那些根本元素以外，以下几项因素也发挥了重要作用。

一是历代统治者的提倡。在中国封建帝制社会，传统节日无一例外地受到历代统治者的推崇，他们甚至亲历其中，从而推动了传统节日的开展。1928年国民政府开展的"新生活运动"的反传统未能影响到传统节日在民间的流行，可见其群众基础的广泛。

二是神话传说、英雄人物的融入，其中最著名的要数屈原与端午节的关系。屈原作为浪漫诗人，忧国忧民的知识分子，他的事迹融入端午节以后，无疑为其注入了浪漫色彩和爱国主义的内容，从而使这一传统节日不仅出于现实的需要，而且具有了精神层面的意义。除此之外，伍子胥、介子推、曹娥等历史人物的事迹，也丰富了端午节的内涵。

三是民间俗信、道教和佛教与传统节日的不断融和，不仅为传统节日沉淀了文化底蕴，而且也为其增添了丰富的内容，甚至促进了传统节日的新生。最典型的就是七月十五中元节，又称"鬼节"，它体现了中国人慎终追远、崇拜祖先的情结。佛教的盂兰盆会，解救母亲于恶道的说教，与道教地官生日的具体日期有机地结合在了一起，最大限度地满足了中国人对祖先的怀念心理。同时，此时正值夏末，适合在水边欢度夜晚，放荷灯显得奇幻、热闹，又很有教化意义。

四是国内各民族间乃至国际间的文化交流，有利于传统节日不断更新，丰富新内容的同时，表现形式也更加生动感人，从而产生更大的吸引力和感召力。与此同时，中国的传统节日还在周边国家不断落地生根，演绎出别具当地色彩的民俗文化之花。像发源于中国的端午节，在日本演变为"男孩节"，挂鲤鱼旗庆祝；在韩国，端午祭则已成为世界级的非物质文化遗产保护项目。

由此可见，中国的传统节日在漫长的发展过程中积淀了丰厚的历史信息，是文化交流与融合的结果，是中华民族集体创造的文化产品。同时，由于传统节日体现了民众的心理诉求、生活需要、审美情趣和价值观念，所以成为古代人民生活的活化石，体现了中华民族的共同理想、一致遵循的文化通则和符号系统。

就一般情况来说，汉代及其以前是传统节日的萌芽期，唐宋则是传统节日的定型期，晚清时期达到高潮，进入民国后开始衰落，直到改革开放后逐渐振兴，并日益受到重视。

2. 传统节日的特点

传统节日与天时紧密结合，体现节气的变化特点。这不仅有利于农业生产，而且提醒人们顺应天时变化，调整饮食起居。因此，不仅农业社会要重视节日，在科技发达的今天，节日仍然具有独特价值。

传统节日主题鲜明，内容丰富。每一个节日都有自己独特的主题：春节，祈福；

中秋，团圆；中元，祭祖……然而，传统节日都不是单一主题，而是有着丰富的内容。比如，一年中持续时间最长、内容最丰富的春节，包括祭祀、娱乐、饮食等。像初一的拜年，初二的祭财神，初三老鼠娶亲，初四诸神下界，初五破五，初六祭厕神，初七人日，初八祭星，初九玉皇生日……通过丰富的内容，不仅充分展示了祈福方方面面的内容，而且也使得春节的民俗内容花样百出，丰富多彩，热烈喜庆。因此，传统节日集多种文化功能于一身，呈现出复合型特点，满足人们多方面的需求，具有广泛的可参与性。

传统节日体现了强烈的人文关怀，注重亲情的沟通。在农业社会，家族是基本的生产生活单位，人丁兴旺才有利于家族生活的改善，同时，家族内部的和谐也成为重要保障。这两个主题充分贯穿于每一个传统节日当中。像春节的拜年，就是这种亲情沟通的典型，新年伊始就给予人精神的慰藉。中国人祝贺新年不说"新年快乐"，而说"恭贺新禧"，这个"禧"字正是表示祝贺的生动体现。

从时间上看，春天是生发的季节，关注的人群主要是小女孩，所以三月三称"女孩节"；夏天是生长的季节，关注的主体是儿童，所以夏季来临的端午节又叫"男孩节"；到了秋天，进入收获的季节，相当于人到了暮年，所以才有了以关注老年人为主题的重阳节。

对于逝去的先人，我们也不应忘怀，对他们的纪念几乎每个传统节日都有，以此为主题的有清明节、中元节、十月初一烧包袱、十月十五下元节……正是在对先人的纪念中，我们学会了感恩，懂得了责任和家族和睦的重要。

传统节日一直处于不断发展变化当中，并非一成不变。同一个节日，在不同历史时期、不同地域，往往其内容、表现形式、文化功能都会有所不同，由此才显得"百里不同风，十里不同俗"，这是不同地域文化和不同社会需求的必然结果。所以，文化功能一成不变的传统节日并不存在。例如，同是起源于以驱疫仪式为核心的端午节，在南方体现为龙舟竞渡禳灾，并最终定格为拯救屈原。而在北方，特别是北京，则没有这些内容，而是挂钟馗像和蒲剑、艾虎，吃五红或五黄，兰汤沐浴等习俗，而在抗战时期，端午节还被定为全国的"诗人节"，学习屈原的爱国精神成为主题。

由此，中国的传统节日，相较于那些起源于政治、公益因素的现代节日，体现出鲜明的中国色彩，与民族理念、民族精神具有紧密的内在联系。

3. 传统节日的本质

传统节日是一个民族物质文明和精神文明的重要载体，是人们在社会生活中适应天时、物候周期变化的规律，约定俗成，具有丰富内容的特定时间。传统节日以年为周期，以四季变化为轮回，循环往复，自古至今。中国的传统节日经历了漫长的历史发展，包含了丰富多彩的文化元素，不仅记载着中华儿女对自然运动规律的把握，也显示了不同历史阶段的社会、经济、科技发展的水平，同时也反映了中华先人的自然生活节律。

按照《保护非物质文化遗产公约》的要求，节日类的遗产是指人类在历史上创造，并以活态形式传承至今的，具有重要的历史价值、艺术价值、文化价值、科学价值和社会价值的传统节庆活动。其中包含四层意思：一是要有足够长的历史；二是流传至今，而非已消失的；三是其内容是原汁原味、未经现代改造的；四是必须是一个民族传统中的精品，并非所有传统节日都要保护。而判断其精品与否，主要是考察其是否较好地保留了传统节日食品制作方面的知识，节日服饰、装饰装潢方面的知识，节日中的民间文学内容和艺术形式，古老的仪式和优秀的道德理念等。

4. 传统节日的最大魅力

中国的传统节日自产生至今，已经历了几千年的时间。这中间，社会政治、经济和文化环境已发生了翻天覆地的变化，尽管如此，传统节日在今天仍然受到人们的喜爱，甚至赢得了外国人的喜爱。中国的春节已在伦敦、巴黎等许多外国城市成为法定假日，中国的传统节日正走出国门，迈向世界。这固然与中国的经济地位提高、世界影响扩大有关，但从根本上说，也是因为中国传统节日经久不衰的魅力。

这种魅力首先体现了中华民族"天人合一"的理念，而且充分体现了人类主动去适应自然、利用自然的信心和能力，以及由此带来的身心愉悦、出神入化的民俗境界。对自然的了解越深，对自然越感敬畏。同时，对自然充满感恩之心，可以融洽人与自然的关系，密切情感，最终达到"天人合一"的崇高境界。

传统节日通过对自然的祭祀来寻求保佑，同时采用吉祥文化的多种形式，营造喜庆祥和的气氛，令人陶醉其中。在物质方面，也通过特色饮食、年节装饰、民间手工艺、民间文艺演出等形式，给予人们审美的愉悦，令人向往，充满吸引力和感召力。

由此可见，传统节日是适应自然生活节律，调节民众张弛的杠杆。一年中，一个又一个接踵而至的年节，一方面使人感到规整有序的周期感。相对于日出而作、日落而息的日常生活来说，一个又一个年节给予人们简便实用的四时轮回的时间观念。另一方面，节庆还是工作的休息日，让人们在这些时间的节点上获得喘息，尽力快乐一下，放松身心，增强体质，投入新一轮的生产劳作当中。这种方式比起赌博、淫乐来是高层次的娱乐，是通过群体的、健康的、多样的活动，让大家获得身心的愉悦。人与自然的和谐，必将带给人内心深处的平静与祥和，从而升华为一种境界。

传统节日是一种独特的人文符号，从根本上承载着人类对生命的幸福追求。主要由民众参与创造并享受的世俗文化，面向大众，植根民间，为广大民众所了解和亲近。尤其是传统节日所包含的民俗活动，以其丰富的娱乐和饮食形式，给予人们物质和精神的双重享受，吸引着世世代代的中国人。

通过年节文化，可以更加直接、生动、准确地了解民族传统的丰富和深刻。毕竟，传统节日中积淀着中华民族的智慧、技艺和品德，流动着中华文化的精神，以及中国人对根的呼唤。

中国传统文化对节日认知的影响

从以上对中国传统节日的起源、发展与特点的介绍来看，传统节日扎根于古代社会的土壤，与人们的生活紧密相关。传统节日承载了人们对美好生活的向往，丰富了平静如水的日常生活，也寄托了人们对祖先、自然、人类等的情感。传统节日产生于中国古代，与传统文化有着千丝万缕的联系，在节日的发展过程中，传统文化也一直在影响、修正、补充着传统节日的内容和形态，影响着人们对传统节日的认知。

如前文所述，中国人天人合一、信仰多元、为我所用、穷则思变等的天命观和人生观，在对中国传统文化具有折射和代表意义的传统节日那里，有着突出的体现。换句话说，这些天命观和人生观，对传统节日的产生、发展和庆祝方式等起到了很大的影响作用。譬如，天人合一的理念使得古代中国人注重自然节律，从而产生了诸多以自然时令为基础的传统节日，如春分、清明、端午、中秋、重阳等等。其实不难看出，传统节日大都有自然时令方面的基础。"每个月份都有其特定的自然时令背景，这些自然时令背景是该月里大部分节日的共同客观基础。……自然界的寒暑易节以及白天和黑夜的交替在古人看来是一种阴阳变化，而阴阳的交替变化和循环流行正是夏至、端午和冬至的节俗活动的基础。即便是标志着一年之始的春节也是建立在立春的自然时令背景上的。"[①] 中国人的信仰多元和为我所用的实用心理，根源于中国人的现世主义精神。我们知道，祭拜在传统节日中是非常重要的仪式，而中国人的这种现世主义精神，则使得祭拜对象多元化。只要祭拜的对象能够给自己带来心理上的安慰，则不论它是哪一门哪一派。我们发现，某些传统节日可以集儒、道、佛三家信念于一体而毫无违和之感。这也是中国传统节日区别于西方节日的很重要的一个特征。

中国传统文化中的宗族子嗣观念也是传统节日的重要基础。中国古人讲究家族血缘，对祖先的崇拜以及子嗣的绵延都非常重视。因此，祖先崇拜和慎终追远是中国大部分传统节日的重要内容。如春节祭祀祖先，清明节追思先人，中元节缅怀已逝的亲人，等等。与祖先祭祀相对的就是求取子孙绵延，所以求子也成为传统节日的重要习俗。

几乎世界上的所有节日都起源于人类的原始崇拜。人类在蒙昧之初，对周遭的环境只靠感性觉知来认识，似乎万物皆有灵性，而人应该听从自然规律的指引，对自己的生产生活做出调适。但是，为什么各个民族的传统节日又千差万别呢？原因正是传统节日从产生之日起，就与本土文化相融共生，被深深烙上本地传统文化的印记。中国传统节日亦不例外。下一章，我们就从重要的传统节日入手，从具体的节日起源、风俗等方面分析传统节日的文化内涵。

---

① 杨江涛：《中国传统节日的美学研究》，中国人民大学博士学位论文，2008年5月。

第二篇

滴水探深微

——分析中国传统节日的文化内涵

在对传统节日进行文化溯源的基础上，本篇对主要传统节日进行个案探讨，分析每一个节日的历史起源、习俗、物质载体、节日符号等，由此分析其所承载的文化内涵，偶有兼论节日的发展现状和未来的可能走向。本篇内容丰富庞杂，但也自成体系，构成本书的主要内容。

春节

过年谣

小孩小孩你别馋，

过了腊八就是年。

腊八粥，喝几天，

哩哩啦啦二十三。

二十三，糖瓜粘，

二十四，扫房子，

二十五，做豆腐，

二十六，煮煮肉，

二十七，杀年鸡，

二十八，把面发，

二十九，蒸馒头，

三十晚上玩一宿，

大年初一扭一扭。

✳ 年的起源与主要习俗

为什么要过年

年是四季轮回的开始和结束

什么叫年？为什么要过年？虽然这是最基本的问题，但咱们也要说说。为什么别的节日都叫节，就它叫年？这里边有它独特的地方，在年到来的时候，我们首先应该了解一下年的本义。

说到年，首先是四季轮回的概念，这是一个自然的过程。年是一个时间段或时间点，是农耕文化的产物。农作物生长周期的一次轮回就叫"年"。古人说，年，谷熟也，五谷皆熟为有年。古代的"年"字由上面的"禾"和下面的"人"结合在一起而成。这是因为古代的中原地区由于气候的原因，"禾"一年只能收获一次，于是人们把从耕种到收获禾的一个周期称为一年。每年收获禾后，人们便会在头上插上禾作为装饰，一起跳舞祝贺丰收，吃团圆饭享受丰收的成果，举行仪式祈盼来年也有一个好收成，这就产生了过年的习俗。

"年"在世世代代的中国人心中都是一个欢乐的节日，充满喜庆，热闹非凡。然而，在关于"年"的传说中，却是另外一番景象。

传说"年"是一个怪兽，长着犄角，青面獠牙，有的时候住在大山里，有的时候住在大海里。每到腊月三十的时候，这个"年"就爬上岸，糟蹋庄稼，祸害房屋，无恶不作。到这一天，大家都避之唯恐不及。

又到了一年的腊月三十，村东头出现了一位白发的老者。一位老奶奶正要跟着全村的人一起逃到深山里去躲这个"年"。老者问："你们在跑什么？"村民们说："'年'要来了。"老者说："有我在，你们都不用怕。""你？我劝你也跟大伙一起逃命吧。"老奶奶好心地劝道。"没关系，你就让我在这暂住一宿吧。"老奶奶没有多说什么，就跟着大伙一起进了深山。

夜幕降临，果然"年"又爬上岸了。"年"一看村东头最边上的房子有人，就奔那儿去了。刚到门口，"年"就呆在那儿了。原来，门外贴了红红的东西。"年"咬了咬牙还要往里走，这时候突然听到噼里啪啦的声响，爆竹响起来了，"年"被吓跑了。老者告诉老奶奶和众人，"年"这个怪兽怕巨响，只要把竹子扔进灶里烧着，发出响声就能吓跑它。于是就有了"爆竹"。

在传说中，原本欢乐祥和的"年"却被说成了怪物，这似乎与我们的印象差距过大。这体现了我们的祖先对"年"的恐惧。按情理推测，新一年到来，虽然会带来企盼，但结果如何，不得而知，甚至还有可能带来灾难。所以，"年"才会被理解成不祥的恶兽。

然而，我们的祖先对"年"的认识并没有停留在恐惧阶段，而是主动采取一些办法，祛除不利的东西，于是便有了祭祀祈福等系列民俗，祈求各种神灵保佑。这种以祭祀为主要形式的感恩活动要在十二月里持续一个月。"腊月"名称的由来，也正是因为腊肉是一种主要祭品，可见这一个月的祭祀活动之多。

感恩、沟通、休整——春节的三大精神内涵

从"年"的来源和意义看，年是古代农耕社会从播种到收获的一个周期。在周期节点上，人们举行欢庆娱乐活动，庆祝一年劳动的结束，并为来年做准备。由此，我们可以提炼出春节的三大主题：感恩、沟通和休整。

首先，在这个节点上，人们感谢天地、自然和祖先对自己的赐予，并进行祈福活动，希望来年能够得到庇佑。感恩的主要形式是祭祀，即用腊制的肉类食物作为祭品，表达对天地、祖先等各类神灵的崇敬和感恩。这些仪式往往在每年的十二月之初就开始，要持续一个多月的时间。其次，人是社会性动物，我们要生活，就要依靠社会分工，人与人之间相互扶持，因此要感恩，感谢家人和朋友在过去的一年对我们的帮助和照顾。我们在春节期间对家人、朋友表达感谢的主要方式就是拜年。拜年是过年期间最重要、最普遍的活动，人们以此来沟通亲情、友情乃至更广泛的人情。早在宋代，开封府无论官民，都在过年之际相互祝贺。清代《清嘉录》中记载得更加具体："男女以次拜家长毕，主者率卑幼，出谒邻族戚友，或止遣子弟代贺，谓之'拜年'。"现今流行世界的贺年卡，其起源就是中国秦代的谒刺。谒刺上写有姓名、籍贯、职务等内容，有的还写了一些问候的话。在宋代，节日送谒刺已然成风。过年的第三个主题是休整。忙了一年，人们需要一个间歇期进行调整，以便应对来年的忙碌。提到休整，当然主要就是指娱乐了，于是名目繁多的民俗活动便应运而生。像初一拜年，初二拜财神，初三老鼠娶亲，初四诸神下界，初五的"破五"，初六的"开市"，初七的"人日"，特别是正月十五的闹花灯，都成为民间的狂欢。在过去，人们过年娱乐活动的直接表现形式就是庙会。那香飘四溢的各种美食、小吃，那热烈欢快的庙会表演，那货摊上琳琅满目的年货……这一切都构成了庙会的无穷魅力，吸引着来自四面八方的人们。

春节：一个象征和谐的节日

我们讨论了年的本义，明白了春节的主要精神内涵在于对自然、天地、祖先的感恩，人情的沟通以及身体的休养生息。不难看出，春节本身契合大自然的规律，具有欢乐、祥和的特质。春节的产生并非人为生造，而是源于大自然本身的召唤，是一个"自然的节奏"，体现了中国人"天人合一"的价值观。其次，春节讲求物质生活和精神生活的一体混融，二者相互推动，相互引发，体现人们用生活追求愿望、用愿望点亮生活的乐观向上的态度。在春节里，人们集中表达对彼此的关爱，展现亲情、友情和乡情，一片希望与和谐。

作为中国最重要的传统节日，春节典型地体现了中国人的基本价值观念和生活态度，是民族文化精粹的集中展示，相应的节庆活动则是民族情感的黏合剂。春节，一个象征和谐的节日，既是激发民族根源意识的动力，也是传统与现代进行良性对接的一个重要着力点。所以，在国际化的今天，我们更应该过年，更应该过一个有意义、有影响力的年。

我们为什么要过红色年

春节是中国人的狂欢节，是人们积极向上人生态度的显性表达。如果找一种颜色来代表春节，那一定是红色。红灯笼、红春联、红色新衣……为什么我们要过红色年？在不同的文化语境中，红有着正反不同的含义。在中国的语境中，红色是积极明艳的颜色，当然要运用在最喜庆的节日里。其实，红色在民俗中的核心作用是驱邪求吉。因此，冯骥才用四个字来概括年文化的内涵——驱邪降福。

驱邪与求吉，是一件事的正反两面。随着时间演变，人们对自然环境越来越不敏感，红色向纯粹求吉的正面意义转化更多。在春节这个特定的时间，红色传达的是积极的正能量。这是一个团圆、喜庆、祥和的节日，也是社会的正能量、整体的正能量、传统的正能量齐聚爆发的时刻。

红色崇拜，起源于火

从民俗学上讲，中国人喜爱红色，是有悠久的历史渊源的。最早可以追溯到原始人茹毛饮血的时代，这与远古人类学会使用火有很大的关系。火焰不仅给了他们身体上的温暖，同时也可以驱赶野兽，在黑夜获取光亮，这在生理上也是一种温暖和保护。

燃烧的火焰是红色的。同"年兽"的传说如出一辙的是，很多鸟兽因为惧怕火焰，也会同样惧怕有似火焰的红色物体。因此，火焰对人类的庇护也衍生到了红色上。很多事情都会由物质层面转变到精神层面，热爱火焰、热爱红色也同样如此。

物质向精神的演变

火，是生命不可缺少的外部物质条件。后来的天、地、太阳等，都成为人们自然崇拜的对象。对于他们来说，这些是超自然的力量，具有一种神力。当一种东西成为神力的时候，无形中就会被迷恋与崇拜。因此，中国人热爱红色，不仅是因为它在物质层面上代表了能够保护人类、趋利避害的事物。演变到后来，热爱红色变成了一种崇拜，一种图腾，一种精神层面的寄托。

中国人开始产生热爱红色的主观意识，而非猿人时期本能的对火的崇拜，大概可以追溯到四五千年前炎帝黄帝时期。这种意识树立起来后，几千年中又有统治者的提倡和一些新理念的加入等，使得这个信念更加强烈，热爱红色的习俗就慢慢发展起来了。

中国人独有的爱红习俗

其实，对红色的崇拜，并不是中国特有的，古希腊神话中普罗米修斯盗取天火的神话故事说明对红色火焰的崇拜是全人类共有的。但为什么独独中国演变出了这种爱红的习俗？

中国人有个习惯，凡是跟生活紧密联系、产生重要作用的东西，自然的也好，人为产生的也好，都要赋予它一种神力。好像只有这样，它对人们的保护作用才会更加强大。出于这种心理而产生的习俗可能是中华民族特有的。红色被当成是很神圣的、超自然力量的存在。中国人对红色的理解，早已超出了色彩心理学的范畴，这就是文化的力量。人们创造文化，享受文化，这就是人类比其他生物高超的地方。

这代表喜庆、祥和、希望的红色，成为中国人一种特殊的心理暗示。一看到红色，我们内心就会充满正面的感受与力量。这就是红色与中国人的特殊关联。

屹立不倒的主色调

改革开放后，文化多元化了，传统中国红面临各种冲击。然而，这种冲击不但没有削弱红色在人们心中的地位，反而使红色的地位更加巩固，让人们把春节过得更有生命力、更喜庆，在新的形式上使用红色。将来的春节会以红色为主，夹杂一些黄色、暖色或绿色，充满了生机活力，以此来丰富衬托它。但是，红色在春节中是一种无可替代的喜庆色彩。你能想象用绿色纸去写春联，或者用黄色做福字的底色吗？传统春节的重要元素，包括红的运用，是构成春节的必备条件，它的表现形式多种多样，但是人们对这些元素的尊重和使用不会有太大变化。

过年的几大习俗

过年最有意义的应该就是丰富的习俗活动了。那么，过年期间都有哪些重要的习俗呢？

准备得越多年味儿越浓

老北京有一首《过年谣》，"小孩小孩你别馋，过了腊八就是年……"，里边说了好多和过年有关的事儿。但有一点特别值得注意，就是《过年谣》说的基本都是春节以前的事儿。简单来讲，过年过的不是春节那一天，而是腊月到春节这一整段时间，就好像歌谣里说的，过了腊八就是年。

腊八，首先，这个"腊"字指的是腊制品，包括腊肉、腊肠等腊味。从文化内涵上来讲，腊八实际上是祭祀的开始。按旧俗，北京城里，王府也好，民间老百姓家里也好，在这一天，第一碗腊八粥一定是用来祭祀先人。接下来街坊四邻还要互送腊八粥，你给我点儿，我给他点儿，包括家里养的猫、狗、牛、马等动物在这一天都要给它们喝腊八粥，甚至还要给门前的大柳树抹点儿，这代表着我记着你，我感谢你，吃了腊八粥，就该准备过年了。腊八粥的由来，其实不是过去所说的收拾家里的陈粮，准备新的粮食，而是制作腊味祭祀八方神灵。所以吃过腊八粥，年就开始了。

腊八之后，年味儿越来越浓，人们断断续续地为过年做准备。到了腊月二十三，年味儿更浓了：灶王爷上天了，一家之主不在家，婚娶嫁聘一应俱停。这个时候，人们开始扫房，整理卫生，把屋子布置得四白落地，贴上新的窗花、年画，迎接春节的到来。辞了旧，才能更好地迎新。

为过年做准备是非常辛苦的事情，除了打扫卫生，还要准备过年的吃喝。过去老北京过年有个禁忌，就是过年期间不能动刀剪，所以要提前把吃的东西准备出来，该炸的炸，该氽的氽，做成成品或者半成品，加上过去家里普遍不宽裕，更得把一年之中不常吃到的好吃的都给准备出来。

在20世纪六七十年代，一进腊月，我就做一件事，就是帮大人排队买过年的吃的。因为那会儿买各种东西都要排队，包括现在我们很容易就能吃到的冻豆腐、黄花菜、木耳、瓜子、花生等，这里边好多东西都只有在过年的时候才限量供应，而且只供应那么一小段时间。东西准备得越来越多，这年味儿也就越来越浓。

不过，现在过年不比以前了，以前腊月的忙活劲儿现在也很淡了。但是，年味儿是酝酿出来的，虽然不一定非得像从前那样，但是如果能够亲自动手参与，那过年的气氛一定更足。比如，在过年以前，采买大红灯笼、LED彩灯、春联、福字，还有各种新年装饰品。如今的家里不贴门神，同样可以买些现代贴画、装饰画，这些都会给我们增添年味儿。过年期间，如果我们在阳台上挂个大红灯笼，朋友来做客的时候，您跟朋友说到了哪个小区几号楼以后，看见阳台上挂着大红灯笼的就是我们家，这是挺有意思的事情。包括自己亲手撰写春联，快到元宵节了自己动手做灯笼，相信都会给家人留下难忘的印象。

我们去亲朋好友家拜年，是提三斤肘子还是两斤点心并没有太大区别，如果我们能够精心准备一些包含自己心意的礼物，比方说亲笔题写一副嵌字联，把朋友一家人的名字巧妙地安置在对联之中，对方收到这样的礼物一定会高兴。拜年礼物的选择并不在于价格高低，关键是准备这些礼物时的那份心意。

送灶王爷有"正能量"作用

"腊月二十三，糖瓜粘。"这个"糖瓜粘"，就是送灶。向灶王爷表示感恩，给他送到天上去，表示我们这一年做过的事情要让天知道，得到天的评价。可是在这过去的一年难免做过一些不好的事，作为一年的总结，咱们希望得到上天的认可，所以要用糖把他的嘴巴粘住。有人说，灶王爷不就是一张纸吗，干吗让他做一家之主？其实这是老百姓朴素价值观的一种体现，多做好事，不做坏事，给人一种道德上的提醒。所以送灶有着追求正能量的作用，我们的先人设计一个这样居家保护的神灵，它的积极作用是非常大的。

除夕大事——祭祖

什么是除夕的大事？吃年夜饭呀，这可能是大多数人的共识。然而早年间，一家人过除夕时的一件大事却是祭祖。

过去在除夕之夜，祭祀祖先是过年时一项最重要的礼俗活动。届时，家庭主要成员都要穿戴整齐，表情严肃，严禁嬉戏，由家中最高长辈带领主祭。在祭祀现场，在供桌上摆放着蜜贡、月饼、干鲜果品、年糕、年饭、蒸食、炒菜，香烛、蜡扦，"聚宝树""松柏树"也早已供上，祖宗牌位摆放在供桌中央。

一些平民百姓家里没有祠堂，只是在正屋设个祭祖的供桌而已，并要在祖宗灵位前供 3 个包袱（包袱即纸口袋，内装纸钱、冥钞、金银箔叠的元宝锞子）。有些穷户，预备不起那么多的供品，就供 3 盘饺子，或是一些炒菜、馒头、水果（梨不能供），也算是对祖先的一份孝心。

祭祖开始，全体家庭成员肃立于主祭人身后，由主祭人拈起 3 根香在右手边的蜡烛上点燃（如是搞大祭祀，则一次点燃一整股，即 53 根香），然后目视祖先牌位，行注目礼。少顷，往香炉里插香。先插中间，再插右插左。而后在拜垫上三叩首。主祭人起身后，家庭其他成员均按尊卑长幼顺序依次给祖先磕头，起身后，站到一旁。待全体家庭成员全部叩拜完后，祭祖即告完毕，家宴随即开始。

在传统习俗中，吃团圆饭的重要性要次于祭祖。我们先人有一个特别重要的民族传统，就是慎终追远。在过去，人们相信神灵的存在，也由此诞生了各种各样的神，有床神、井神、厕神等。如果过去有沙发，我相信一定还有沙发神。我们一定要创造出各种神灵，好将生活托付给它们。虽然现在很多人家已经不在除夕祭祖，但其中的道理依然值得我们关注。祭祖不能用"封建迷信"这样的说法简单否定，这体现了我们对祖先的感恩。人最宝贵的是生命，对于给予我们最宝贵生命的祖先，无论怎样去感谢都不过分，何况在这个辞旧迎新的重要时刻，对祖先的感恩还多了一份期盼，希望祖先能够继续保佑我们后人。祭祖仪式还能增强亲友间的关系，因为共同祭祀同一先人，让我们感到血浓于水的亲情。

过年期间类似的活动不少，如正月初二拜财神，初八顺星节等。正是这一个又一个感恩活动，协调了人类与自然和祖先以及人与人的关系，让我们生活在和谐友善的环境中。

年夜饭传承是家风

祭祀完毕，接下来就是全家一起吃年夜饭了。年夜饭不仅要一家人坐在一块儿吃饭，更重要的是把自己家里传了多少代人的特殊口味、特殊做法给传承下去，这是非常有意义的。在我们家，特别复杂的煎炒烹炸的大菜我不太会做，但我在过年的时候就特别喜欢准备点儿小凉菜。有两道招牌菜，一个是豆儿酱，一个是芥末墩儿。在吃了很多大鱼大肉的油腻菜之后，这两个小菜清爽、开胃。

年夜饭还特别能体现家庭成员的创意水平，像有的人家炸豆包，做炸豆腐一定要切成三角块儿。这些菜，不仅反映一个家庭的生活水平，也是家庭修养和习惯的体现。一个家的家风，就要靠这些细节传承。与过去相比，我们今天的食材多，工具也多，在这种情况下，更应该自创点符合现代特质的菜品。

以上这些都是过去人们过年必做的几样大事。现在送灶、祭祖渐渐弱化了，年夜饭依然在人们心中处于重要地位，但是形式与以往有大不同，这个后文会提到。虽然时代有变，但是祭祀仍具有积极意义，因它在中国很多传统节日中都占有相当的分量，因此后面会辟专文进行讨论。

说说年夜饭

在中国以及周边过农历新年的国家和地区，几乎都会在辞旧迎新的除夕吃年夜饭，这一传统已持续了上千年。年夜饭也叫"团圆饭""合家欢"。人们往往提前好几天就开始忙碌起来：剁肉馅，包饺子，备菜肴……到了除夕之夜，一家人欢欢喜喜、团团圆圆围坐一桌，品尝美酒佳肴。除夕的年夜饭，是中国人最为看重的家庭宴会。此时，不管路途有多远，人们都希望能够回到自己家中，全家团圆，吃上一顿大餐。这就是为什么人们往往不辞劳苦，千里迢迢，不怕舟车之劳，一定要在年三十前夕赶回家。

年夜饭的内容南北各异，不同年代、阶层的人们，年夜饭的丰俭程度也有很大区别。

一般来说，南方地区的年夜饭多是吃年糕。"糕"与"高"谐音，象征来年生活、事业步步高升，升官发财交好运。新年吃饭，炒青菜是家家必备的盘中餐，表示"亲亲热热"；家家必吃豆芽菜，因黄豆芽形同"如意"，可寄语"如意吉祥"；每顿须有大鱼，但切忌一次吃光，表示"富贵有余（鱼）"。其他的还有如吃芋头（年年有余）、吃枣（春来早）、吃杏仁（幸福来）、吃豆腐（全家福）等各地不同的风俗习惯。

在北方，无论年夜饭是丰是俭，到了午夜 12 点，一定要全家一起吃一顿饺子。而且要全家一起包，把一年的恩恩怨怨都包入馅中，吃进肚子，一切都重打鼓另开张，图的就是一个好彩头。有的人家在除夕夜吃饺子，一定要是素馅，因为要拿来祭祖、敬神，以求得保佑。

饺子是北方广大地区除夕夜必备的吃食，民间春节吃饺子的习俗在明清时已相当盛行。饺子一般要在年三十晚上 12 点以前包好，待到半夜子时吃，这时正是农历正月初一的开始。吃饺子取"更岁交子"之意，"子"为"子时"，交与"饺"谐音，有"喜庆团圆"和"吉祥如意"的意思。饺子成为春节不可缺少的节日食品,究其原因,一是饺子形如元宝,人们在春节吃饺子取"招财进宝"之意;二是饺子有馅,便于人们把各种吉祥的东西包到馅里,以寄托人们对新的一年的祈望。在包饺子时,人们常常将金如意、糖、花生、枣和栗子等包进馅里。吃到如意、吃到糖的人,来年的日子更甜美,吃到花生的人将健康长寿,吃到枣和栗子的人将早生贵子。有些地区的人家在吃饺子的同时,还要配些副食以示吉利。例如:吃豆腐,象征全家幸福;吃柿饼,象征事事如意;吃三鲜菜,象征三阳开泰。台湾人吃鱼团、肉团和发菜,象征团圆发财。饺子因所包的馅和制作方法不同而种类繁多。即使是同一种水饺,亦有不同的吃法:内蒙古和黑龙江的达斡尔人要把饺子放在粉丝肉汤中煮,然后连汤带饺子一起吃;河南的一些地区将饺子和面条放在一起煮,名曰"金线穿元宝"。饺子这一节日佳肴给人们带来了年节欢乐。

在过去,皇帝过年也要吃饺子。不过呢,除了饺子之外,皇家过年的年夜饭会更加丰盛。拿清朝的乾隆皇帝来说,他每年除夕都会把后妃们召集到一块儿,吃一顿团圆饭,而在平时却很少有这样的时候。皇家的除夕年夜饭往往从下午4点就开始了,而此时还没掌灯呢。皇家吃年夜饭的地点在保和殿或乾清宫。乾隆自己单独一桌,菜点都摆在这张桌上。有趣的是,乾隆并不坐在这张大桌前,而是坐在离这张桌有一定距离的一张长几前,看上哪样儿,由太监给他盛过来,真不怕麻烦。乾隆皇帝大宴桌上的菜点,由外到里分成八路,有各式荤素甜咸点心,有冷膳,有热膳,共六十三品,还有两副雕漆果盒,四座苏糕、鲍螺等果品、面食。各种膳点在餐桌上的位置,彼此间的距离也都有尺寸要求。所谓"鲍螺"并非今日宴席所吃的鲍鱼、海螺,清朝皇帝很少吃海鲜,偶尔吃鱼,也只吃松花江进贡来的银鱼、鳄鳇鱼。这里的鲍螺,是一种海产品晾干后磨成粉做成的点心。年夜饭在大菜之外有果钟八品,同奶子、小点心、炉食、敖尔布哈、鸭子馅包子、米面点心等小吃分东西排列,其中"敖尔布哈"系一种满族油炸的面食,还有四品南北小菜。

一切准备就绪后,随着鼓乐声,乾隆皇帝和妃嫔入座。太监们先给乾隆进汤膳,汤膳用对盒盛装。"对盒"即两盒合一,取成双成对吉祥之意。皇上的对盒是两副,左一盒为燕窝红白鸭子腰烫膳一品,粳米干膳一品。右一盒为燕窝鸭腰汤一品,鸭子豆腐汤一品。接着,太监们给嫔妃们送汤,虽然也用对盒,但数量减半,每人一副,内装粳米膳一品，羊肉卧蛋粉汤一品。而且也有规矩，按照等级送完一个，再送第二个。汤品用过后，奏乐停止，开始转宴。所谓转宴，就是将宴席上的各类膳品、陈设（花瓶、筷子、果盒除外），从皇帝桌前开始，在陪桌上转一遍，意为全家共同享用。转宴之后，摆酒宴。皇帝酒膳一桌分五路共四十品，后妃酒膳每桌十五品。皇帝在丹升大东乐声中进第一杯酒，后妃接次一一进酒。酒后进果茶，接着后妃起座，皇帝离宴，祝颂之乐奏起，家宴始告结束。

年夜饭结束后，乾隆皇帝下令把自己吃过的饭甚至连盘子、碗、碟子、勺子、筷子一块儿都赏给亲近的大臣和亲王、郡王们。随后，乾隆皇帝跟大家一起观看"庆隆舞"。"庆隆舞"作为最具满族风味的节目，一直以来都是乾隆皇帝年宴上的保留节目。

皇家的年夜饭更像一场仪式，民间没有这么多讲究，所以方便实惠得多，且更具家庭温情。由于各地物产不同，南北差异很大，这里举一南一北两地的年夜饭为例。

在东北，年夜饭又称"团年"或"合家欢"，因为这顿饭以后就要告别旧岁迎来新岁了，所以又称"分岁"。在古代，人们认为年夜饭还有逐疫、驱邪、健身的作用。因此，年夜饭是全家大团圆的宴会，无论男女老幼都要参加，为了这个团圆，外出的家人都要赶在除夕前返回家来，如果没能及时赶回来，餐桌上要给未归人留一个空位，摆一双筷，表示全家团聚，不少一人。

年夜饭往往是一家人一年中吃得最丰盛最热闹的一顿饭。满桌的酒菜中必须要有鱼，表示新的一年有余钱、余粮，一切都很宽裕。还必须有一碗红烧丸子，表示阖家团圆。曹保明介绍说："根据宗懔《荆楚岁时记》的记载，至少在南北朝时已有吃年夜饭的习俗。"

哈尔滨一带一般人家炒8个、10个、12个或16个菜不等，其主料无非是鸡鸭鱼肉和蔬菜。东北有些地方一般为"十大碗"，讨"十全十福"之彩，以鸡鸭鱼肉及各种蔬菜为主。（江西南昌地区一般十多道菜，讲究四冷、四热、八大菜、两汤。）

北方地区春节喜吃饺子，其寓意团结，表示吉利和辞旧迎新。为了增加节日的气氛和乐趣，人们在饺子馅上下了许多功夫，例如：在饺子里包上钱，谁吃到来年会发大财；在饺子里包上蜜糖，谁吃到意味着来年生活甜蜜；等等。

南方人在除夕夜要吃团子、水磨年糕。江浙和闽粤等地初一吃元宵，或炸或煮；

福建漳州人初一早上吃生蒜和皮蛋；广东潮州人初一吃当地特有的"腐圆"。

安徽南部仅肉类菜肴就有红烧肉、虎皮肉、肉圆子、木须肉、粉蒸肉、炖肉及猪肝、猪心、猪肚制品，另外还有各种炒肉片、炒肉丝等。湖北东部地区为"三蒸""三糕""三丸"。"三蒸"为蒸全鱼、蒸全鸭、蒸全鸡，"三糕"是鱼糕、肉糕、羊糕，"三丸"是鱼丸、肉丸、藕丸。

苏州一带，餐桌上必有青菜（即安乐菜）、黄豆芽（如意菜）、芹菜（勤勤恳恳）。湘中南地区必有一条一公斤左右的鲤鱼，称"团年鱼"；必有一个3公斤左右的猪肘子，称"团年肘子"。皖中、皖南餐桌上有两条鱼，一条完整的鲤鱼，只能看却不许吃，既敬祖又表示年年有余；另一条是鲢鱼，可以吃，象征连子连孙，人丁兴旺。祁门县家宴的第一碗菜是"中和"，用豆腐、香菇、冬笋、虾米、鲜肉等制成，含义为"和气生财"。

合肥的饭桌上有一碗"鸡抓豆"，意思是"抓钱发财"。当家人要吃一只鸡爪，名为"抓钱爪"，意味着明年招财进宝。安庆的当家人要在饭前先吃一碗面条，叫"钱串子"。南昌地区必食年糕、红烧鱼、炒米粉、八宝饭、煮糊羹，其含义依次是年年高升、年年有鱼、粮食丰收、八宝进财、年年富裕。

在南方，人们对年夜饭的菜谱更加讲究名称吉祥如意，菜做出来要色香味俱全。吃年夜饭，一般少不了两样东西，一是鱼，二是鸡。鱼和"余"谐音，象征"吉庆有余"，也喻示"年年有余"；鸡和"吉"谐音，象征"吉祥如意"。一般家庭都会摆上鸡鹅鱼肉，以瑶柱、生蚝等为代表的海味也有一席之地，一些人还会选择羊肉、牛肉等御寒的肉类。

不过，无论东西南北，全国人民的年夜饭餐桌上都讲究"年年有鱼"；整鸡有凤凰上枝头的彩头；青菜加上关键的蒜苗，做成一锅汤汤水水的长菜，象征长长久久；蒸菜取其"蒸蒸日上"的美意。为取其新年好彩头，也有人将红椒、鲢鱼头做成"鸿（红）运当头"，板栗与鸡则寓"大吉（鸡）大利（栗）"。

由于年夜饭准备起来麻烦，现在的人都比较忙，很多人不愿为做这顿饭花太多时间，于是就习惯去饭店吃年夜饭了。但是，愿意在家里吃年夜饭的人还是占大多数。有钱没钱，回家过年。尽管历史的长河绵延数千年，但中国人对家的祈福，对年夜饭的期盼，依然深埋在心中。在酒店吃饭虽然不用为采买、准备忙碌，但是年夜饭的气氛也没有了。况且，一家人在一起吃饭，吃的就是那一口家庭的味道，这些由家里大人传下来，成为孩子们从小习惯的口味，把一家人凝聚在了一起。为此，很多人想出了一种折中的方法，就是从饭店订一些做起来比较费事的大菜，然后在家里再做一些有特色的冷菜、炒菜，拼在一起，成为除夕的年夜饭。随着互联网的兴起，人们也开始尝试从网上订购年夜饭。然而，网购这种半成品年夜饭大多需要通过快递方式收货，所以消费者在网购时应该综合考虑卖家发货地的远近，以减少货物运送时间，并且也要注意保留邮寄明细等相关凭证。在网上购买半成品年夜饭时，一定要选择规模大、口碑好的网站，选择信誉好并且经营时间长的商家。一般商家都必须要在网页上出示营业执照、卫生许可证等证件。同时，因套餐内生食与熟食、原料与半成品是分开包装，所以消费者在大年夜加工食用前要仔细辨别食品质量，在保质期内食用。消费者还要注意产品的生产日期和保质期，注意保存发票、购物聊天记录、收据等有效凭证，以便出现问题后能有效维权。

年味

儿时的年味，就是年夜饭的味道

1967 年的大年初一，我从睡梦中醒来，发现父母都不在家。听奶奶说，今天他们都不休息，照常上班。再看看家里布置，往年过年时才铺的桌布没铺，桌子上该摆的花生瓜子、糖果等也不见踪影。前一晚因和小伙伴疯跑，没在意是否吃了年夜饭。确切的是，今天大年初一的一顿好饭算是彻底告吹——我真想大哭一顿。毕竟，过年吃顿好饭，不光是孩子，也是成年人共同的向往。

1949 年之前，煎（不是炸）灌肠很受穷人的欢迎。猪网油不值得炼油，就拿来润润铛，然后把切成滚刀块的灌肠（实际就是团粉）码在铛内，微火煎熟，一面酥脆，一面软嫩，蘸上香辣的蒜汁，甭提多香了。特别是猪网油那少有的脂肪，也在加热后释放出特有的清香，在雨后清冷的胡同里，散发着诱人的气味。这当中的主要原因，恐怕还是因为那时的人们胃里普遍太素，些微沾点荤腥都令人馋涎欲滴。改革开放之前，市场供应大多是按计划，这与供给的有限有关。到了年根儿，副食本上供应的过年用品开始集中采购。这当中，用的少，吃的多。吃的当中主食少，不过是几斤富强粉，几斤好米。副食小到小花生瓜子、芝麻酱、冻豆腐，大到大肉、带鱼以及黄花、木耳、粉丝……

由于只在年前集中供应，购买的人扎堆排队，而且有时要排好几个队，因此，我的过年记忆就是帮助家里大人去不断地排队，占地儿。有时一早起来就往合作社（副食店）赶，问清每个队卖什么，然后在队尾开始排。每当家里买回一样东西，就觉得离年又进了一步，而且年味正是在我的参与中越来越浓了。赶到除夕之夜，一家人围坐在一起吃团圆饭，大人当着全家人表扬我买年货出力时，心里那个美啊，真够享受一年呢。

长大后，过年就是家的味道

随着年龄的增长，人的生活环境也会发生变化。特别是成家以后，往往会离开父母单独生活。如果再去别的城市发展，则会离父母越来越远。平时工作忙，打个电话问候一下。赶上过年过节，回家的念头越加强烈。

如今，每到过年之际，全国在一两个月的时间里，会发生几亿人次的人口大迁徙，交通运输压力陡增，这是世界上都少见的短时间人口流动，也算是中国特色。2008 年那次南方冰冻灾害，甚至令中央领导出面，协调全国的运输力量，保障旅客回家过年。这种对家乡、家庭、故土的眷恋，是中国几千年农耕社会的结果，是乡情、亲情的集中体现。

刚过阳历年，就听小区里的好几个保洁工聊过年的事。一个人说："我老公先走了。"对方问："这么早？"回答："他先回去把家收拾收拾，然后来接我。"想着这女士说上述话时，心中洋溢着怎样的甜蜜和满足。回家真好。家里有日夜思念的父母，有母亲新拆洗的被褥，里面散发着阳光晒过的清香。锅里是父母亲手做的年夜饭，那是自己从记事起就吃惯的口味。还有家里收拾得干净整洁的房间，明亮的阳光透过大玻璃窗更加艳丽。还有家里的大狗、小猫，一定也还记得当年和它们玩耍的伙伴……

有一年在韩国出差，正是春节前夕。也许是因为在外乡，当地朋友请饭时，我强烈要求去中餐馆，并要求主食上水饺。当时朋友解释说，他们不叫水饺，叫"煮饽饽"。那更好，我们旗人本来就管饺子叫煮饽饽，这不更有家乡感啦？赶到煮饽饽上了桌，着实让人有些意外，号称饽饽的饺子，确实名实相符。坏就坏在煮字上，几个饺子装在碗里，外加多半碗饺子汤，成了实实在在的煮饺子。至于蘸醋或者配辣椒、撒些芝麻等，那就别想了。这是我半百人生中吃的最难吃的一次煮饽饽。甭说，由此更加思念咱老北京的白菜馅饺子啦。

这些年，国人出国旅游早已不新鲜。有时在异国他乡，一听口音是北京人，自然地就觉得亲切，赶到坐到一块儿点的吃食，甭说，大多还是在家里吃的那口，不同的只是换了个地方。共同的口味让我们有了家乡人的感觉。

年夜饭也是一样。当一家人相聚，共享年夜饭时，少不了的是咱家接了几代人的那几道家庭特色菜。我说家庭不是家常，是因为这些菜平常并不常吃，因为做起来不简单，比如米粉肉，单就米粉的制作来说，先要水泡，擀碎，有的还要炒一下，炒出香味来，再去蘸煨好的肉片。

米粉肉是老北京人年夜饭的保留项目，可是做起来一家一味。有的偏甜口，有的味厚，要多放酱，有的还放点豆腐乳或大料之类。总之，细微的差别总是存在的。至于豆儿酱、芥茉墩儿、拌梨丝……尤其成了年夜饭的必选项目。一代代的北京人，正是在老北京人的这些家庭菜的喂养下长大，再把这些手艺一代一代传下去。它们成了凝聚一家人的无形纽带，亲情就这样荡漾在共同的口味中。

据《北京日报》报道，老北京人几乎80%的家庭依然习惯在家吃年夜饭。为什么？就为的是这口，这才是家的味道。而外出吃年夜饭的人们，也有一个有趣的现象，就是往往去自己家乡的风味餐厅用餐，这不也是对乡情的向往和回归吗？

一方水土养一方人。特色的地方文化培育不同的文化性格，也是民族精神传统的具体化。这些文化在辞旧迎新之际的弘扬，正是对民族基因的培养，对民族优势传统的感悟。这是民族传统发扬光大的重要保障。

外国人感受的中国年味，就是喜庆、热闹

近几年，外国的许多城市，尤其是一些欧美国家的大都市，都先后把中国的新年作为当地的法定假日。不光中国人，当地人、外来人也都过中国年。届时，大大小小的唐人街上都会挂起红灯笼，孩子们拿着各种烟花燃放，或者提着各式各样的灯笼东家进西家出。特别是舞龙舞狮的表演更会在街上出现，营造出喜庆祥和的景象。

几年前，一位旅居新西兰的朋友发来短信，希望我录一段音，专门讲讲春节的习俗。因为当地华人正在准备春节的活动，而许多华人，尤其是在当地出生的青少年，不知道春节究竟是怎么回事。所以，我谈春节习俗的录音将在活动中播放。这也许是思乡之情的一种表达吧。

中国年走向世界，反映了中国综合国力的极大提高，中国国际地位的迅速上升。在美国、英国、法国和澳大利亚等国，政商界人士都对中国的春节予以相当重视；在亚洲，除了日韩这些原来就有过年习俗的国家之外，印尼、菲律宾、马来西亚等国也开始确定春节为当地文化的一部分。今后，中国年的影响肯定还会有越来越明显的全球化趋势。

这一趋势产生的背景，正是金融危机后，西方世界看到了中国给世界经济复苏带来的希望。越来越多的外国人开始了解中国，爱上了中国文化，最明显的就是外国人开始过中国年。具体体现，一是各国元首贺春规格的提高。2001年，联合国秘书长用不太标准的汉语向全球华人送祝福。10年后，美国总统、英国首相、德国总理、法国总统……纷纷走上台前，祝贺的形式包括讲话、宴请、大秀汉语等。二是更多国家发行生肖邮票贺新春。受中国文化的影响，生肖邮票在海外越来越流行，发行中国生肖邮票的国家也越来越多。其中，使用最多的中国元素是汉字和剪纸。美国从2011年开始，所有用于一盎司第一类邮件（平信）的新发邮票均为永久邮票，包括中国的生肖邮票。在加拿大，每当生肖邮票发行，购买的人都会排起长队，出现少有的热闹景象。中国的兔年，美国造币局还限量发行了中国兔年的吉利钱，祝贺中国新年。三是春节成为洋人假日，贺年节目缤纷多彩。在亚洲，除中国地区外，在朝鲜半岛、越南、蒙古、老挝、缅甸、柬埔寨、泰国、新加坡、马来西亚等，春节都正成为当地的重要节日。在美国的纽约，当地人在过春节时已不满足于观看舞龙舞狮表演，而是像模像样地实践着中国人的过年习俗。在许多国家的公共建筑上，都会有倒着的"福"字和汉字的"新年好"字样。在澳大利亚，居住在这里的30万华人过新年的习俗，让当地人实实在在地感受到了中国人过春节的年味，尽管此时当地正值夏季。在墨尔本，亮灯仪式和除夕倒数派对之际，当地的"奇艺果"表演剧团连续呈现"浑天仪"表演。类似的还有新加坡牛车水新春国际狮王争霸邀请赛的盛大演出。

中国的新年，成为来自东方的年节文化大餐，正在给世界带来新的喜庆和欢乐。因此，尽管近年来不断有人感叹年味越来越淡，却不能忽视中国年兴起的另一面旺盛景象。比较原来对中国传统年节的彻底否定，应该说，中国传统年节的生长环境已发生根本性好转。眼下的紧迫问题，是要回溯传统、了解本质、熟悉规律，再结合新的时尚，打造传统与时尚相融合的春节新民俗，为年味增添新的内容。

2013年1月30日，笔者在《北京晚报》发文，几十家网站、报刊转载，总结了十大新民俗，此为时代新年味的体现。文章登出后，引起了广泛反响，有效推动了新年俗的产生和发展。

年味就是甜味

2015年腊八，笔者在北京电视台的《过年倒计时》节目中，专门提到年前的准备，认为这是营造年味的主要手段。

早年间，腊月二十三一过，送走了灶王，街上就出现卖年货的各种商摊、大棚，为人们过年集中采购提供便利。这当中，最具年味的还得算是杂拌儿。

杂拌儿是一大类闲食的代表，以甜味的果脯蜜饯为主，而甜蜜、甜美正好是过年带给人们的最美好、最难忘的感觉，这是杂拌儿成为年味代表的原因之一。之二，在过去，大多数人解决温饱都不是件容易的事，哪还有闲钱去买闲食杂拌儿呢？然而，到了过年之际，家里大人纵然再难，也得想方设法给一家人，尤其是孩子买点杂拌儿过年，因为杂拌儿所体现的年味，意味着一家人的亲情、长辈的关爱，以及对新的一年的祈盼。

享用杂拌儿之际，大人往往把杂拌儿中的精华，像蜜枣、桃脯、苹果脯等留给孩子。有的孩子不爱吃青梅，大人就留下来自己吃。老人牙口不好，就选软软的瓜条送跟前。一家人其乐融融，亲情荡漾。特别是让孩子们亲眼见到大人操持一家人生活的不易，对父母的关爱留下深深的印象。

卖杂拌儿的商家，为了满足不同消费层次的需要，特意把杂拌儿分为上、中、下三种。上等又称细杂拌儿，基本以糖渍的果脯为主，往往是有钱人家才能享用。中等的杂拌儿会在果脯中再加一些花生粘、核桃粘、焦枣、金糕条、天津豆等干果，等级要低一些。最次的粗杂拌儿则几乎无果脯，顶多有晒干后用糖精泡一下的杏干，其次是苹果干、大小花生、瓜子、糖豌豆等。这三类杂拌儿尽管等级不同，内容各异，但共同特点是都有甜味，所以统称为杂拌儿。早年间，卖杂拌儿的店铺不少，山货店、食品店也卖，著名的有聚盛长、聚盛公、聚盛发等，如今，经公私合营后形成了北京果脯厂（即红螺食品集团）。

对这些前店后厂的企业来说，生产果脯是其主业，连带的还有酸梅汤、栗羊羹、茯苓夹饼等甜食，这些也都成为过年期间走亲访友、居家休闲的特色食品。其中的山楂糕、茯苓饼、羊羹等还有滋补保健功能，这无疑更为过新年提供了有益的补充。

对于今天的消费者来说，果脯（杂拌儿）似乎不稀罕，但它带给我们的美好回忆，特别是在制作年节食品（如腊八粥、年糕、元宵、粽子、月饼、重阳糕……）时的辅料作用，仍然是不可替代的。它已成为北京人心中最甜蜜的代表，尤其在过年期间。

守岁的神圣意味

除夕，不光一家人要围坐在一起，吃一顿团圆饭，而且还要守岁。

所谓守岁，就是除夕之夜，全家人都不去睡觉，而是打牌、聊天或进行各种娱乐活动。孩子们则点上灯笼到处乱窜，随时点个小鞭扔出去听响，或是坐在家里的炕上掷骰子，捻升官图。

守岁的传统早在晋朝就有。唐太宗李世民的《守岁》中也提到"共欢新故岁，迎送一宵中"。守岁的传统反映出原始信仰的色彩，提醒人们珍惜时光，体会时间如水东流的紧迫感。民间认为，能熬过年夜者，可一年不犯困，否则从年头到年尾都容易走魂。守岁，多一番年夜的感悟，迎来新一年的大变。按照宋代的说法，"守冬爷长命，守岁娘长命"。可见守岁是对新年伊始的祈盼，由此产生心灵的激荡，充满了对生命的感悟，对未来的期待。

守岁既然如此重要，自然不能枯坐无聊，否则容易犯困。从宋代开始，人们发明了守岁之际享用的"压岁盒"，内盛糖果点心，供闲聊饮茶时佐茶之用。吴自牧《梦粱录》记载："是日（除夕）内司意思局进呈精巧消夜果子合，合内簇诸般细果、时果、蜜煎、糖煎及市食。"细想起来，除夕当属寒天，能吃的所谓细果、时果很少，不外乎冰海棠、金橘之类。但是蜜煎、糖煎及市食值得一说。

这当中，蜜煎、糖煎都是历史悠久的加工果品的方法。蜜煎今为蜜饯，始于三国时期，将鲜果浸入蜂蜜内进行防腐处理，既有利于保鲜，又能增添甜味，这是果脯加工的雏形。到了宋代，"蜜煎：剥生荔枝，榨去其浆，然后蜜煮之"。这表明了工艺的改进，即先用盐浸，然后晾晒到半干，再以蜜煮之。在当时，北方的契丹人已开始用蜜饯山果作为送给宋朝的礼物，证明他们已掌握了蜜饯的加工工艺。几百年后，来自北方的满人进入北京，建立清朝，也把这种工艺带来，并在宫中乃至民间逐渐流传开来。

用于做蜜饯的鲜果，其种类很多，颜色各异，往往看上去红白黄绿色都有，鲜艳好看。所以，这些蜜饯俗称"杂拌儿"，意思是丰富。《中国风俗词典》说杂拌儿是将苹果、杏等果脯掺杂在一起的一种小吃。这一说法虽然不错，但不够具体。因为小吃的范围过广，像便餐、闲食、酒菜儿、点心等都叫小吃。而蜜饯果脯应该属于其中的闲食或零食之类，只是在休闲娱乐时享用的小食品。但蜜饯的作用还不限于此，比如一些年节食品，如腊八粥、年糕、元宵、粽子、月饼，甚至重阳糕等都会以它为原料。这正是长年来人们对蜜饯果脯情有独钟的原因。尤其在新年之际，辞旧迎新的主题，从果脯（杂拌儿）带给人的甜蜜感受中能充分地体现出来。

果脯（杂拌儿）不仅能用蜜饯，而且可以用糖饯。比如，杏干算是杂拌儿中比较粗的一种，但它并不是只把鲜杏晾干而已，而是要用糖再饯一下，增加甜味。当然，糖饯的杂拌儿并非都是粗杂拌儿，细杂拌儿也有，而且甜度也不比蜜饯差。

当这些粗细杂拌儿再加花生粘、核桃粘等甜食、干果，还有鲜果汇聚一盒，在除夕之夜供人享用时，带给人的感受也就不只限于果腹、休闲了。杂拌儿所用水果的吉祥寓意，还可以与过年主题紧密结合，如苹果象征平平安安，柿饼象征事事如意等。而且它们还可以带给人更多的联想。比如，杂拌儿种类虽多，颜色各异，但它们所象征的甜蜜，还让人想到家庭的温暖、长辈的关爱、手足的亲情，进而激发起对家庭、民族的承担精神。如柿子，无论是柿饼还是冻柿，因其具有耐储存、可变形的特色，所以民间形成了吃"忍柿"（忍事）的风俗，就是不招事，不惹事，凡事退让、忍让。这虽然往往出于无奈，但也有利于增强个人修养，尤其是戒除小孩的任性，让他们凡事会忍。所以过年吃"忍柿"也是一种民俗。由此，大年夜的守岁之际，"压岁"或"消夜果子盒"还有了一些神圣的意味。

春节禁忌"破五"解除

正月初五，也就是农历传统春节中的"破五"，因民间认为在这一天以前的诸多禁忌皆可破而得名。不管是对商家还是普通老百姓来说，"破五"都是一个非常重要的日子。

"破五"并非年过完了

初五在春节里是很重要的日子，破五就代表着春节告一段落，而且这个"破"字，也意味着春节里的很多禁忌在这一天都可以解除了。尤其是靠力气吃饭、吃开口饭的人，很多没有什么积蓄，平时都是早上出去找活儿，赚到钱回家一家人才有饭吃。在春节时，这些行当都被迫休息，到了这一天，就可以陆续开始新一年的营生了。普通老百姓家在这一天也开始收拾用过的碗筷，打扫房间，准备开始正常的生活，在这之前，一般是不允许搞卫生的。

当然，并不是说到了初五年就过完了，在很多地方，一般要到正月十五以后才算过完年，尤其是北京地区，要看完正月二十九的雍和宫打鬼才算过完年。对于老百姓来说，"破五"是过正常日子的开始。

商家"破五"祭财神开市

对于商家来说，"破五"是个尤其重要的日子，在这一天，商家要祭财神。虽然初二也要祭财神，但初二祭财神是对全社会来讲的，不管信不信都要拜一拜，对商家来说就是初五。在初二这一天祭财神一般只准备一张供桌，但初五必须摆满三张供桌的，规格不亚于除夕。

摆好贡品以后，店铺的东家需要带着掌柜的还有伙计们一起点上高香，请财神爷进门。祭完财神以后最重要的事情就是请幌子，请完幌子以后，鞭炮齐鸣，表示正式开市。

滚蛋包子"破五"吃

"破五"这一天，商家还有一项很重要的工作，就是聘任或者裁人。不管是年头好要扩大买卖，还是年景不好要裁人，都是在"破五"这一天说的，而不是我们通常以为的在年底包红包的时候。什么时候宣布呢？"破五"晚上东家要请掌柜的和伙计吃顿饭。之所以选在这个时候宣布，可能跟想让大家过好年有关。这顿饭里一定要有包子，东家夹了包子放在谁面前的盘子里，就意味着他吃完饭就可以夹着铺盖卷儿回家了，所以在民间管这叫"滚蛋包子"。

五显财神是敬仰美好品德

除了在自家店铺门口祭拜财神外，也有去财神庙的。最有趣的就是北京广安门外的五显财神庙，到财神庙祈福，是老北京人很重要的一项活动。这五显不是王公贵族，也不是土豪，而是深受老百姓爱戴、具有美好品德的五兄弟，分别叫显聪王、显明王、显正王、显直王、显德王，从他们的名也可以看出老百姓对美好品德的敬仰。这实际上就是对正能量的一种提倡，是一件很有意义的事儿。供奉英雄，其实是在利用英雄的功绩培养敬业精神，同时也是过去对本行业的一种行业约束。

"破五"适合同学聚会拜年

在王府宅门和绅商富贾家里，"破五"要摆"小三牲"，包括猪头、鱼和鸡，另外摆上三盘熟鸡蛋、三杯白酒。更丰盛的用五宗大供，包括整猪、整羊、整鸡、整鸭和红色活鲤鱼两条。现在还保留着的"破五"习俗主要就是吃破五饺子。另外还有一些社会群体，比如同事或者同学，会选择在这一天进行聚会，在年告一段落以前集体进行拜年。还有很多人现在选择春节期间出去旅游，旅游景点或者民俗户一般都会选择在这一天进行一些庆祝表演。

"马日"逢马年格外重要

按照传统说法，初一是"鸡日"，初二为"狗日"，初三为"羊日"，初四为"猪日"，初五为"牛日"。"破五"之后就是初六，初六又称马日，如赶上生肖年正好又是马年，那么这个初六就格外重要了。

初六马日要祭马，不管是皇家的御马监，还是民间的马市，只要跟马有关的行当，甚至家里有马的人家，包括以马作为畜力来磨豆腐、磨面的人家都会祭马。除了马日外，农历六月二十三日也是祭祀马王爷的日子，因为传说这一天是马王爷的生日，当然因为供奉的马王爷不同，各地马王爷的生日是哪一天也有很多个版本。

马神庙供奉的是马王爷

马神庙里头供的是谁？有供马王爷的，有供弼马温的，也有供匈奴王子金日磾的，还有供奉伯乐的。北京一般供奉的是马王爷，因为他法力无边。俗话说"马王爷有三只眼"，说的就是他。

在过去，北京的马神庙特别多，最重要的马神庙在东坝，始建于明朝永乐年间。相传明初燕王朱棣发动"靖难之役"时，燕王的坐骑青骢马在此役中救驾有功，故燕王于此敕建马神庙。每当这里举行祭祀的时候，宫里还要派官员参加，遗憾的是这里现在也只剩下遗址了。

在北京的西郊，京西古道上曾经有许多过往马队，为了保护马队，供马队沿途休息，这里曾经也建了许多座马神庙。

凤凰饺象征凤凰抬头

对于民间来说，祭财神同样有积极意义，对于小家小户的老百姓来说，一起吃顿饺子，就要出门找活计干了。"破五"吃饺子，民间按照地区不同会有不同的馅料，当然，一般来说就都要多加肉。在常人春先生的《老北京的年节》这本书里，记载着一种猪肉青韭菠菜馅饺子，里头多少加一点儿青菜，寓意过了春节，就快要立春了。

这一天包饺子也有一些小的讲究，比如一头尖、一头圆，背上还要捏一条线；也有包合子的，意味着新的一年和气、圆满。还有在饺子里放韭菜叶，两头或者一头露出来的像凤凰一样的凤凰饺，象征着凤凰抬头。

＊北京民俗之过年

北京的正月过年习俗

"小孩小孩你别馋，过了腊八就是年。腊八粥，喝几天，哩哩啦啦二十三。二十三，糖瓜粘；二十四，扫房子；二十五，炸豆腐；二十六，炖白肉；二十七，宰公鸡（一说宰年鸡）；二十八，把面发；二十九，蒸馒头；三十儿晚上熬一宿；大年初一去拜年：您新禧，您多礼。一手的面不搋你，到家给你父母道个喜。"这就是对老北京为了过年忙碌准备的诸多事项的概括。以腊八为例，过去宫廷中也熬腊八粥，除赏赐给大臣外，还要回报一切曾施予恩惠的生命体，比如要给树抹一点；此外还要祭祖，主要目的是感念先人、神灵和他人之恩，而民间都是在炉子上抹腊八粥，表示感谢灶王爷。

老北京过年其实从冬至那天就开始了。通过一家人的动手参与，打扫，筹备，祭祖，逐渐将节日气氛推到除夕、初一的高潮，从而让人们更加感恩惜福。感恩之情，贯穿在北京年节习俗的始终。

除夕

全家人着正装，当家人或者辈分最大者带领全家祭拜祖先，吃着年夜饭守岁。午夜十二点准时吃饺子，以示"交子"。灶王爷这天下凡回家，家家户户重新请神。

正月初一

家庭内部拜年，不接待客人。庙会基本在这一天开始。

正月初二

到广安门外的五显财神庙上香，人多拥挤，不能进到香炉前插香，只好把香点燃往里面扔。有人泼水防火，沾到水即沾了财气。再到财神庙"请元宝"，以求来年就能发财。纸元宝需红布裹着，回家放在床底下。第二年要还纸元宝，再次酬谢财神。

正月初三

据传这天是老鼠娶亲的日子，人们要早早入睡，撒上一些米、盐、糕饼，与老鼠共享新婚的欢乐和一年来的收成。这些东西俗称"米妆"，或称"老鼠分钱"。人们希望与老鼠打好交道，以求今年的鼠害少一些。

正月初四

这一天，诸神下界到人间巡游，有"送神早，接神迟"之说，所谓送神要一大清早就开始，而接神放在下午也未迟。供品方面，三牲、水果、酒菜要齐备，还要焚香点烛烧金衣。所以各家要扎纸人纸马，供神仙乘坐。

正月初五

又称"破五"，一说破五前诸多禁忌过此日皆可破，又一说破五这一天不宜做事。破五不能做新饭，只能热旧饭，煮饺子要煮破一个。初五是财神诞辰，商贸开市，一大早就金锣爆竹，牲醴毕陈，以迎接财神。

正月初六

送"穷神"，祭"厕神"。送穷神需要供煎饼，扎纸车，有吃有车，穷神才肯走。厕神要来检查卫生，所以要清理卫浴。

正月初七

称"人日"，被认为是人类先祖之日，古代要吃鱼生。鱼生，类似今天日餐的生鱼片，取意生生不绝，子孙绵长。北京在古代不是产鱼区，就有吃春饼的习俗，因为"春"字里面有人日二字。

正月初八

称"谷日"，丰收之日。大家年假结束，都来上班，互相送吉语吉言，比如"大吉大利""恭喜发财"。顺星，群星聚会，需要祭祀，本命年的人尤其要顺星。黄昏时用纸捻蘸油点燃，从厨房到院子，做一溜，人间灯火与天上诸星相对应，一说需要燃灯 108 盏。

正月初九

玉皇大帝生日，禁止屠宰，以示上天有好生之德，全家需祭拜。

正月十五

元宵节，是传统春节的结束，要举办灯会、灯谜等活动。全家女眷晚上还要拜兔儿爷。兔子因繁殖能力极强而被认为是生殖的象征，拜兔儿爷，以佑人丁兴旺。但兔儿爷被祭拜完后就成了儿童玩具。北京的兔儿爷造型滑稽，穿着武将服装，还骑着虎。

正月十六

"走桥摸钉。""走桥"是指妇女们在晚上着白衣，凡有桥处，头人拿香开路、后边结伴而过的习俗。这叫"度厄"，也叫"丢百脖""走百病"，据说这样可以一年不腰腿痛。"摸钉"是到正阳门的门扇上摸门钉。已婚不孕的妇女，摸城门钉，"钉"谐音"丁"，取"添丁"之意，寓意家中人丁兴旺，希望来年生子。

正月十八

收灯。传统元宵节一般到此结束。

正月十九

燕九节，传说忽必烈要收丘处机为女婿，丘处机是出家人，为了不放弃信仰，就于这一天自宫。传说丘处机会在这天回人间巡视，但变身为童女或乞丐，因此北京习俗是正月十八夜起在白云观外等丘处机，一旦看到形迹可疑的女孩儿或乞丐，大家就会蜂拥上前跪拜。另外过年期间到白云观还有一事要做——摸石猴。因为"猴"的谐音为气候的"候"，"摸猴"意在摸"候"以"顺"天候，顺应节令气候的变化，祛病避邪，以求健康平安。

正月三十

到雍和宫去看"跳布扎"。"跳布扎"俗称"打鬼"，是极为隆重的宗教大典，寓意驱魔散祟。清代雍和宫跳布扎时，皇帝要亲临观礼或派王公大臣参加。这一天被认为是北京春节的最后一天。

春节庙会聚集京城人气

从大年三十开始,北京城里大大小小的庙会就成了春节期间大家最爱逛的地方。不管是一南一北,在京城庙会中绝对称得上数一数二的龙潭庙会、地坛庙会,还是历史悠久、颇具传统京味儿、以集市贸易为主的厂甸庙会,抑或是颇有皇家风范的圆明园皇家庙会,可以说有庙会的地方,就聚集了春节期间北京城绝大多数的人气,庙会在北京春节期间的重要地位可见一斑。自 20 世纪 80 年代起,新办庙会就已经成为庙会的主流品牌。

逛庙会并非单纯游园

我们现在逛庙会,很多人把它当成一种游园活动,实际上它不是单纯的游园活动,还应该有精神层面的意义。

北京从 20 世纪 80 年代中期起,恢复了以地坛、龙潭湖为代表的新式庙会,所谓"新",一个是从开始举办的时间上来讲比过去老北京的传统庙会要早,另外这两个地方在过去也没有办庙会的习俗。像地坛,过去是皇家祭祀的地方,并不对外开放,而龙潭湖是一个公园,是游乐的地方,没有祭祀的场所。尽管如此,地坛和龙潭湖这两个地方庙会的举办,还是引起了很大的轰动。

地坛庙会和龙潭庙会成代表

对于京城庙会的发展来说,地坛庙会和龙潭庙会在传承和创新庙会文化方面做了很多努力,当然,也正是因为不断在尝试创新,其中也不乏不成功的举措,最典型的就是拍卖摊位。拍卖摊位有助于提高庙会知名度,增加收入。但是摊位之所以有把握拍出高价,是因为可以卖高价商品,老百姓因此就成了这种高价的受害者。比如前些年让大家记忆犹新的 30 元一串的羊肉串,无形之中把一个让大家去娱乐、高兴的地方,变成了强迫大家去购买高价商品的场合。好在 2014 年,无论是地坛庙会还是龙潭庙会,都没有再搞拍卖活动。

到现在，地坛也好，龙潭湖也好，已经成为北京新型庙会的代表，一南一北，每年都会吸引几十万上百万北京人和外地人前往。像这种 20 世纪 80 年代以后新办的庙会，已经成为今天庙会的主流品牌。

传统庙会祈福迎祥为主题

除了新型庙会以外，应该说一些更传统、更正宗的庙会。作为北京最古老的庙会之一，东岳庙庙会一直以祈福迎祥为主题。在这个主题宗旨之下，东岳庙庙会也开发了许多衍生项目，比如画福布、绕福树、走福路、挂福牌、请红腰带等。特别有意思的是东岳庙的驴不叫驴，叫"特"。说前来祈福的人身体哪儿不舒服就摸铜"特"哪儿，手到病除，这也成为大家自发参与的项目。有时东岳庙的庙会还特别增加踩岁，这是老北京春节习俗中极富特色的祈福形式，寓意"岁岁平安""芝麻开花节节高"。

休闲娱乐型新庙会受欢迎

石景山游乐园、朝阳公园等以休闲娱乐为主题的新式庙会同样颇受欢迎。这种庙会适应了人们平时工作比较忙碌，利用节假日放松身心的需要。比如朝阳公园的国际风情节，算是一个中外结合的休闲庙会，不仅有国际化的时尚互动和美食，还用冰做了一个十多米高的大滑梯，而且是免费的，谁都可以上去滑，非常好地体现了庙会欢乐的特性。

石景山游乐园的花车游行和盛装表演也非常有特色，在白雪公主和七个小矮人的游行队伍里面，最后扮成圆圆胖胖糖果形状的糖果姑娘，不仅造型像糖果，还会给现场的小朋友们发放糖果，有经验的小朋友都会跟在队尾，等着接糖果姑娘抛出的糖果。

洋庙会也具传统民俗元素

以欢乐谷为代表的洋庙会也是很多年轻朋友和带着孩子的父母们的选择。买一张门票进去以后，可以排队反复玩，更能够让我们想起小时候在游乐园里排队的开心场景。

这几年，欢乐谷的洋庙会也引入了很多中国传统的民俗元素，不仅有原有的花车游行，还有传统民间花会艺人的身影，可以说是非常注重娱乐项目和本土文化相结合的新型游园会。在春节期间，这些不同类型的庙会，如果大家有时间，我推荐都去看看，感受一下不同的春节氛围。

室内庙会照顾老人孩子

我非常推荐金源新燕莎的室内庙会，既有开阔的空间，又在室内，老人和孩子过来都不会受冻。在庙会上不仅能购物，还有很多娱乐项目和商场组织的表演活动。像有北京"万花筒第一人"之名的李洪宽，每年都会在这个庙会上给人们现场讲解万花筒的原理和奥妙，还会带领孩子们一起动手制作万花筒，可以说既长知识，又锻炼了孩子们的动手能力。这几年，许多国家级非遗传承人和北京市市级非遗传承人都会在金源新燕莎设置摊位，现场表演绝活儿。

文化馆办庙会全免费

说到室内庙会，不仅有商家举办的，各区县文化馆也都举办了各种类型的庙会活动。像2014年东城区第一文化馆的新春游乐会，连门票都不要。作为北京市最早且独具特色的文化庙会，东城区第一文化馆新春游乐会不仅有歌曲、相声表演，而且极为温馨，非常适合一项一项去体验，完全是政府花钱，免费让老百姓感受年味儿，跟大家的生活兴趣结合得非常紧密。比如说皮影戏，孩子们既可以坐在台下看，也可以跑到后台看皮影怎么玩，还可以自己亲自上手表演两把，这对孩子来说非常具有吸引力。西城区文委在历代帝王庙和宣南文化博物馆举办的庙会也非常有特色，有很多非遗展示和民间花会表演，游客还可以现场得到一本体验非遗相关项目的优惠券。

白云观摸石猴成传统民俗活动

当然，在传统庙会中，同样离不开祭祀和法会。对于前来祈福的人，这些东西灵不灵并不重要，主要是让求的人得到一种心理安慰，也是很有意思的庙会活动。

与东岳庙相对的，就是白云观。作为中国最负盛名的道教宫观，白云观同样是春节期间到访游客流密度最大的地方之一。虽然最近几年白云观并没有举行过庙会，但春节期间前往白云观的人依然很多，在白云观门口排队等着摸石猴的人每天都能达到数万名。到白云观摸石猴，祈福来年顺顺利利，这项传统民俗活动在不少北京人心中是非常重要的。

★ 特别生肖年

龙马精神

"龙马"非龙，而是神马

唐诗中有这样两句："四朝忧国鬓如丝，龙马精神海鹤姿。"强调的正是"龙马"的神力，喻指人的精神旺盛，尤其多指老年人身体健康、精力充沛。成语"龙马精神"将龙与马二者合一，赋予了一种精神气质。"龙马"非龙，而是神马。《汉书》上说，黄帝正是乘这种有龙的翅膀、马的躯体的神物成仙而去。这样的神物又被称为"飞黄"，"飞黄腾踏（达）"表示乘势而上、兴旺发达的意思。这些美好的寓意有利于增强民族信心，让人们对新的一年充满希望和祈盼。

马被当作神灵一样受到崇礼，这正体现了人与马的深厚感情。在中国，四五千年前先人就把一些生长于大自然中的马进行驯化，为己所用。马匹供人骑乘，成为重要的交通工具；两军厮杀，马助人作战，形成万马奔腾、杀声震天的战场画面；马佐人养分，饮用马奶使人康健强壮；马更成为农耕社会重要的劳作伙伴，拉犁、碾磨、运输。体育娱乐方面，马戏、杂技成为人们喜闻乐见的艺术形式，马术更成为重要的体育运动项目，赛马、跑马射箭、狩猎游艺活动自古有之，赛马还成为博彩产业。

在草原上，人们可以看到一个普遍的现象：旷野里，高耸的树枝上有一颗马头的枯骨被固定在高处。这既不是图腾，也不是指示方向，而是牧民把逝去的马的头部高高供起，表示对自己伙伴的一种崇敬。在那里，马头琴、马奶酒、马背小学、马背医院、草原文艺轻骑队……生活的方方面面都与马密不可分，以至于他们被称为"马背上的民族"。

马本身就是丰富的文化载体

马、牛、羊、猪、犬、鸡六畜之中，马为首，这正好体现了马与人的亲密关系远胜于其他五畜。在历史上，马不仅与人们生产生活紧密相连，而且本身就是丰富的文化载体。《庄子·秋水》中有语："骐骥骅骝，一日而驰千里。""骐骥骅骝"四个字以"马"字为偏旁，可见汉字中对于马类称谓区分之细。美国汉学家爱伯哈德也注意到了这一特点，所以他在《中国文化象征词典》一书中强调指出："在中国古代，有许多不同的词，来描述不同大小、不同颜色的马。"像骐为青黑，骍为赤色，骓为黑白相间，骦为黄白色，骊为浅黑杂白。先人对马的观察如此之细，以至相马成为一门专门的学问。由于待相之马太多，而相马之人太少，以致人们感叹"千里马常有而伯乐不常有"。

秦朝的孙阳擅长养马、相马，被誉为伯乐。伯乐据说是天上一颗星星的名字，这颗星主管天马。唐诗中记载的"阶前莫怪垂双泪，不遇孙阳不敢嘶"，正是马期盼伯乐时的场景。而在伯乐眼中，他的同行九方皋更是技高一筹。为此，伯乐推荐九方皋去为秦穆公相马。九方皋虽然分不清马的颜色、雌雄，但能"得其精而忘其粗，在其内而忘其外"。早在三千多年前的商代，相马就已成为一门职业。无论是长沙马王堆汉墓出土的帛书，还是北魏贾思勰的《齐民要术》，都可以见到关于相马经验的记载。

"云横秦岭家何在，雪拥蓝关马不前。"韩愈的两句诗表达了作者仕途坎坷、渴望君王赏识重用的内心追求。千里马成为美喻，自比千里马的文人渴望被重用，成为栋梁之才，为国家民族效力——这一情结已然超出了相马的范畴。成语"马空冀北"说的是河北的北部是骏马的产地，相马的人多来此地遴选良马。韩愈有文形容："伯乐一过冀北之野，而马群遂空。"这说明人才终于得到重用，相马的人也大有所获。

马与社会生活息息相关

马给人带来的收获喜悦，不光体现在选良马方面。像"金马玉堂"就表现了对家庭富贵的赞誉。"金马门"和"玉华堂"本是汉代皇宫里的建筑，以后成为显贵、富裕的代名词。元代吴昌令的《东坡梦》中说："喜君家平步上青云，好好，不枉了玉堂金马多风韵。"戏曲中常用来指富贵人家和高官显爵。"车水马龙"语出《后汉书》"车如流水，马如游龙"，描绘了古代街市的繁华景象。如今的城市马路上已然不见了马的踪影，可还叫"马路"，而且还用"车水马龙"来形容车流滚滚。

这种影响还涉及生活的方方面面。男女儿童天真无邪玩耍的情景往往被形容为"青梅竹马，两小无猜"；形容人老但仍有雄心的"老骥伏枥，志在千里"；表示遇事要服从指挥，不擅自行动，乐于追随主帅的"马首是瞻"；等等。

值得一提的是蚕马神话。相传太古时代，四川盆地的一战将家中有一个女儿和一匹白马。父征战在外，女儿思念心切，希望白马远行，去接回父亲，并许诺事成后嫁给它。白马于是奔驰而去，直往其父所在。其父乘白马回，姑娘甚是喜欢，只是不再提嫁给白马的事。于是白马不肯离开，再好的食料也不吃。其父问原因，姑娘如实相告。父一怒之下射杀白马，剥下马皮晾在院子里。几天后，趁其父不在家，马皮忽然卷起姑娘，迅速飞去。几天后，马皮落在庭院中的一棵桑树枝头，姑娘化为蚕。如今，四川省德阳市还有一座蚕姑庙，讲述的正是蚕马的神话。四川的许多寺庙里都有女人披马头的"马头娘"形象，俗称蚕神。有人说，这反映了蚕马同本，农耕和种桑养蚕为国人几千年繁衍生息之道。

总之，马与农耕文化中成长起来的中华民族在生活上有着紧密的联系，进而被寄予精神上的美好意愿，尤其是在中国第一传统节日春节里。新年伊始，人们更希望把这种美好祝愿送给对方和自己，希望新的人生征程能够具有龙马精神，一马当先。

羊年的祝福

早在母系社会，人们就已开始家养羊，几千年来，羊文化不仅流传广泛，而且影响深远。

羊图腾

在汉字文化中，与羊有关的文字无不充满美好的寓意。如羊大为"美"，由羊加鱼组成的"鲜"字，羊通"祥"，羊通"阳"，因此才有"三羊开泰"的吉祥说法。

《说文解字》指出："羌，西戎牧羊人也，从人从羊。"这表明西北的少数民族是与羊发生紧密关系较早的一个古老民族。西北拥有辽阔的草原牧场，适合畜牧，成为最早的牧场。当地羌族以养羊为业，以此获得衣食。因此，羌族把羊当作自己民族的图腾。至今，在青海、西藏、四川等地还有许多羊神的传说。

有人认为，这些羌族同胞所创造的羊文化，融入华夏文明当中，形成了中华文化的源头。青铜时代的四羊方尊就是典型的以羊饰为特色的祭奠用礼器，象征着造福四方的美好寓意。

在湖南湘西南地区，苗、瑶、侗族等同胞杂处，他们有一个共同的神话就是"十二羊皇十二姓"，说是姓姜的兄妹二人由山羊变化而来，成为民族的祖先。家族要共同养一头白羊，成为神的代表。纳西族少女和羌族的少男，在成年礼时都要以羊为图腾，参加对祖先的神圣祭奠仪式。

作为生肖之一的羊

"图腾"一词的本意是"他的族"，或者是某一民族的标志。殷商文字中"羊方""马方"等字样，指的是一些邦国以动物为号，羊即为羌族的民族图腾。远古图腾崇拜如同青铜文明，曾经辉煌，成为邦国的标志。

十二生肖从古代昼夜十二时辰的角度解读地支和畜兽的配属关系。未，午后时光，为吃草的最佳时辰，容易上膘，故未属羊。未之前是正午之时，阳气达顶端，马蹄腾空为阳，落地为阴，马在阴阳之间跃进，所以成为午的属相。未时过后为申时，日近夕阳，猿猴啼叫，它们喜欢在此时伸臂跳跃，所以猴配申。这正是生肖与时辰美学的生动组合。

这种组合在中国延续了几千年。湖北云梦山睡虎地出土的秦墓竹简中记载道："午，鹿也。未，马也……戌，老羊也。"依照这一说法，秦代时并未将羊作为未时的代表。可见，十二生肖也是经过不断调整、完善后出现的。在以后的岁月里，这种关系经过不断磨合，才最终成型。有人说，王充在《论衡》中曾首次提出生肖的问题，依此推断，流传至今的十二生肖，最初是在汉代基本定型，以后不断完善的。

羊文化的价值

《说文解字》解释说："美，甘也。从羊从大。羊在六畜主给膳也。"这是从食用功能出发，对羊文化做出的解析。

甲骨文中的"羊"字写成"♈"，用线条勾勒出羊的正面头像，上面加一对弯弯的羊角，下部为箭头状羊嘴，金文（羊）将这一造型更加艺术化，羊角更具装饰性，中间还有一对羊耳，下端为尖嘴，看上去生动、直观。商代甲骨卜辞中，"羊"通"祥"，汉代器物款识也有"大吉羊"的字样。也有人说，如此的造型不是在描述羊的造型，而是表述为一个人戴着双羊角正立，这表明的是一种图腾。

"羊"通"阳"，也通"祥"，所以成为吉祥的象征。西汉董仲舒说："羊，祥也，故吉礼用之。"代表性造型就是广州的五羊雕塑，五只羊口衔谷穗。"五羊衔穗"源于《汉书·南越志》上的一个传说，这座雕塑是为了祝愿广州永无饥荒，羊送吉祥。它坐落在越秀山公园，高 11 米，是广州的标志。

正是由于羊代表了吉祥高贵，人们往往相信，如果梦中见到羊的话，那将是一个吉祥的象征。唐代民间的解梦书中明确地说明了这一点。明代《七修类稿》引《晋书》则解释了羊在婚礼中的吉祥寓意："羊者，祥也，然则婚之有羊，自汉末始也。"

在晋朝，羊还曾成为宫廷的宠物。晋武帝端坐在羊拉的车上，羊走到哪儿，哪里就成为皇帝下榻的地方。

羊的温顺尤其可以引起人们的好感。羊羔吮吸乳汁时往往要双腿下跪，人们把这一动作与乌鸦反哺老乌鸦的行为相提并论，认为羊是动物讲孝道的代表，是人类学习的榜样。

"三羊开泰"这一成语说的是《周易》中第十一卦泰的卦相，是由此引发的联想。泰卦为坤上乾下，乾为"☰"，三横为三阳（爻），这里的阳通"羊"，通"祥"。而乾居坤位，这象征着生命的生发，是吉相。泰卦的这一象征意义给予人通泰、生命旺盛的吉兆。"三羊开泰"就成为与羊有关的一个重要吉祥成语。

为什么有人认为属羊的人命不好？

尽管羊与人的生活紧密相联，而且成为吉祥的象征，但是，羊的处境与结局又往往引起人们的叹惜。特别是一些属羊的人，自觉不自觉地会把自己的处境与属相联系起来，把羊的结局当作自己的结局，并因此而感叹命运不济。

事实上大可不必如此悲叹。一来属相归属相，并不是说属羊的人本身就是羊，二者完全是两码事，不能简单等同。二来生肖体现的是时辰的变化，而时辰的变化是一种自然的运动，一种客观存在，因此不存在属相的好与不好的问题。所有关于某一属相不好的说法，事实上都是缺乏科学依据的。

比如说，历史上的好多著名人物，如曹操、慈禧、曾国藩、李鸿章等都属羊，他们都在历史上产生了重大的影响，能把他们简单地同羊画等号吗？因此，属羊的朋友要建立信心，相信只要通过自己的努力，就能真正获得幸福，常做有益于社会之事，多增福分，以自己的劳动创造人生的辉煌。

"鸡年无春，不宜结婚"有道理吗

在中国传统的民间风俗当中，将结婚大礼安排在哪一年是有讲究的。一般来说，只要是没有什么特殊情况的正常年份，都可以举办婚事。但是，在许多地区都存在着忌于"无春之年"嫁娶的说法。

"无春"其实是担心"无后"

无春之年，也就是一年中都没有立春这一天。研究表明，每年的春节大多是在阳历的 1 月 21 日至 2 月 20 日之间。相反，阳历 1 月 21 日以前，或者 2 月 20 日以后过春节，这种情况是不太多的。而立春之日则大多在阳历的 2 月 4 日或 5 日。这样一来，阳历 2 月 5 日以后的春节就显然没有立春这一天了。无春之年，老说法又称为"寡年"。这个"寡"字当然是结婚时的大忌了。

有些地方还有"寡年不养孩"的说法。这可能与"寡年"无春之意有关。因为"春"字常常含有男欢女爱之意，像春情、春心、春意等等。中国古代举行婚礼的月份常常是在春季。按照传统的观念，春天是万物始生、天地交合的时节，此时怀孕，正与天时相适，有利于孩子日后的成长。相反，如果这一年无立春之日，男女就不能结合，否则有可能"无养仔"。无后，这在过去是最大的罪过，不能不引起重视。可见，"寡年"不宜结婚的最大问题，是怕因此而影响生育后代。

有无立春之日与新婚夫妇是否生育，二者之间是否存在必然联系，这是稍有生育常识的人都不难认清的问题。

"消极避祸"容易变成迷信

从民俗的角度说，"鸡年无春，不宜结婚"这一说法应该算作一种民间禁忌。禁字的古意就是"防"，防患于未然；忌，即"抑制"，一般是指基于自我情感的避戒行为。"禁忌"代表了一种约定俗成的禁约力量，它是针对凶事或祸事而言的。遵守禁忌就是不愿意或设法防止凶事的发生，即通过禁止和抑制一些不洁的或危险的事物，来表达对一种超自然神秘力量的崇拜和畏惧，是以消极的不作为方式来避开祸端。

中国的民间禁忌存在于婚娶、死丧、养育、生产、社会交往、祭祀活动等广泛的领域。它是古代社会在科学不发达、医药不普及的情况下，人们为了生活的太平安宁而不得不遵守的一种习俗。而正是由于人类早期的愚昧和科学的不发达，才导致人们对某些偶然因素的"共同的误解"，由此得出的"教训"正是这种禁忌产生的原因之一。虽然这种认识上的偏差有可能源于一定的"实践"活动，但对这种"教训"的总结却不符合客观实际，甚至是完全错误的，必然落入迷信的窠臼。民俗学上称这种禁忌为"多余的，或者过火行为的防范"。

特别需要指出的是，禁忌在传播的过程中具有两个特点：一个是将非禁忌物变为禁忌物，另一个是将此禁忌物的作用随传播范围的扩大而成倍扩大，也就是越传越玄。禁忌在传播中的这两个特点，如果概括起来就是一句话：自己编个故事来骗自己。这在科学昌明的现代，实在是一件"不该发生的故事"。

✳ 春节的符号载体

中国结营造的火红年味

一

在过年之际，许多人喜欢选购中国结，用于渲染过年的喜庆气氛。的确，中国结以它多变的造型、火红的颜色，以及各具特色的小饰品，营造出春节的吉祥、快乐、喜庆。

其实，如果对中国结的悠久历史和丰富造型有所了解，就可以感觉到它所具有的更深刻的道理，更实用的价值。有人称中国结是"镇宅之宝"，新春伊始，悬挂中国结会给一家人带来好运。一件中国结真的有那么神奇吗？请您听我细说端详。

细究起来，中国结的历史很悠久，早在文字产生以前就出现了，与结绳记事有关。中国结的标准样式正像现在看到的一样，只是个头没那么大。几千年来，人们一直管这种传统工艺的编织物叫"盘长"。

盘长除了能编成标准图案以外，还能演绎出各种各样的形式，平面的、立体的都能编，有"一炷香""朝天镫""象眼块""方胜""连环""柳叶"等形式。颜色上除了以红为主外，还有黄、蓝、绿、粉等多种。由于盘长由一根线盘曲连接，无头无尾，连绵不断，"回环贯彻，一切通明"。因此，古人赋予它很多吉祥的寓意，比如象征着婚姻的美满、老人的长寿，以及路路通、事事顺等。

盘长之所以能够拥有这么多吉祥的寓意，正在于它形象地体现着中华民族文化的基本精神。可以说，盘长的渊源可一直追溯到远古的河图和洛书（相关内容可见张惠民著《中国风水应用学》一书，该书由人民中国出版社 1993 年 3 月出版）。

洛书和河图是中国文化的源头，其产生的年代比八卦还要早。它们描绘的是中国的先哲在几千年前采用自己的特殊方法所观察到的天和地两个气场相互作用，交织在一起的运动变化情况。河图描述的是宇宙发向地球的气旋和地球本身的气旋交替成的"8"字形状态；而洛书所描绘的则是地球本身的气场运动情况，呈现的形态也是"8"字形。不同处在于，前者的"8"字形呈竖状，而后者的"8"字形呈横状，二者相叠，恰好构成我们今天所见的中国结的最基本形态。显然，这绝非简单的巧合，而是在尚未发明文字的当时，先哲们用结绳记数（字）的方法，来记录所观察到的结果。中国结（盘长）是形象的记述，河图和洛书是用结绳上的疙瘩数来描述这一发现的。这个由一个个折叠的"8"字组成的图形，一阴一阳相交错，恰好体现了"一阴一阳之谓道"的古训。山东嘉祥县武梁祠内，汉代画像石刻描绘了伏羲女娲的传说。画像上，伏羲、女娲皆为人头蛇身，二者身体缠绕在一起，也正好是"8"字形。

在中国传统观念里，包括人在内的世界万物，无不本源于气，"天地合气，命之曰人"。这种朴素的唯物主义观点最早肯定了生命的物质性，正是中国哲学"天人合一"思想的理论基础，所提倡的，就是人与自然和谐发展。可见，一个简单的"8"字形，包含了小到人体，大到宇宙的发展变化规律。不仅如此，现代科学的发展，也在不断证明着这一规律。加速器——现代微观物理的试验设备，其质子加速轨道也正好是"8"字形。据说在万倍电子显微镜下，人们发现，蛋白质人体遗传密码DNA所显现的也与这一形象（双螺旋）有相似性。

多少年来，中国人将这种源于河图与洛书，象征着一阴一阳有机构成的"8"字形曲线图案，看作生命本源的体现。其象征意义，就在于生生不息，绵长悠远。中国结将这一意蕴深邃、内涵丰富的观念具体化。特别是其特有的火红色，作为暖色的代表，更起到了烘托喜庆气氛的重要作用。

在传统生活的方方面面，盘长的身影处处可见。大到房屋建筑上的装饰，小到日用家具上的铜饰件，女子佩戴的各种挂件，以及护身符、长命锁、布祥、服装饰物、香包坠、扇坠、小孩子系在腕上的长命缕等，无不如此。回纹是平面的"8"字形结构组合，它由横、竖短线折绕，组成方形戒指式的中国结或圆形的环状花纹，形似"回"字，为"8"的复体，除原有的寓意外，更象征着诸般事宜（如福、禄、寿、国运等）深远绵长。

近些年，盘长的新名称即"中国结"重新出现，不仅表明了世人对民族传统文化的喜爱，而且体现了人类回归和崇尚自然，对人的创造力的向往。科技的发展，生产力水平的提高，虽然提供了空前丰富的商品，但却缺少了往日手工生产所表现出来的鲜明个性、上乘质量和特有的样式。拿中国结来说，它完全依赖手工编织，代表着非机械性，而且它还可以根据使用者的喜好而随意改变造型，甚至编织者的兴趣爱好、技巧、个性色彩等，都能在作品上鲜明地表现出来，这是与机械化大生产所提供的千篇一律的商品截然不同的，因此，才更富有生命力。它是制作者内在品格及技巧的生动展示，显示了它的唯一性，体现了高级用品的制造原则。

特别是用编中国结的方法编成的纽襻，看似简单，却很实用。每一个扭转编织的环节，都印烙着制作者的感情和思想，而原料大多为布质，可降解、无污染，体现了人与自然的协调。至于中国结作为时尚服装的重要装饰，更在新颖中蕴含着历史，既时尚又悠久，令人回味无穷。不仅如此，中国联通将其作为企业标志以后，在现代科技手段中彰显民族文化的精华，形象地体现了企业（商家）与客户的紧密联系，犹如一个头尾相接、连绵缠绕的整体。它象征着中国联通的网络无处不在，像密布人体的血管，显示出旺盛的生命力和美好的发展前景。

二

中国结不光是极具民族特色的手工编织工艺品，而且包含了丰富的民族文化信息。它从实用的工艺品演变为以观赏为主的特色艺术作品，在造型、色彩甚至形意等方面，综合体现了吉祥文化的民俗特色。

四十多年前，传统的东西往往被当成是封建落后的代表，中国结更是销声匿迹。在父亲养病的西郊某疗养院内，病友们用玻璃丝编织的小鹿、小马和自行车等摆设，所用的正是中国结的"8"字形结构方法。那时，虽然没有吉祥物之说，可宝贵的传统却以这种形式延续着。今天，中国结终于焕发了青春，以更多的形式、更美的颜色、更广泛的用途、更丰富的内涵，象征着新世纪的中国人更加美好祥和的幸福生活。

1995年，我去韩国汉城（现首尔）开会。在机场大厅里，高高的屋顶上垂下来两件极有特色的装饰物：上面是由横的和竖的"8"字重叠在一起组成的图形，下面是长长的丝绦，一个大红，一个嫩黄，各有二十多米长，十分惹眼。我凭借自己画工笔画的功底，感到它不过是仕女腰间的小饰物，类似环佩一样的东西。觉得如此的一件小饰物，这么大张旗鼓地宣扬，放在这么重要的位置，有些小题大做了吧。

不承想，未出两年，在中国大陆，到处都出现了这种饰物，以鲜红的颜色为主，十分耀眼。人们还给它起了个时髦的名字——"中国结"。据说这名称发源于台湾，那里的民众（包括文化人和百姓）都怀有深深的民族感情，体现在对中国结的欣赏和挂饰方面。

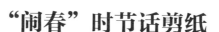

"闹春"时节话剪纸

年货市场上的剪纸摊儿

张恨水的长篇小说《金粉世家》一开头就写到了白塔寺庙会上的热闹景象。自打西四牌楼起，离着白塔寺还有两站地呢，就见奔白塔寺庙会而去和打白塔寺庙会回来的人明显增多起来。那手上提着大包小件，中间带着一个孩子玩的纸灯笼的，一看便知是从庙会刚买完年货满载而归的。在离庙门还有半站多地时，路两边就摆开了各种卖年货的摊子。有卖历书的，卖月份牌的，卖全堂佛像、灶王马的，还有卖各种杂拌儿、干鲜果品和山货的，为人们过年提供了完备的货源。

快到白塔寺时，街边的墙上已挂满了一簇一簇的红纸对联。墙下面摆着一张桌子，桌边站着一个穿破旧衣服的弟子。这就是趁着新年，写几副对联，让人家买去贴的，叫作书春。庙门口，东南角上围着一大群人在那里推推拥拥，吸引着进出庙门的人们向那边看。只见一个三十岁左右的妇女，坐在一张桌子边，不是在书春，而是在用剪刀铰剪纸。她专心地剪着，并不抬头看人。旁边一位五十来岁的老妇人，却在那里收钱。有人问时，老妇人指指旁边墙上贴的一张红纸，上写道：诸公赐顾，言明何用，当面便剪；图为旧有，小张钱费八分，中张一毛六，大张三毛二；命题每张五毛，附衬加倍。

原来这是一个铰剪纸的手艺人，她不仅出售现成的各种样式剪纸，而且可以根据主顾的特殊要求当场设计、剪出，只是费用要高一些。

在那堆现成的剪纸中，基本上是用红土边纸镂出各式图案的窗花儿。在玻璃尚未盛行的年代，过年贴窗花的风俗盛行于城市百姓当中。在新糊的窗户纸上贴窗花，白天阳光照进来，炕上、地下都是窗花的影子。夜晚，无论是借着屋内的灯光在院中看，还是屋里不开灯，借着月光去看，窗花儿都是那么清晰、神秘、可亲，让平凡的生活泛起春意。

当年庙会上卖的剪纸分为大、小或成套的三种。大的一般是完整构图的作品，像"喜上眉梢""利市仙友来""万象更新"等。小的是小猫小狗、花蝴蝶等动物或宝相花图案。成套的有"八仙祝寿""八宝"、十二属相以及戏曲故事《武松打虎》《西厢记》等。此外还有贴门楣上的挂钱等。总之，过年之际，房檐、门楣、窗前、房梁、炕围、井栏、佛龛、畜舍等处都会贴上剪纸，现出红火热闹的过年景象。

剪纸当初为招魂

暖汤濯我足，剪纸招我魂。

——杜甫

剪纸是春节期间装点环境的一种重要饰物。我国出土的最早剪纸作品是1967年在新疆高昌遗址北朝古墓中出土的数张粗麻团花剪纸，制作于公元402—589年之间，是在汉代造纸术发明之后。唐代剪纸得到很大发展，但仅限于招魂的民间习俗，于是才有了杜甫的名句"剪纸招我魂"。

南宋时期，出现了以剪纸为职业的艺人，当时已有用剪纸"扫晴娘"祈雨的做法。元代祈求降雨，会在屋檐下悬挂一剪纸妇人，手持笤帚，也叫"扫晴娘"。

另据记载，早在汉代，民间妇女就有将金银箔和彩纸剪成方胜（古代妇女饰物）、花鸟贴在鬓角作为饰物的风尚。剪纸艺术的出现与我国传统的织绣工艺有密切的关系。人们要织绣人物、花卉及其他自然景物，首先必须要有花样，这些花样多数是纸剪成的。剪纸成了织绣工艺的基础。

最早，剪纸迎春的习俗是在立春。民间有在立春之日将五色绸或彩纸剪成燕形的首饰戴在头上的习俗，这种首饰亦称"彩胜""幡胜"。《荆楚岁时记》载："立春之日，悉剪彩为燕戴之，帖'宜春'二字。"这种在立春之日戴剪纸的习俗发展到宋元以后，以剪纸迎春的时间才由立春改为春节。人们在过年时往往用剪纸来庆贺春到人间的喜悦心情，不过这时的剪纸主要贴在窗户上，成为了窗花儿。

剪纸是民间造型艺术的基础。剪纸在我国民间有着悠久的历史和广泛的群众基础，尤其是在中国北方农村，妇女们大都会剪纸。一般女孩子从六七岁就开始剪，一直可以剪到老，往往是年岁愈大，技艺愈臻成熟，艺术水平也越高。陕北有句民谚："生女子要巧的，石榴牡丹冒铰的。"冒铰，就是说剪纸高手预先不需要画样子，拿着剪子上来就能随心所欲地铰出各式花样来。

多样剪纸最抒情

早先的民间剪纸作者大多是些农村中的劳动妇女。剪纸在她们手里，一是做针线活儿时留作花样底稿；二是用来当窗花儿，美化居室环境，点缀年节或一些民间礼仪（诸如结婚、寿庆等）气氛，具有装饰性；三是为了娱乐、欣赏，增添生活情趣。她们可以随心所欲地表现自己纯真的思想感情。在几千年封建社会的封闭禁锢中，只有民间艺术是一片不可多得的世外桃源。只要你有兴趣、有热情，就可以涉足这块沃土，去学习技艺，表现自我，宣泄情愫，可以把自己的灵魂都张扬出来。由此看来，民间剪纸艺术是最朴素、最自由、最富有生命力的艺术。

中国的剪纸艺术由于出自不同的地域，形成了不同的流派和风格。如果粗略地划分一下，可分为南北两派。唐代诗人李商隐有诗云："镂金作胜传荆俗，剪彩为人起晋风。"这里讲的"荆"，古代指现今长江中游的湖北一带；"晋"是指现今的山西、陕西一带。这"荆""晋"两地也许就是形成南北剪纸艺术风格的发祥地，也是南北两派的代表地域。

广泛应用于民俗生活的剪纸样式，大体有窗花、门笺、墙花、顶棚花、灯花、喜花及种种绣花底样（如鞋花、帽花、枕头花等）。少数民族做佛事，也有用剪纸做"吊幢"的。按文献记载，有除夕日"门窗贴红纸葫芦，曰收瘟鬼"的风俗，当是后来剪纸窗花和门笺的雏形。清康熙时画家邹元斗所作的风俗画《岁朝图轴》中就有五枚并列的门笺剪纸，都以花篮为中心，四周绕以如意纹，异色套接。这种形式在山东南部民间仍见流行。南京民间的"半香花"也与其相似，色彩鲜艳，富有节日气氛。民间窗花种类繁多，适合传统民居窗棂的花格形的多样结构。若干窗花既可独自观赏，也能合在一起，为组合式窗花，组成系列画面的完整故事。

除了窗花以外，过年期间的剪纸作品还是美化其他场所和物件的不可少的装饰物，衣柜、枕头、炕围、炕房、米罐、水缸、供桌上的礼馍上都贴上红纸剪成的各种纸花。祭灶日，在山西习俗中，要剪贴灶王爷乘骑的草料搭子，并配以吉祥图案。山东上供礼馍除附着上红纸剪的鱼、鸡、猪头三牲外，还有一种"全花"，包括喜字、鱼（余）、戟（吉）、斧头（福）、桃花（寿）、如意、莲花（连生贵子）、笙（生子）等几乎全部吉祥内容。花灯和供烛用剪纸花装饰的就更多了，剪纸花样装饰的花灯在蜡烛的映衬下，更显华丽美艳。

传说古时候的姜子牙曾封他的妻子为"穷神"，因为怕她坑害百姓，提醒她"见破即回"。穷苦百姓为了躲避穷神，便把纸撕破贴在门上，这就是过年贴挂笺习俗的起源。贴门笺一般为单数，小门三五张，大门七张，偶为阴，单数是阳刚之气、气旺发达的象征。挂笺一般采用红、黄、粉、绿、紫五色，上刻多种吉祥图案，有铜钱、方胜、花卉、"玊"字纹、盘长（肠）纹、双鱼纹及其他吉祥文字和图案。

挂钱儿内有四种，皆以色分。住户及店铺用者，曰"门钱儿"，又叫"门挂"，为红紫色。佛堂用者，即居家佛堂、佛龛或神龛前贴的挂钱儿，称"神钱"，又叫"佛挂"，为大红色，以顺红纸砸成，五张为一堂，其图案有"八仙庆寿""五子登科""五路财神""状元及第""天官赐福"等。如果是比较讲究的主儿，还要在挂钱儿中央粘贴彩绘的人物或金箔铰成的"佛"字。寺庙用黄色挂钱儿，曰"殿挂"，又曰"黄挂"。满族祖宗神板用者，曰"灵挂"，又曰"板挂"。其色分两种：旧满洲人即满洲之嫡派用白色，俗称"白挂钱儿"；新满洲人即满洲之降户用浅粉红色，俗称"粉挂钱儿"。住户及店铺之门挂，也有用绿色者，其名曰"挂头"，又曰"足皮"。因红紫色挂钱儿以百张为一打，十打相叠为一个，而每打之第一张用绿色挂钱儿为皮面，作为一打之标志，故有"挂头"及"足皮"之名。

旧京过年时卖剪纸的

旧京卖剪纸的店铺有纸店、香蜡铺以及摊贩。过去每到腊月，上述各种店铺将各色剪纸及门神等神像纸马与"开市大吉""万市亨通"之红纸金字联，悬贴门外及屋内，以招徕生意。到时，这类店铺前是五彩缤纷，各色挂钱儿飘荡于朔风之中，以新年色彩点染于九城。京城百姓称此景观为"催年"。至腊月十五日前后，以前贴的挂钱儿有的可能已经破损，于是各店又要更换新的。此时年关已近，大街小巷是人来人往，热闹非凡，人们都在忙着置办年货，老北京人又管这叫作"赶年"。

过年时卖的剪纸有自己独特的艺术语言和工艺技巧，但也借鉴别的艺术形式。剪纸可与其他工艺结合运用，派生新形式，如唐代有剪纸风格的印染花纹，宋代吉州窑有贴烧剪纸而成的瓷器花纹，明代有两层纱之间夹剪纸的夹纱灯与夹纱扇，历代民间蓝印花布的缕纸染印花版也与剪纸工艺有关。还有用剪纸直接贴在黑色油纸扇上的，它比绘画更有装饰性。从中可以看出各种工艺形式彼此吸收有益成分、相互借鉴的关系。民间印花布印染，特别是皮影戏等，都吸收了剪纸工艺的表现形式。

刻纸与剪纸相似，是用刻刀而不是剪刀制成的艺术品，适合表现细腻的画面效果。无论剪纸还是刻纸，都包括单色、彩色、染色，以及单衬等特殊技法。彩色剪纸是在同一画面上有两种以上的颜色，包括套色、填色、染色、分色、衬色、勾绘等工序。像河北蔚县的彩色刻纸，有"三分工七分染"之说。陕西关中的剪纸受皮影戏影响，有点彩、渗染、彩绘等样式，当地还有一种彩色拼贴剪纸，也很盛行。

年画中的新年

贴年画、迎新春是中国人过年的习俗。年画不仅是年节里五彩缤纷的点缀，给人艺术的享受，还记载了中华民族的精神生活和伦理道德，表现了中华民族的愿望和追求。中国民间文艺家协会主席、文化学者冯骥才先生说年画是"内容够得上百科全书式的民间艺术，包含着一个完整的中国民间的精神"。如今，产生于农耕时代的年画，已与我们渐行渐远。然而，当我们回过头来再度审视它时，它却带给我们一个既陌生又充满神奇诱惑的新世界。

在中国古代民俗中，人们习惯将一些庆贺过年的东西都冠以"年"字，如见面互相庆贺的话叫"年话"，门上和墙上贴的画叫"年画"，吃的糕叫"年糕"，走亲访友的礼仪叫"拜年"，等等。

年画是中国春节年俗文化的形象载体，是一份沉甸甸的文化遗产。在漫长的岁月里，随着年节风俗的演变而衍生，形成了这种中国民间特殊的象征性装饰艺术，它的起源可以追溯到人类远古时期的自然崇拜观念和神灵信仰观念。中国早期的年画都与驱凶避邪、祈福迎祥这两个母题有着密切关系，在祈祷丰收、祭祀祖宗、驱妖除怪等年节风俗习俗化的过程中，逐渐出现了与之相适应的年节装饰艺术。

目前，多地的年画如武强年画、桃花坞年画、杨家埠年画、高密扑灰年画等，均被列入国家级非物质文化遗产名录，中国木版年画也已于2011年申报世界级非物质文化遗产。

起源于门神画

年画起源于门神画，最初体现的是人类早期的自然崇拜和神灵信仰，驱鬼避邪的作用大于欣赏作用，后来才逐渐演变出祛邪禳灾、祈福纳祥、表达欢乐喜庆、美化环境等作用，并成为中国特有的一种绘画体裁。中国是以农业为主的大国，考其起源，年画应是从庆丰收、祭祖先、辟邪镇宅的原始仪式和宗教信仰衍生而来的。

据史料记载，在东汉及六朝时代就有门画了。东汉应劭的《风俗通义》说："画虎于门，鬼不敢入。"魏晋南北朝时，人们用桃木刻出门神，挂在门上。宋代才有了雕刻在木板上、可以印刷的木版门神年画。从这些记载可以看出年画与门神的渊源。

东汉蔡邕在《独断》中记载，在东海度朔山上有一棵大桃树，树干弯曲伸展三千里，枝杈一直伸向东北方的鬼门，鬼门下山洞里住的鬼怪每天都由此门进出。树下有两位神将神荼（音同"申书"shēnshū）、郁垒（音同"玉绿"yùlǜ）把守，两兄弟专门监督百鬼，发现有害人的恶鬼就用芒苇编成的网子捆绑后喂老虎。于是皇帝向全国宣布了一道命令：春节前夕，家家户户都要用桃梗刻制神荼、郁垒像，除夕那天悬挂于门前。同时，在大门上端悬挂苇索，二门上要画一只虎，用来避免妖魔鬼怪的侵扰。到后来，每逢年节，百姓就用两块长六寸、宽三寸的桃木板，画上两位神将的图像或题上他们的名字，于除夕下午挂在门两旁，以镇邪驱鬼，祈福纳祥。桃符也就成了神荼、郁垒的代名词。这就是最初的门神画了。

门神是对应着门而产生的。中国古人门第观念十分强烈，把它看作人们在社会和族群中地位身份的象征。新年时节以春联门画装扮门庭，满足了人们祈求平安、追求兴旺的普遍心理。时至今日，人们仍能在贴门画、贴春联的过程中感受吉庆的欣悦与安全的抚慰。在中国，门神的发展经过了由动物自然崇拜（虎门神、鸡门神）到神格化身崇拜（神荼、郁垒），最后是人格化身崇拜（最早是以人间武将为题材，之后出现文官门神和祈福门神）的过程。明清时期，几乎各地民间都有自己的门神。

萌芽中的年画

历史上，民间对年画有着多种称呼，宋代叫"纸画"，明代叫"画贴"，清代叫"画片"。直到清道光年间，文人李光庭在《乡言解颐》中写道："扫舍之后，便贴年画，稚子之戏耳。"年画由此定名。到了近代，出现了石印年画和带有阴阳合历的月份牌年画，"年画"一词才传播开来。广义的年画包括表现民间生产、生活习俗等各种形式的民间绘画，但更多的人倾向于这样的定义，即专指春节时张贴使用的各种题材样式的民间绘画。

汉代以前，门神画在门上，无法保存，但门神的功能比过去有所增加。在一些汉代贵族的墓中，门神画还起到镇墓的作用。而民间已开始在门上贴神荼、郁垒神像，到宋代演变为木版年画，后来几经演变，形成了自己的独特风格，便是现在的年画了。

唐代门神画的内容发生重大变化，神荼、郁垒的形象由秦琼、尉迟恭替代。流传最广的故事是，唐太宗李世民生病时，梦里常听到鬼哭神嚎之声，以致夜不成眠。这时，大将秦琼（字叔宝）、尉迟恭（字敬德）二人自告奋勇，全身披挂地站立在宫门两侧，结果宫中果然平安无事。李世民认为两位大将太辛苦了，心中过意不去，遂命画工将他俩的威武形象绘在宫门上，称为"门神"。民间竞相仿效，于是秦琼和尉迟恭也就成为"门神"了。门神究竟是什么样的？《西游记》第十回中对秦琼、尉迟恭作了这样的描述："头戴金盔光烁烁，身披销甲龙鳞，护心宝镜幌祥云，狮蛮收紧扣，绣带彩霞新。这一个凤眼朝天星斗怕，那一个环睛映电夜光浮。他本是英雄豪杰旧勋臣，只落得千年称户尉，万古作门神。"可见，这二位门神不光是武将的装扮，而且能够呼风唤雨，具有无比的神力。

钟馗画像的出现，是唐代年画发展的一个标志。唐代开元年间，唐明皇讲武骊山，患了疟疾，一月未好。一晚，他做了一个怪梦——一个身穿蓝裳，袒露一臂，脚穿破靴，头戴破帽的大鬼，正在追捕一个偷拿杨贵妃紫香袋的小鬼。皇上见状，就问大鬼为谁，大鬼回答：臣是钟馗，应武举未中，誓为陛下除尽天下妖孽。明皇梦醒，觉得身上的病好了。于是让画家按他梦中所见，细细画出。他还把钟馗像赏赐大臣，以祛邪魅、静妖氛。以后，每逢新年皇帝以钟馗像赏赐群臣成为定例。

唐代著名画工吴道子根据民间故事画的《钟馗捉鬼图》很受百姓欢迎，人们把它作为年画贴于门首以辟邪。特别是中唐后，连年战乱，百姓深受其苦，为祈求平安，对门神画更为重视。隋唐以后佛教的盛行，也为宗教人物如天王、力士等成为门神提供了机会。汉代造纸术的发明，唐代雕版印刷术的发展，为木版年画的诞生创造了条件。

真正意义上的诞生

宋代之前的年画以手工绘制为主。宋代雕版技术的出现，为木版年画提供了技术制作条件，木版年画应运而生，促使年画不断发展，其内容和功能也不断丰富。在最初辟邪驱鬼的符箓内容之外，渐渐增加了吉祥如意、多子多寿等题材，表达新一年的美好意愿，还具有美化环境的功能。可见从宋代起人们对神的迷信已淡化，年画褪去了神秘的宗教色彩，逐渐演变为商品。同时，年画中也出现了表达农民现实生活以及各种民间传说、故事的内容，起到了丰富文化生活、传播知识的作用。中国现存最早的年画便是南宋的《随朝窈窕呈倾国之芳容》图，画的是王昭君、班姬、绿珠、赵飞燕四大美人。

同时，宋代商业的发达，促进了市民社会的繁荣。在市民娱乐场所瓦舍中，娱乐方式丰富多样，民间说唱歌舞、傀儡杂戏集中，这为过年增添了热闹的元素。人们用于相互馈赠的年画品种十分丰富，有门神桃符，迎喜桃儿，纸马铺印钟馗、财马、回头马等。

由于宋太祖不喜欢收藏名画，许多名画流落市井。宋代的宫廷画家苏汉臣、李嵩等创作了大量风俗题材的绘画，这也成为民间年画的题材，如《婴戏图》《货郎图》《开泰图》《五瑞图》《岁朝图》等。李嵩的风俗画《岁朝图》创作于南宋年间，画面上除了大门上的武门神以外，在正厅的隔扇门上还出现了朝官装束的天官赐福形象，这是当时已出现文门神的明证。

钟馗画像是宋代年画中的主要品种。许多民间画工以钟馗为题材，创作了一批充满想象的年画，如《钟馗嫁妹》《福自天来》《恨福来迟》等。以神荼、郁垒为门神的年画依然流行，只是神像装饰更加奢华，王公贵族会用浑金装饰门神头戴的虎头盔。

《东京梦华录》中写道："二十四日交年，都人至夜请僧道看经，备酒果送神，烧合家替代钱纸，贴灶马于灶上，以酒糟涂抹灶门，谓之醉司命。"可见，伴随着节日的仪式，年画风格也更丰富了。

发现于西安碑林的《东方朔偷桃图》成为宋金时期木版年画的代表。人物造型保持了传统的风骨，印制细致，这都表明了宋代木版年画的形式和题材趋于多样，刻印技术相当成熟。宋代年画的发展，为后世年画格局的丰富和风格的形成奠定了基础。

"饾版"与"拱花"都是年画印制的工艺，明代末年发明。前者是除线描版外再刻有彩色分版，然后由浅到深，逐色套印完成。后者是一种不着墨的印刷方法，以凸出或凹下的线条来表现花纹。这使年画印制技艺和风格更为丰富。

这得感谢明代初年的手工业政策的改革，把工匠们从作坊里解放出来，由此促成手工业的兴盛，使年画艺术与其他工艺同步发展。经济发展，生活改善，使人们表现出对吉祥题材的追求。这一时期，钟馗题材等年画更受欢迎。特别是绢本绘制的年画，不仅选料考究，做工精良，而且提高了年画的整体档次。这也是为了满足宫廷、贵族对年画的需求。宫廷常将《耕织图》《三月韶光》等风俗画，以及描绘明太祖朱元璋起家征伐之事的绘画悬挂宫中，用以教化皇亲国戚。这些题材与民间年画题材相同。

明代出版了一些小说戏曲书籍，其中的插图促进了雕刻印刷，以及年画技艺的发展。在明代，年画的题材、绘画风格等基本趋于定型，并流传至今，如经典年画《九九消寒图》《一团和气》《南极星辉图》《八仙庆寿》《钟馗图》《十王图》等。

明清两代，画家们都热衷于年画创作，年画发展进入成熟期。传统年画多为木版水彩印，线条单纯，大红大绿，色彩画面十分热闹。明代，天津杨柳青、苏州桃花坞、陕西木版年画兴起，时人称年画为"画贴"。明末清初，年画已经成为一种绘画体裁了。

世俗化趋势是清代年画走向繁荣的重要原因。清代初年到中期，安定民心的政策营造了国泰民安的社会局面，年画的繁荣正是这一局面的直接体现。清代乾嘉盛世以后，年画逐渐形成地方流派与集销产地。天津杨柳青、山东潍坊杨家埠、江苏苏州桃花坞是中国著名的三大木版年画产地。

清代中叶后，民间年画极为盛行，年画题材更为广泛，除了表达喜庆、镇宅、辟邪的内容之外，还出现了戏曲故事、文武财神以及鸡、猫、花、鸟、虫、鱼等动物形象。

年画反映了民俗。这种民俗质朴无华，单纯率真，粗犷豪放，与民众生活密切相关。只是从宋代开始，人们对绘画强调"逸品""神韵"，于是年画被称为"匠画"，被认为不是正宗的绘画。虽然多年来年画处于未入品的地位，但是民间画工的许多作品并不比画院画师逊色。像宋代的杜孩儿、杨威，连画院的专业画家都要向他们学习，甚至有些文人画家转向年画行业，从而提高了年画的绘制水平。

年画刻画出了中华民族千年来的世俗风情，是了解民俗的重要资料，更是民间文化的宝中宝。新年伊始，人们借助年画的喜庆、热闹，来表达对新的一年的希望和祝福，"以画过年"。这就是年画的长久魅力之所在。

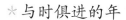
* 与时俱进的年

年俗要传承也要有变化

过年对于大多数人来说，是一个再熟悉不过的话题。你有多少岁，那就过了多少个年。有时候会觉得过年都大同小异，只不过是随大流而已，早已没了新鲜感，其实不然。由于我们对于熟视无睹的东西缺少深入探索，独立思考，对其本质和属性视而不见，才缺少基本的认知。就拿年俗来说，如果我们了解了年俗背后的文化内涵，自然不会觉得它们只是年复一年的重复，而是与我们的生活息息相关。年俗是过年的习俗，其形式的多样营造了浓浓的年味儿。当然，随着社会的发展，年俗也不可能一成不变，但变中应该有一脉相承的东西。简言之，年俗要传承，也要有变化。

年俗传承首先要做好精神准备。比如早年间，老北京过年流行吃杂拌儿，有种说法是，一开始吃杂拌儿，北京就开始有年味儿了。现在生活水平提高了，想吃什么不用等到过年才能买到，但期盼年味儿的心意没有变。对于过年来说，我们在做物质方面的准备之外，精神方面的准备也很重要。年的全部意义在于怎么过，很多人感觉年味儿变淡，归根结底在于缺少过年的新方式、新载体，也缺乏对年俗背后的历史和含义的了解。好在现在有越来越多的人开始思考年俗的意义，寻求年节的回归。今年一位朋友在我的建议下刻了一块灶王爷的版。想象一下，当我们自己在拓印灶王爷像时，如果有人从旁讲解这其中的历史和寓意，相信对于所有的参与者来说都会是很好的年节回忆。

过年期间，拜年、吃年夜饭、祭祀等依然是春节的几大重要年俗活动。过年习俗作为传统文化的重要组成部分，它所包含的文化主题——感恩、祝福和娱乐，对中国人来讲，具有极大的情感认同性以及相当的普适性，会延续下去，只是三大主题的表现形式会发生变化，有些甚至是巨大的变化。

全民看春晚　从 1983 年开始，春节联欢晚会陪伴中国人度过了三十多个除夕之夜。吃过年夜饭，全家人围坐在电视机前看春晚，已经代替了祭祖、守岁等延续了上千年的传统习俗。

电话、手机等通信新方式拜年　通信方式的便捷，让拜年方式也发生了变化，好处是更快、更广泛，但不足之处也是明显的。本应充满亲情的问候变得越来越形式化，见面的机会反而越来越少，难以达到心灵沟通的效果。

庙会多样化　经济多元化，文化多元化，必然带来庙会形式的多元化。这既是庙会随着时代发展的必然趋势，也是庙会形式没落的反映。毕竟今天人们感受过年的方式越来越多，未必都去逛庙会。当然，在今后相当长的一段时期里，逛庙会仍然会是人们过年娱乐的主要方式。

烟花爆竹燃放减少　这是必然的趋势，是世界文明进步的体现。在北京，过年燃放烟花的人越来越少，出售烟花的商铺 2015 年比 2014 年减少了四分之一。

年夜饭到饭店吃　人们生活水平提高了，经济上宽裕了，年夜饭往往选择到饭店去吃，减少家人的劳累。但据《北京日报》的一项调查显示，老北京人有 80% 的家庭还是选择在家吃年夜饭，而不是去饭店。年夜饭的目的已不再是聚餐或解馋，而是成为沟通亲情的重要方式。全家人一起为年夜饭忙碌，特别是家里老人擅长的家常菜，会给人们带来家庭的温暖和慰藉，而这些又是在饭店里难以体会到的。于是有专家建议，可以把自家做的拿手菜与叫外卖两者结合，既保证家庭温馨，又尽量减少做饭的辛苦，二者兼顾。

中国年走向世界　凡是有中国人在的地方都会过中国年，春节越来越成为国际化的节日。不少国家的首都、主要城市还把中国年作为当地的法定假日，这不仅推动了中国节日走向世界，还有利于在各地文化的交流中不断发展中国文化，实现文化创新。

给长辈压岁钱　这是对压岁钱本意的延伸和升华。特别是在中国逐渐迈入老龄化社会后，有利于形成爱老、敬老、孝老的良好社会风气。2012 年，笔者借助媒体发起了晚辈给长辈压岁钱的活动，收到了意想不到的效果。

过年外出旅游 农耕社会，全家一起生产生活，让世世代代中国人产生了强烈的家庭意识。如今的青年人，不再按老传统回家过年，而是背起行囊去外地或出国旅游，这已成为新的时尚，是新型生产生活方式的必然产物，也是对传统习俗的挑战。

租友回家过年 这主要是为了应付父母、亲友对自己"终身大事"的关心，属于无奈之举。有些租用的朋友有可能在了解中产生感情，也有的因此在感情、钱财上受骗。新一代和老一代在婚育观上的差异，需要本着相互理解、体谅的原则解决。

反向过年兴起 现在北京有大量家在外地的年轻人，每到过年的时候都会有很多人买不到票，千里迢迢赶回家，在家也待不了几天，可以说是舟车劳顿，得不偿失。其实我们可以换一种思路——逆向过年，提前把父母都接到北京来，我认为这是一种低成本的过节方式，也是对传统探亲方式的补充。年不一定非得要像过去一样回乡团圆，新时代我们要的是亲情、友情、爱情、邻里之情，一个情字密切了人际关系。

以上十种新过年法只是不完全统计，实际内容远不止这些。这些新的过法也在提醒我们，年文化是我们生活中不可或缺的一部分，需要我们主动进行调适，发扬自身能动性，结合自己的特点，过一个属于自己的、既传统又时尚的年。当然，无论如何调适，都需遵循这样一条原则，即过年是为了使我们的身心获得愉悦，而不是身心俱损、耗财伤神，传统过年习俗提供了适合当时条件的、身心愉悦的保证，今天的新民俗也应该具有同样的功能，让我们过一个吉祥、喜庆、文明、节俭的年。

什么是春节文化消费的主体

多年来，春节文化消费究竟应该消费什么一直是一个问题。"过革命化春节"的特殊时代暂且不提，仅就最近二十多年市场化以后的中国来说，经济巨大发展的同时，只向钱看的一些做法严重地冲击了传统中最核心的内容。

生活水平提高以后，过年时的大吃大喝已失去了传统的魅力。由于平时工作、生活压力较大，过年的准备过程被一再压缩，以致年夜饭也可以到饭店，甚至到五星级酒店去吃。虽然五星级酒店年夜饭的价格对于许多人来说已能基本接受，可年夜饭本来的含义却被误读了。被误读的还有大人给小孩的压岁钱。有些人甚至把给（收）压岁钱当成变相行（受）贿的形式，原有的为小孩驱邪纳福保平安的寓意被曲解。难怪人们会抱怨，传统年节成了商品的推销节、购物节，消费文化成了传统年节的主宰。

长期以来，人们对传统年节的认识一直存在着各种各样的偏差。传统年节曾被视为封建糟粕。到了开放的年代，又因经济发展的影响，从一个极端被抛到另一个极端。通过回顾历史，我们可以看到传统年节深深地植根于民众的生活生产，体现了一种客观的需要。在漫长的历史发展过程中，许多人文的因素，如神话、传说、历史人物等又融入其中，使其成为民族文化的生动载体。因此可以说，每过一次传统年节都是重温一次历史，有利于增强民族凝聚力和民族自豪感。

传统年节的本质，就是在生活中的一个个节点上，通过祈福，请求天地、祖先和神灵的庇佑，实现生活的平安富裕。其核心内容就是祭祀，借此表示一种敬畏，一种祈求，一种虔诚。年节间的吃喝、娱乐等众多内容，无一不是这一核心内容的演绎、发挥。

相反，脱离开这一核心内容，片面强调年节期间的娱乐、吃喝，必然会把传统年节形而上的追求庸俗化为感官的刺激、口腹的满足，从而背离传统文化的深厚本质和渊源。

在过去几千年的人类发展史中，我们的祖先为了生存发展的需要，创造出丰富的吉祥文化，通过神灵吉祥物（门神、财神等）、动物吉祥物（龙、凤、龟等）、植物吉祥物（牡丹、松柏等）、吉祥饰物（面具、盘长等）来表达长寿安康、财富丰盛、团圆美满的美好追求。民间禁忌，尤其是年节禁忌，也正为避邪驱凶，从反面体现对平安吉祥的追求。

依照民俗心理，每个年节的来临，往往都反映了天象、物候的变化，是一个转折，一个节点。此时的祈福迎祥仪式尤其必要和迫切，所以也是吉祥文化最丰富最全面的展示时期。农历的十二月被称为腊月，表明了这整整一个月中，以腊制肉食作为供品的祭祀活动在不断、反复地进行。可见古人对祭祀活动及祈福迎祥的重视。

正是在这个意义上，可以说年节期间的祈福活动体现了一种本质的要求，是传统年节的魅力所在，体现了一种民族精神的追求，而这一切又都与祭祀紧密地联系在一起。20 世纪 30 年代，国共两党要员曾共祭黄帝陵，是传统年节祭祀仪式的发展，成为保持统一战线的重要形式。可见，传统年节中的祈福祭祀活动，无论对于弘扬传统还是繁荣当今，都具有不可替代的重要作用，同时也是扭转消费文化主宰传统年节的不利局面的重要举措。

如何推广春节文化

作为中国甚至是华语地区最重要的传统节日，春节也在随着时代的发展而不断变化。首先是年俗的变化，正如前文所言，新的过年方式正在出现并被固定。其次是年味的变化，已经成为传统的年俗随着所附着的生产生活方式的变化而渐趋消失和淡化，新的社会环境中的人们一方面努力寻求传统年味，一方面也在挖掘更贴近当下生活的年味，新的年味符号正在形成。我们在思考春节文化的纵向发展的同时，也非常有必要关注春节文化的横向发展，换言之即辐射范围，这也是使中国文化走出去的尝试之一。

前文我们已经指明，春节体现了中国人典型的基本价值观念和生活态度，是民族文化精粹的集中展示。它浓缩了中国传统民间文化，成为展示民族精神底蕴和风貌的特殊窗口。中国在世界上的影响力越来越大，相应地，中国文化对世界的吸引力也越来越强，中国的春节被外国人喜爱，正是其文化魅力所致。因此，推广春节文化的前提，是我们自己对春节文化的定位和强化。在努力传承年俗的同时，积极营构新的春节庆祝方式，使之典型化，而非任其自生自灭，徒增年味丢失的感叹。这方面的探讨，前面已经多有涉及，此处不再赘述。

笔者认为，推广春节文化的另一重要方法就是借鉴西方节日的庆祝方式。怎样借鉴西方节日的庆祝方式？我们可以从圣诞节、感恩节在中国的不同影响力找到答案。具有西方宗教色彩的圣诞节，传到中国后成了青年人追求浪漫的狂欢节，圣诞节所附着的文化物质实体在中国很容易生产出来，其所带有的宗教含义在中国被淡化，只保留其狂欢娱乐部分，在消费主义至上的社会环境中，被大部分人所接受。而中国人虽然也越来越熟悉感恩节，但是它始终停留在精神活动层面，并没有转化为具体的仪式活动，因为火鸡和南瓜派难以同当今青年的情感嫁接。从中我们可以看出，圣诞节之所以能有如此广泛深入的影响，其一是它摒除了那些与异质文化环境无法对接的物质载体，其二是它寻找到了不受文化地域所限的节日因素。可以说这是使圣诞节具有广泛影响力的两个因素，而这两个因素正好可以供推广春节文化借鉴。春节走出去，应该适当卸掉一些繁缛的衣饰，带着精神的风华站在世界的面前，以更加开放的方式走入异域人们的生活。

其实，春节已经越来越受到外国人的重视了。美国的十几个州已经将春节定为法定假日。2006 年的丙戌年正月初一，伦敦 20 万人参加春节巡游活动。"中国新年充满着亚裔人继往开来、憧憬未来的精神意境。"春节具备了成为世界节日的条件，因为中国越来越有大国风范，而春节是中华民族伟大的文化遗产之一，它所包含的价值观是人。春节的国际化也是对外开放和中外文化交流的可喜成果。

文化既是民族的也是世界的，而只有民族的才是世界的。春节应该在承继和完善自身的同时，以更加恰当的方式走向世界。

元宵节

热闹春节看元宵

春节是中国最大的传统节日，每逢春节，四散远游的人都会回到家乡与家人团聚，春节的热闹也自不待言。这种充满浓浓年味儿的热闹劲儿，要到正月十五元宵节过后才渐渐减下来。而元宵节就像年味儿的最后一次高潮，其热闹场面完全不亚于除夕。

元宵节起源传说很多

关于元宵节的起源，有很多种说法。比如，有说是汉文帝时为了纪念"平吕"而设，还有说是起源于东方朔与元宵姑娘的故事。事实上，元宵的起源只有一个，是人们对人丁兴旺的需要，其他的都只是传说，只能算作"流"。在过去，添丁进口、人丁兴旺是一件很重要的事情，只有人多了才能打更多的粮食，国家也才能更加富强。

"元"就像头一样，是开始、初始这样一个概念，也就是说，到了元宵节，我们要开始考虑这一年的事情，团圆的主题在这样一个日子也就显得尤为鲜明。

"闹花灯"闹的是人丁兴旺

从根本上来说，因为人们想要人多，所以要"闹元宵""闹灯"。"丁"和"灯"是谐音字，闹灯闹得越红火，人丁越兴旺。

除夕和元宵节都吃团圆饭，但除夕晚上没外人，讲究的是一家人在一起吃，而到了元宵节，要打开门，只有这一天是开放的，包括家里的女人和孩子在这一天都可以一起上桌吃团圆饭，平时不被允许出门的女孩儿也可以上街看灯。《红楼梦》里的香菱就是在元宵节看社火花灯时被拐走的。

"闹花灯"皇帝与民同乐

一个"闹花灯"闹的是人丁兴旺，从本质上来说，就是为了增加劳动力。对于一个家庭如此，对于一个国家的皇帝来说同样如此。所以在"平吕"的传说里，皇帝要与民同乐，把平息"诸吕之乱"的正月十五定为与民同乐日。

根据史料记载，宋朝有个皇帝特别喜欢花灯，曾经找人按照城门楼的尺寸制作了一个跟城门楼一样巨大的花灯，这是皇帝与百姓一起闹花灯的例证。

为什么过去北京闹花灯的地点在灯市口？因为这里离东华门近。东华门是一个比较随意的门，一般皇帝微服私访都是打东华门出宫。只有到了清朝，汉族人不得居住在内城，闹花灯的地方才改在前门、东四牌楼、西四牌楼、地安门、鼓楼等地方。

商家借挂花灯招揽生意

在这一天，商家会准备很多花灯，比如我们今天在街头常见的大红灯笼，过去叫气死风灯，还有走马灯等。老北京最热衷于悬挂花灯的店铺，以糕点铺、干果铺、绸缎庄等为主。灯笼除了材质和款式有很大区别外，很多花灯上还绘有传说故事，像《三国演义》《西游记》《水浒传》《封神榜》等，也有绘花鸟鱼虫或者梅兰竹菊的，既精致又好看。除了赏灯之外，商家还会准备很多小活动，比如猜灯谜。

商家做这些活动，主要还是为了给自己做宣传，借这个机会招揽生意。虽然老百姓看灯不花钱，但看见这些红红绿绿、物美价廉的货物，尤其是吃食，多少都会买一些。

烧火判儿是烧煤堆升级版

在北京闹灯，不像南方很多地方那么多精致的花灯可以展览，但也有很多自己独特的庆祝方式。比如过去在宛平县街上有个城隍庙，在元宵节，这里的习俗就不是闹花灯，而是烧火判儿。就是用泥巴堆一个空心"判官"，有眼睛，有嘴，有鼻孔儿，在他的肚子里填上煤来烧，代表判官审案。如果谁被"判官"的火给烧伤了，意味着判官断案判谁有罪，所以大家都会远远地围着火判儿，避免不小心被烧伤。

这种烧火判儿的习俗在北京的西部非常流行，像门头沟、房山那里的资源以煤为主，加之这两个地方有很多人来自山西，这个习俗正是山西烧煤堆的升级版。

因为元宵这日不设宵禁，早年间在内城，政府为了驱散游人，还专门搞了一个催梆队，用梆子敲出一定的点儿，提醒大家天晚该回家了。那个时候，观赏催梆队表演也成了老北京闹花灯的一个有趣的习俗。

春节热闹不看除夕看十五

元宵节对北京各个区的人来说同样也是非常重要的日子，各个区县春节期间最热闹的活动不在除夕，而在十五。

延庆、顺义等地自己独特的闹灯方式，就是已有三百年历史的九曲黄河灯。当地居民模仿诸葛亮所布的九曲黄河阵，用秸秆布置灯阵，里边蜿蜿蜒蜒，不熟悉的人很容易迷路。

像石景山区会搞全区民间花会大赛，还有平谷区大拜年规模更大，也更加壮观，可以说是全区大狂欢。怀柔区琉璃庙镇杨树底下村在正月十六还有一个非常有意思的国家级非遗项目——吃"敛巧饭"。原来是免费，这几年参观的人多了开始收钱，65元一位。在"敛巧饭"开席前还会有一个祭鸟仪式，由村中一名老人主持，在神雀台感谢为村中带来种子的山雀。

元宵并非只有十五吃

现在我们说到元宵，很多人都以为是正月十五这一天的吃食，实际上，元宵并非只有正月十五这一天吃。

早年间，在正月初八这一天，我们就要吃元宵。初八这一天又被称为"顺星"，古话常说"天上一颗星，地上一个丁"，用天上的星星对应地上的人口。天上的星星很多，寓意地上人丁兴旺。在初八这一天吃元宵，就是为了求得星神的庇佑，对星神表示特别的感恩。初八之后，从正月十三开始吃元宵，这元宵可以一直吃到正月十七。因为正月十五是正日子，这之前的是预备期，这之后的算结束期，如果有花灯，也是从正月十三开始安装，正月十七过完再清理。

"顺星"这一天要"请星神马儿"，然后要"散灯花"。所谓"散灯花"，指的是一家的主妇用"灯花纸"捻成灯芯，分别摆在寝室、厨房、客厅的案头、炕沿儿、箱柜以及院内台阶、角落、门洞等处，到处星星点点，好像天上的星星顺着大门进到家中一样。从仪式上来说，初八的祭星神仪式跟除夕的接神仪式很相似。祭祀天上的星神，除了摆放贡品，还需要香烛，要在院子里摆放一只生铁铸的盆，里面放上松树枝、芝麻秸等物，祭祀之后把请进来的"灯花"放在铁盆里焚化，这星神就算是请进家了。请进星神，相互道"星禧"，全家人围坐一起吃元宵，意味着团圆、兴旺。

"闹"不起来的元宵节

2013 年 2 月 25 日的《新京报》对于前日的元宵节报道了这样几件事。

一是在头版登出大幅照片，题目是"误信有灯会，前门人挤人"。据说因从网上看到前门地区有灯会的消息，所以从黄昏 5 点半开始，前门附近的游客越来越多。到了晚上 7 点时，前往观灯的游客数以万计，导致前门大街一度寸步难行，地铁前门站也被迫关闭。

二是有读者来信反映，元宵节是燃放烟花期限的最后一天，烟花爆竹燃放"反弹"。尽管当晚空气质量不佳，但鞭炮声不绝于耳。来自新浪微博的消息也说，当晚 8 点半左右，朝阳门悠唐两商家至少燃放了 50 箱超大焰火。路东路西相比拼，为达到效果更是四箱同时燃放。也有市民说，大早上起来就"嘣嘣嘣"的，外面雾霾都成那样了，还放放放。《新京报》在元宵节专版登文章《元宵节烟花呛出严重污染》，据说当晚 8 时，京城大部分地区的空气质量都为"重度污染"，南部地区多为"严重污染"，在延庆、昌平等西北部地区也出现重度污染。

三是全国多地取消元宵焰火晚会，理由是"为改善空气质量，同时提倡节俭过节之风"。郑州的焰火晚会已连续举办了 12 年，今年也取消了。

自从好几年前京北某县因元宵节观灯人多出现死伤事件以来，观灯、赏灯的活动越来越少。原因很简单，怕出事。到了今年，这种状况达到了顶峰。除了龙庆峡冰灯和延庆九曲黄河灯的消息见诸报端，关于灯会的活动仿佛约好了一般，全都销声匿迹了。

赏花灯、闹元宵，这是元宵节的主要民俗。"灯"与"丁"谐音，古人同时还相信，天上一颗星，地上一人丁。在一年里的头一个月圆之夜，又正值万物复苏的春天，所以人丁兴旺的祈盼成为固定的传统，观灯、点灯的习俗流传至今。

元宵节历来是一个全民同乐的民俗活动，就连皇帝也抵挡不住它的欢庆气氛。

唐睿宗时，曾在长安宫城外架起一座高二十丈的"灯轮"，上悬5万盏灯。皇亲贵族们也制作大型"灯树"。唐中宗曾在元宵之夜偕皇后微服出行，巡幸诸大臣家。

明代的北京之所以观灯的地点选在灯市口，无非是因为此地离紫禁城的东华门较近，便于皇帝出宫观灯。到了清代，只是因顺治初年内城原住民被赶到外城，观灯地点才随之移到了前门外。自那时以后的二百多年里，上元前门灯会一直是京城元宵节最热闹的地界儿。

据老辈人回忆，每年正月初十以后，正阳门大街、西河沿、廊房头条二三条、大栅栏等地，就已热闹起来，春灯纷纷初露，而且"张灯不待月高升"。在这周围经商的糕点铺、布铺、绸缎庄、干果店等无不挂出大小、高矮、方圆形式不等的花灯，上绘古代传说故事的连环画，如《三国演义》《聊斋》《杨家将》《三侠五义》等。还有的画花鸟、走兽、飞禽，以及龙凤等神兽，无不颜色鲜艳，生动传神。更有画各种吉祥图案的，如"天官赐福""加官受禄""鸣凤朝阳""欢天喜地"等。店家还故意选择一些逗笑的歇后语、俏皮话，如"武大郎的外孙子——出身不高""武大郎当警察——糊弄局"等绘于灯面，吸引游人光顾。有二层楼的店铺，还在楼上房檐下高悬一米以上的巨大生肖灯，或大红龙睛鱼灯。有的店铺在门前竖一乌纱红袍的"增福财神"立像灯，上书"祝君发财"。

前几年上元前门灯会恢复时，还着力表明自己的"出身门第"，表示要传承以往的传统。有趣的是，这几届灯会举办期间，人们往往只在街上观灯，两边的店铺内或灯火辉煌却不见人影，或人去灯熄，黑暗一片。观灯为前门新街创了人气，却未必能带动销售，于是这几年前门上元灯会也收摊儿了。

2013年元宵节前我在电台做节目，听主持人说，在网上查到前门灯会还办。我因此兴奋了一阵，甚至当别人问起时，我还信誓旦旦地给予肯定。可临到元宵节，却在报上看到正式消息，说是今年前门不办灯会。

可能不是所有人都看了报纸，但更可能是因为人们太渴望元宵节有一个"闹"的机会，于是不约而同地从四面八方赶到前门，参观传说中的上元灯会。这样的事情去年也曾发生。以至于当我们作为评委准备正月十五之际去考察前门灯会时，才从有关方面获悉，上元前门灯会不办了。这与其说是信息传递有误，倒不如说公众打心里盼望能有前门灯会。

据报道，当年元宵节期间，平谷、延庆、大兴等地都有大型的民间花会表演，这正体现了元宵节"闹"的特色。而且这些大型花会无一不是由官方组织的，资金有保障，所以才够规模。但这些大型活动都在郊区，至于城里的"闹"元宵活动则几乎看不到。这种传统如何传承？百姓的诉求如何表达？

于是百姓自己去想办法。要么亲朋好友聚餐大吃一顿，要么买上一堆烟花爆竹燃放一通，求个痛快。加上限放期限已到，商家急着脱手，不惜降价处理，这也助长了人们的购买欲望。据《新京报》报道，元宵节当晚，朝阳区某处烟花爆竹销售点，下午5点开始到晚上9点客流不断，原因是优惠促销吸引了顾客，大型烟花半价出售，原价588元的烟花才卖280元。到晚上8点，买二赠一的鞭炮已售完。

晚饭后，烟花爆竹燃放到达高峰，天空烟花绚烂，地上响声此起彼伏，烟雾到处弥漫，PM2.5比标准值扩大了3倍。

据银川市的报道，由于取消燃放，不仅减少了环境污染，而且节约了70多万元经费。但这只是官方的节约，百姓节约多少，少放多少，在多大程度上减少了环境污染并没有相关统计数字。

前文提到的郑州市虽然取消了持续12年的烟火晚会，却在紫荆山公园和人民公园布置了大型灯展供市民参观。同时还在社区、广场、乡镇等地方便于群众参与的地点组织了以盘鼓、秧歌、舞龙等非遗项目展示为主的文化活动。虽然未见其详，但至少感到当地政府在取消烟火晚会的同时，为百姓赏灯、闹元宵提供了相应的机会。这就是一种态度，说明当地政府关注民生，注意满足人民群众的文化需求。同时也表明，当地政府并未因灯会可能带来的负面影响而取消灯会。

阅读上述几条信息之后，笔者更加坚定了以往的一个观点，即群众的诉求是一股潮水，只有因势利导，朝着有利于和谐社会建设的方向发展才是正路。若以其他借口来堵的话，那只会出现"堰塞湖"，表面上堵住了水流，实际上会造成更大的不幸。

2013年元宵节"闹"不起来，只吃元宵不观灯的现象只是表面的平静，下面正酝酿着汹涌的暗流。《新京报》有张照片，地铁前门站因临时限流，人流压力太大，排在地铁站口等车的人已拥成了团，他们边往前推边眺望着不远的前门大街，这个场面给我们的启示实在太多太多。

二月二

二月二 龙抬头

每年二月初二夜晚，东方的地平线上就会升起龙角星，它是龙形星座中最靠上的一颗，其次还有亢、氐、房、心、尾、箕共七颗星。龙形星座是构成二十八星宿的重要成员，人们通过看星座的位置来判断季节变化。

因有龙角星出现，所以民间俗称这一天为"龙抬头"，又称"龙头节"。龙角星的出现是自然界天体运转的结果，但人们往往赋予它神奇的寓意，甚至当成龙颜升天而开始活动的瑞兆。这是因为二月二正值惊蛰、春分节气，同时地气回升，蛰伏在泥土中的昆虫、蛙类陆续从冬眠中醒来，其中难免会有一些害虫复活，于是人们希望龙也从沉睡中醒来，镇住那些害虫，并且呼风唤雨，为准备春耕的大地带来甘霖。这反映出农耕社会人们对天时的祈盼，希望降雨带来丰收。正像农谚所说的："龙不抬头不下雨""二月二，龙抬头，大仓满，小仓流"。可见，二月二在农业生产中所体现出的天时特点，关系到人们一年的收成，因此受到格外重视。

春龙节的传说

话说武则天夺李唐江山，改国号大周，自封大周武皇帝。这事惹恼了天上的玉皇大帝，于是传谕四海龙王，三年不许下雨，作为对武则天的惩罚。然而，这样一来，吃亏的还是老百姓，不光庄稼旱死，就连河塘也干了，吃水都很困难。

司管天河的龙王不忍心百姓受苦，就自作主张下了一阵大雨。玉皇大帝大怒，一气之下把龙王压在凡间一座大山下，并扬言要放出玉龙，除非金豆开花。

二月二这天，许多老百姓都把家里的玉米粒拿出来爆炒，创造出金豆开花的奇迹。

负责看押玉龙的太白金星本来就同情玉龙,如今听老百姓说金豆开花了,于是顺坡下驴,放出了玉龙。此后,人们为了纪念给大地带来春雨的玉龙,就把它重返天空的二月二定为"春龙节",祈求一年风调雨顺,并留下了二月二炒金豆(玉米)的民俗。

民间传说就是用口传心授的方式记述历史。像传说中提到的二月二求雨和"炒金豆"的细节,正是春龙节文化的内涵。当然,也正因为是传说,才会掺进一些想象,被赋予神话色彩,因此才能生动感人。

春龙节的特色美食

二月二炒金豆——这只是关于春龙节的美丽传说。在民间,二月二的吃食还真不少,而且一律被冠以"龙"字。

吃"龙须面",又叫"抽龙筋",龙须面要做得比一般的面条稍细些,再佐以炸酱食之。

吃"龙鳞",即春饼,又称薄饼、荷叶饼,因状似龙鳞而得名。这是唐代就有的风俗,北京人吃春饼往往有固定的配菜,像韭菜炒豆芽、酱肉、小肚等,还要蘸甜面酱,包上葱丝。

吃"龙牙",也就是饺子,因其形状像龙牙,故而得名。

吃"懒龙",又称肉龙,即在擀成厚片的发面上放些调好佐料的肉馅,卷成筒上笼屉蒸熟,其形状滚圆,蜿蜒如龙。

这一天,平时吃的多种食物均需冠以"龙"字,如米饭——龙子,包子——龙眼,菜团子——龙蛋,煎饼——龙皮,馄饨——龙耳,贴饼子——龙舌……

春龙节的民俗活动

除了吃,二月二这天还有一些体现春龙节主题的民俗活动。

熏虫。从明代起,二月二这天人们用过年时剩下的饭菜过油来炸,用油烟驱赶藏伏于隐蔽处的各种害虫。

引龙回,即用草木灰围着住宅撒一圈,称"引龙回"。意思是祈盼龙保佑一家人吃穿不愁。

照房梁。俗话说,二月二,照房梁,蝎蚣蝎子无处藏。这一天人们将蜡烛、油灯点燃后照亮室内房梁、墙壁及各个角落,驱赶害虫。

此外,这一天不能睡懒觉,要早早起床,不能压住龙头。孩子们起床后还要站在屋门槛上，在大人的指引下大喊："二月二，龙抬头，龙不抬头我抬头。"图的是成年后像龙一样，飞黄腾达，出人头地。

大人们则要来到龙王庙中，举行隆重的祭祀仪式，祈求一年风调雨顺，五谷丰登。妇女们这天不能做针线，以防伤了龙目，而不洗衣服的理由是怕误伤了龙皮。私塾里的孩子们这一天正式开学，有"独占鳌头"的吉祥寓意。孩子们也在这一天理发，号称"理龙发"。农民对这一天的天象十分重视，用其阴晴风雨来预测全年的收成情况。

如今，尽管人们已经远离农耕社会了，但二月二带给我们的启迪仍有意义。比如利用春天的大好时光活动身体；比如青年人抓紧青春年华，为理想而奋斗；比如利用丰富的民俗活动，让我们的生活生动活泼，充满情趣……

总之，善于借鉴，注重启迪，有利于我们开拓思维，给生活增添无限快乐，这也正是今天我们了解春龙节的意义所在。

酒胡子·不倒翁·达摩·钟馗
——从二月二民俗说开去

友人张忠强在东琉璃厂开有一家兔儿爷专卖店，品种之全，数量之大，在京城首屈一指。我与忠强因兔儿爷结缘，平日聊的话题也都是关于兔儿爷。

这样的话题聊得过久，未免乏味。一日我在他的兔儿爷店里徘徊，猛然间发现货柜后头的角落里立着一个不倒翁，便急忙把它翻腾出来。

这个不倒翁以纸浆为胎做成，是我见过的最大的不倒翁，足有半米高。不倒翁的身上用墨色简单地涂了几笔，大致分出了鼻子眼睛。身上则是用黄、粉、绿等色横拉竖拽的几抹，象征着花衣裳。整个造型看上去古朴、粗犷，很有民间乡土气息。

我向忠强狮子口大开，要求拿回家去摆几天，高兴了就给他送回来，不高兴了就在我家"关禁闭"，让不倒翁好好"反省"。忠强是个厚道人，碰上这样不讲理的主儿只好自认倒霉。

回到家里，我把这个不倒翁摆在案几上，来回来去冲它不断地挥动老拳。不倒翁呢，要么没看见，要么看见了不当回事，反而弄得我挺尴尬的。工夫长了，不禁对不倒翁的这副长年不改的憨态产生了兴趣。它仿佛在以这不变的神态嘲笑世人的以物喜、以己悲的狭隘。不倒翁的这种神态，特别是不倒的精神，象征人生命力的旺盛。

不倒翁又称"不倒娃娃""扳不倒"，推倒了，转瞬间又会立起来。大人把它送给孩子当玩具，正是希望孩子们能生命力顽强，身体健壮，长命百岁。这是一种美好的祝福。况且不倒翁色彩鲜艳，形象可爱，放在家里也是件吉祥、喜庆的摆饰品。老人说，家里摆个不倒翁，就平添了几分春色。因为春天象征着生命，象征着希望。

在山东的惠民县，当地"二月二"的乡间庙会上，不倒翁几乎成了主角，俗称"不倒娃娃节"。"二月二"是龙抬头的好日子，传说这一天苍龙醒来，行云布雨，耕种开始，所以又称"春龙节"。这天一大早，孩子们醒来之际，家里大人就会对他们说："喊两声。"于是孩子大声喊道："二月二，龙抬头。龙不抬头，我抬头。"然后再起身穿衣。临出门时，大人还让孩子们在门槛上站一站，取出人头地的寓意。

这一天的乡间庙会上，狭窄的街道两旁，卖不倒翁的摊商分散在叫卖日用品、服装、百货、农具农药、粮食、牲口、自行车等的摊位旁，并不是集中在一处。但是，凡有不倒翁的地方无不挤满了人，有看的、有问的、有买的，有老大娘，有农家大嫂，也有青年男女。他们有抱的，有捧的，有装篮中挎着的，无不心满意足，喜笑颜开。人们把不倒翁买回家，无异于给孩子送去美好的祝福，为家庭增添一份喜悦，同时也让家里的环境焕发出勃勃生机。"不倒娃娃"（不倒翁）为"二月二"这一充满生命力的农事节日平添了一份特别的欢乐。

在江苏无锡，为老人准备的寿材内往往也要放入不倒翁，男称"寿星"，女称"王母"，作为替老人看守寿材的"守寿材"，目的还是给老人增福延寿。

细究起来，不倒翁的历史已有两千多年。据说它的本名叫"酒胡子"。按照清代赵翼在《陔余丛考》中的说法，酒胡子是一种劝酒的用具。盛唐时期，生活在都城长安北方或西域的游牧民族被称为"胡人"。胡人能歌善舞，又好饮酒，在酒宴上趁着酒劲翩翩起舞，七扭八歪。酒胡子正是由跳胡旋舞的舞姿而得名。它用木头雕刻而成，底部尖尖，站立不稳，放在盘中用手捻转，还可以旋转摇摆，最后倒下。它的下部尖头所指的方向，即为饮酒的人所在。齐白石老人曾依此题材作画，画面上为一官状不倒翁，借以讽刺封建时代的官员，肚里空空，还官气十足，装腔作势，欺骗百姓。

有趣的是，不倒翁不光中国有，日本也有，只是那里的不倒翁明确为达摩。达摩所代表的佛教禅宗早在奈良时代（710—794）以前就已传入日本，达摩不倒翁也成为日本乡土玩具中的一朵奇花。日本各地的达摩不倒翁有不同的特色和形象风格，如"座禅达摩""女达摩""姬达摩"，以及带"招福猫"的"猫达摩"，和十二生肖做在一起的，成套的"干支达摩"等等，各式各样，丰富多彩。个有大小，从二三厘米到二三十厘米都有，成为神奇力量的象征。日本人相信，达摩不倒翁能避邪除魔，祛痛保健，带来福寿。

日本的达摩不倒翁让我们想到我们可以在端午节时上市一批钟馗不倒翁，因为这一民间俗神不仅与端午主题紧密结合，同时更能增添节日的喜庆气氛，受到孩子们的欢迎，由此形成山东惠民那样的"不倒娃娃节"也说不定呢。

不倒翁让我一下子获得这么多的启迪和思路，必将丰富我的节庆活动设计。就凭这一点，忠强的不倒翁也难以要回去了。

清明节

清明节的主题

提到清明节的主题，恐怕人们今天无一例外地认为是一个祭祖的节日。在笔者近半个世纪的人生中，得到的印象也基本如此。然而，近几年研习传统节日文化的经历告诉我，清明节扫墓祭祖往往还难以算作该节的主题，至少不是唯一的主题。

从清明节的特点来说，这是一个将节气和节日结合在一起的节。其他节日，比如立春与春节，端午与夏至，秋分与中秋……仅仅是对应，很难赶上正好是一天。而清明不是这样，这体现出古人对清明节主题的认知。

清明，清和景明之日，正是万物生长、充满生机和活力的季节，这正是春天的特点。因此时阴气下降，阳气上升，二气交感才最具活力。这也正是春天的本质体现。甲骨文的"春"训诂上与"蠢"同，意指春天虫子蠕动、生命勃发的状态。所以，人们也要适应这一节气的变化，让自己动起来，以适应节气的特点。即便是扫墓，也往往跟踏青结合起来，以便让平日出不了门的大姑娘小媳妇有一个堂堂正正外出的理由。那么历史上的清明节，都有哪些可以让我们"动"起来的习俗呢？细究起来，还真不少呢。

荡秋千

这是中国古代清明节习俗。秋千，意即揪着皮绳而迁移。它的历史很古老，最早叫千秋，后为了避忌讳，改之为秋千。古时的秋千多用树丫枝为架，再拴上彩带做成，后来逐步发展为用两根绳索加上踏板的秋千。荡秋千不仅可以增进健康，而且可以培养勇敢精神，至今为人们特别是儿童所喜爱。

秋千原为古代寒食节宫廷女子游乐项目。五代王仁裕《开元天宝遗事》载："天宝宫中至寒食节竞竖秋千，令宫嫔辈戏笑以为宴乐。帝呼为半仙之戏，都中士民因而呼之。"宋代宰相文彦博《寒食日过龙门》云："桥边杨柳垂青线，林立秋千挂彩绳。"

蹴鞠

鞠是一种皮球，球皮用皮革做成，球内用毛塞紧。蹴鞠，就是用足去踢球。这是古代清明节时人们喜爱的一种游戏，相传是黄帝发明的，最初目的是用来训练武士。

这一运动盛行于唐。宋马端临《文献通考》载："蹴球盖始于唐。植两修竹，高数丈，络网于上，为门以度球，球工分左右朋，以角胜负。"史载唐德宗、宪宗、穆宗、敬宗都喜蹴鞠。《册府元龟》载："唐德宗贞元十二年二月寒食节，帝御麒德殿之东亭，观武臣及勋戚子弟会球，兼赐宰臣宴馔。"宋代也有《太祖蹴鞠图》。

踏青

踏青又叫春游。古时叫探春、寻春等。四月清明，春回大地，自然界到处呈现出一派生机勃勃的景象，正是郊游的大好时光。中国民间长期保持着清明踏青的习惯。

踏青也叫踏春，盛兴于唐宋。宋李之彦《东谷所见》载："拜扫了事，而后与兄弟、妻子、亲戚、契交放情游览，尽欢而归。"明代《帝京景物略》记京郊踏青场景："岁（寒食）清明日，都人踏青，舆者，骑者，步者，游人以万计。"可谓盛极。

植树

清明前后，春阳照临，春雨飞洒，种植树苗成活率高，成长快。因此自古以来，中国就有清明植树的习惯。有人还把清明节叫作"植树节"，植树风俗一直流传至今。1979 年，人大常委会规定每年 3 月 12 日为中国植树节，这对动员全国各族人民积极开展绿化祖国活动有着十分重要的意义。

放风筝

放风筝也是清明时节人们所喜爱的活动。每逢清明时节，人们不仅白天放风筝，夜间也放。夜里在风筝下或风稳拉线上挂上一串串彩色的小灯笼，像闪烁的明星，被称为"神灯"。过去,有的人把风筝放上蓝天后便剪断牵线,任凭清风把它们送往天涯海角,据说这样能除病消灾,给自己带来好运。

射柳

射柳是一种练习射箭技巧的游戏。据明朝人的记载,就是将鸽子放在葫芦里,然后将葫芦高挂于柳树上,弯弓射中葫芦,鸽子飞出,以鸽子飞的高度来判定胜负。

斗鸡

古代清明盛行斗鸡游戏,斗鸡由清明开始,斗到夏至为止。中国最早的斗鸡记录见于《左传》。到了唐代,斗鸡成风,不仅民间斗鸡,连皇上也参加斗鸡,唐玄宗就喜欢斗鸡。

蚕花会

蚕花会是蚕乡一种特有的民俗文化,过去清明节期间,浙江梧桐、乌镇、崇福、洲泉等地都有此项民俗活动。其中以洲泉的马鸣庙和青石的双庙渚的蚕花会最为精彩隆重。马鸣庙位于洲泉镇西,在当地有"庙中之王"之称,每年蚕花会人山人海,活动频繁,有迎蚕神、摇快船、闹台阁、拜香凳、打拳、龙灯、翘高竿、唱戏文等十多项活动。这些活动有的在岸上进行,但绝大多数在船上进行,极具水乡特色。

清明时节话食俗

清明节由来已久，大约始于周代，已有二千五百多年的历史，因此清明时节流传下来的风俗也是丰富多样的，尤其是寒食风俗，非常有特色。在中国的美食传统中，清明是最好的时节。惊蛰稍嫌早，大地刚刚萌动，而谷雨又觉得有些晚了，许多时令的美食已经过了最美的年华。清明是一个界限，比如刀鱼，"清明前鱼骨软如绵，清明后鱼骨硬似铁"；比如春茶，"明前茶"为最佳，到了谷雨，就稍差一些，到了立夏，茶叶早就没有了"明前"的清爽。

清明寒食的由来

清明时节，春光明媚，桃红柳绿，古人除了外出踏青、扫除祭拜外，还有寒食的习俗。

唐代之前，寒食与清明是两个前后相继但主题不同的节日，前者怀旧悼亡，后者求新护生，一阴一阳、一息一生，二者有着密切的配合关系。禁火是为了出火，祭亡是为了佑生，这就是寒食与清明的内在关联。唐玄宗时，朝廷曾以政令的形式将民间扫墓的风俗固定在清明节前的寒食节，由于寒食与清明在时间上紧紧相连，寒食节俗很早就与清明发生关联，扫墓也由寒食顺延到了清明。

传统的"寒食"又称"换火节"，说的是家家户户烧了一冬的炉膛，开春后要灭火清理了，所以家里停火一两日，只能吃凉食了，这当中具有老北京特色的凉食就是"寒食十三绝"。历史上的寒食食品多数寓意深刻，种类也很丰富，包括寒食粥、寒食面、寒食浆、青精饭及饧等，寒食供品有面燕、蛇盘兔、枣饼等，饮料有春酒、新茶等数十种之多。寒食节的食品到现在大多已经失传，但也有一些流传至今。清明时节的寒食也有另外的功能，就是用于祭祀。主要有这么几种：第一种寒食供饭菜，摆的是已逝之人生前最喜欢吃的食品，如饺子、馒头等；第二种叫蜜供，以朝阳门外正兴斋满洲饽饽铺产的蜜供和蜜供坨儿最有名，他们把大大小小的供桌叠成十三层，所摆蜜供五个为一堂，坨上插上"福""禄""寿""喜""财"等剪花字或小旗，叠在一起有一房那么高；第三种是小吃，讲究用十三种，用提盒带到坟地祭奠。在咱北京有"寒食十三绝"，即具有老北京特色的十三样寒食节凉食。

1.硬面饽饽，是一种似烧饼大小的混糖戗面火烧，入口有咬劲，微甜且香，用手一掰掉渣。现在经过一些改良，未必那么传统了。

2.焦圈，形似炸面包圈，色泽深黄，形如手镯，焦香酥脆，常夹于火烧、烧饼中食用。

3.糖卷馃，可以说是最具特色的清明节日食品，主料为山药和大枣，外包豆皮，蒸熟或油炸，蘸蜂蜜食，也是一道药膳。

4.姜丝排叉，不但是北京传统小吃，也是北京茶菜的一个品种。茶菜系满族、回族礼仪性食品。

5.艾窝窝，糯米面蒸熟后包豆馅、白糖、芝麻，现做现吃。曾得到乾隆的赏识。

6.马蹄烧饼，两层薄皮，内空，形似马蹄，夹焦圈、油条。

7.豌豆黄，豌豆磨粉，夹小枣，熬成后定型，加白糖，多在春季时上市，到春末。北京的豌豆黄分宫廷和民间两种，据传说西太后最喜欢吃了。

8.螺蛳转儿，因其形似而得名。旧时小吃店常把当天售不完的螺蛳转儿用微火烤干水分再卖，烤干了叫"干蹦"，用于下酒。

9.驴打滚，豆面糕又称驴打滚，以糯米面为其主要原料，内加红糖或豆馅，做成后在黄豆面中滚一下，如驴打滚扬起灰尘似的。《燕都小食品杂咏》中就说："黄豆黏米，蒸熟，裹以红糖水馅，滚于炒豆面中，置盘上售之，取名'驴打滚'。"

10.馓子麻花，早年就是馓子，南方人多喜食，细而脆，爽口。也可用开水泡开，入白糖或三合油拌吃。

11.蜜麻花，又称糖耳朵，因为它成形后形状似人的耳朵而得名。往往用发面裹蜂蜜炸成。

12.芝麻酱烧饼，发面擀成饼，内加麻酱、花椒、盐烙熟，表面蘸芝麻。

13. 糖火烧，发面掺红糖烙熟，外焦里软，爽口而耐存。

各地的清明食俗

"子推馍"

"子推馍"又称老馍馍、面花，也叫蒸大馍。用酵糟发面，夹核桃、红枣、豆子之类蒸食，取意子孙多福。做面花是古时陕北女人的拿手好戏，她们凭自己灵巧的双手，用最平常不过的梳子、剪刀、锥子、镊子等，就能将发了酵的白面捏成各种形状的面花，与红豆、黑豆、花椒籽和食用色素等配合做出各种栩栩如生、犹如艺术品般的"大馍"，令人爱不释手。

江南青团子

清明时节，江南一带有吃青团子的风俗习惯。青团子是用一种名叫"浆麦草"的野生植物捣烂后挤压出汁，接着取用这种汁跟晾干后的水磨纯糯米粉拌匀揉和制成的团子。团子的馅心是用细腻的糖豆沙制成。团坯制好后，将它们入笼蒸熟，出笼时用毛刷将熟菜油均匀地刷在团子的表面，便大功告成了。

青团子油绿如玉，糯韧绵软，清香扑鼻，吃起来甜而不腻，肥而不腴。青团子还是江南一带人用来祭祀祖先的必备食品，正因为如此，青团子在江南一带的民间食俗中显得格外重要。

成都欢喜团

四川成都一带清明节以糯米作团，用线穿之，或大或小，各色点染，名曰"欢喜团"。做法其实很简单，先将糯米淘洗干净，用清水浸泡1天，磨成细浆，吊干成团。再将吊干的粉团捻碎搓成粉状，加进红糖、食糖、面粉混合均匀，加水揉匀搓透。再将浆团揉成条形，揪小剂60个，搓成圆形，投在芝麻盆里滚满芝麻。最后麻油入锅，烧至七成熟时，将生坯入油锅氽炸。这时可用锅铲推散开，待麻团稍漂浮时，将麻团在锅边上轻轻按压。一般炸至麻团外皮微硬、色呈褐红时起锅。

浙江清明果

每到清明，浙江一带家家户户都要吃清明果。清明果形状有些像饺子，但味道却截然不同。清明果的皮是一种叫艾叶的植物做成的。每年清明前，女人们手提竹篮，三五成群来到田野喜滋滋地采摘艾叶，青青鲜鲜的艾叶满满当当地堆在篮子里，煞是好看诱人。艾叶采回家后，便开始了繁杂的制作清明果的工序，女人们像魔术师，青青的艾草一转眼就变成美味可口的清明果了。

福州菠菠粿

清明节前后，福州家家户户都要做菠菠粿，用以祭祀。菠菠粿，也叫清明粿，是用菠菠菜（生长于南方的一种野菜）压榨成汁，掺入米浆内揉成粿皮，以枣泥、豆沙、萝卜丝等为馅捏制而成的，造型比较简单。菠菠菜的青绿色赋予菠菠粿以春天的绿意。

闽台地区润饼

清明时节吃润饼，在潮汕、福建和台湾都很盛行。其实润饼的正名还是春饼。泉州、厦门的润饼以面粉为原料，揉制烘成薄皮后再卷胡萝卜丝、肉丝、蚵煎、香菜等混锅菜肴，制法简单，吃起来清香可口。晋江的润饼则复杂得多，包馅儿多种多样，甚至能摆得满满一桌——豌豆、豆芽、豆干、鱼丸片、虾仁、肉丁、海蛎煎、萝卜菜、油酥海苔、油煎蛋丝、花生、香菜……你想到想不到的都可能在里面出现。

客家美食艾糍

在客家人的餐桌上，艾草算是一种常见的食材。每到春季，田头水边就会长出一丛丛艾草，绿色的叶子盘旋而上，像宝塔似的非常可爱。这时，女人们会把它们采下来，回家将糯米蒸熟后拌入艾叶一起舂成米膏，在中间包些花生或芝麻馅，团成一个个绿绿的小粑粑放进锅里蒸熟，这就成了有名的客家美食"艾糍"。

艾糍味道浓烈，并不是每个人都能接受。如果吃不惯，可以在做艾糍时少放些艾叶，这样吃起来就会满口清香，还带着一种特有的甘味，让人顿时胃口大开。

畲族美食乌稔饭

关于清明食俗，不能不提到畲家的乌稔饭。每年三月初三，畲族人家家户户煮乌稔饭，并馈赠汉族的亲戚朋友。久而久之，当地的汉族人民也有了清明时食乌稔饭的习俗。

清明时节的应时野菜

清明节外出郊游，走到郊外田间，总会想起小时候的童谣"清明前后，种瓜点豆"。这时气候温和，杏桃开花，草木萌发，繁忙的春耕开始了，人们处处感到清新明朗，心情爽悦。此时吃些应时野菜，可调和阴阳，平衡膳食，以养肝脾，保持心情舒畅。

在此介绍一下清明节时期关注的应时野菜：苦菜、马兰头。

苦菜在我国大部分地区有生长，又有叫苦荬菜、苣菜、败酱等。苦菜味苦性寒，清热，凉血，解毒，消肿排脓。苦菜中还含维生素 C 及大量铁质、蛋白质、脂肪、糖类、胡萝卜素、维生素 B 及钙、磷等，此时食用清热、凉血、降内热，可减少因内热而外感风寒的疾病。

马兰头，又叫马兰、螃蜞头草、田边菊等，我国大部分地区路边及田野有生长，也有人工栽培。其含有丰富的维生素 C、维生素 A、蛋白质、脂肪、钙、铁等元素，味辛性凉、清热解毒、凉血止血，对于口腔溃疡、咽喉肿痛、血痢等都有一定的食疗作用。把马兰煮熟加料调味后，美味可口，为家庭喜食的蔬菜之一，并有一定的药用价值，经常食用可达清火明目之目的。

如把马兰洗净烫熟切碎，拌香豆腐干丝，适用于治疗咽肿痛、目糊、内火重，能清热凉血；马兰洗净，捣烂取汁分服，适用于治疗吐血、牙龈出血、高血压、皮下出血、创伤出血，能凉血止血。

清明节扫墓习俗的文化心理

在中国历史上长期存在的农业生活传统使得宗族关系在人们的社会生活当中占有突出的地位。正是在此基础上，产生了封建宗法制度，其目的在于通过血缘亲疏来确认同宗子孙的尊卑等级关系，维护宗族的团结。

宗法制度不仅是中国传统礼乐文化的基础，而且还成为封建统治者治理国家的重要制度，它影响了中国传统社会结构的形成，家就是缩小的国，国就是扩大的家，家国同构。家长就是一家的君主，国家的君主就是国家这个大家庭的家长，各级官僚被称为"父母官"。

正是在这一历史文化背景下，清明节的扫墓活动就成为追思祖先，加强宗族凝聚力，维护宗族团结的重要手段。对于国家也是如此，因此祭祀活动从来都是中国小到每个家族大到整个国家的一件大事。

在老北京，祭祀祖先的传统节日不是一个，而是三个。除清明节外，还有七月十五中元节和十月初冥阴节（又称"寒衣节"），可见人们对这件事的重视。在这当中，祭扫祖先坟茔以清明为盛。在唐朝，政府甚至以法令的形式明确规定清明之日为"扫墓节"。

从整体上来讲，对此节的重视程度，北方不如南方，而北京以及北方各地各具地方特色。《京都风俗志》说："是日倾城上冢，九门城外，自晨至暮，处处飞灰，其野店荒村,酒食一罄。"在清代,北京的扫墓之风最盛,这主要是受满族旗人的影响。因为满族人固守传统观念，自皇帝至百姓，均为"敬祖法天"的观念所笼罩，对于祭扫坟茔非常重视，无比正式。满族仕家清明扫墓时，照例要在坟前供上"烧燎白煮"满洲吉席一桌，奠酒三巡，行三叩礼。撤供后还要再供奶茶一次，行一次叩礼。然后焚化纸花（故名"佛陀"）和金银箔叠成的元宝、锞子。

对于普通百姓来说，清明之际往往举家至坟前培土、锄草，然后焚香上供（蒸

食糕点，鲜果不拘），烧钱化纸，并在坟顶压些纸钱，表示此坟尚有后人。祭奠结束后，往往并不急于回家，而是老幼围坐一起，聚餐饮酒。青少年还要放风筝，妇女和儿童则折些柳枝，编成箩圈戴在头上。并将撤下来的蒸食以柳条穿成串，留至立夏之日，以油炸给小孩吃，说是这样孩子就不蠛夏。凡是不能亲自去扫墓的人家，则在家里用装满冥钱的"包裹"当作主位，以三碗水饺为供。午后即将包裹置于大门外焚化，象征将"节敬"给先人寄到冥间。

到了 21 世纪初的今天，随着社会政治、经济、文化环境的变化，人们虽然依然在清明节时前去扫墓，但从形式到内容都发生了很大变化。考虑到北京购买私家车的人家很多，所以许多人家提前一周就去扫墓。可就是这样，各处陵园仍然人满为患，路上更是塞车严重。而很多陵园更是利用现代通信手段，在网上承办人们的祭扫活动。人们只要用手机短信的形式向陵园发去信息，网上立即可以出现相应的表示，以此达到祭奠的目的。

尽管如此，绝大部分的北京人仍然习惯于在清明节这一天亲自前去墓地祭扫，而且这一习惯估计仍然会是主流。

2007 年清明节活动分析

调查显示：受访者中以中青年人为主，籍贯基本为北京，地区包括以工业为主的酒仙桥地区，以老北京人为主的宣武平房区和老居民区，另外还有位于城郊的大兴和通州区。当然也包括商业集中的 CBD 和新兴住宅区回龙观，覆盖面较广。

首先，清明节扫墓的习俗为绝大多数人所认同。但真正有亲人葬在本市的，还是以城乡老北京人为主。其次，以往清明节是否去扫墓，决定于是否有亲人葬在北京。只要有，基本上都要去扫墓。至于具体时间，倒不一定限于清明节当天，主要是看是否休息。而且按习惯，只要清明节去就行，不限哪一天，一般是赶早不赶晚，所以清明节之前去扫墓的人占大多数。在清明节过后去扫墓的，以金融街和郊区人口为主。因为老北京风俗，扫墓在清明节前后十天都行，出行方式以私家车为主，公交车其次。再次，对于 2007 年开始的清明节放假，基本上持赞成态度，但在具体认知上有差异。其中主要是认为多 3 个休息日，同意"重视传统节日"的居第二位。这表明，利用传统节日弘扬民族文化优秀传统的指导思想暂时还未在民众心中落根。

在所用祭品中，鲜花已占到了第一位，表明北京人文明扫墓的风尚已经形成。只有郊区居民在观念上仍然要烧纸燃香。其次需要的供品主要是水果和糕点。特殊意义的礼物开始出现，反映了扫墓活动的个性化需求。各家为此所花费的支出在 100—500 元之间。

最后，在清明节假日，除了扫墓外，主要是和亲友团聚，外出游玩的不足四分之一。而哪儿都不去的占到近三分之一。其中祭扫烈士墓的基本没有（约占 2%）。节日期间消费一般都在 1000 元以下，少量的在 1000—3000 元之间。

由此可以看到这几个特点。

一、清明节扫墓是一种共识，只要有亲人葬在北京的都会去扫墓。相应的食品和服务（包括交通）尚未形成品牌和规模。

二、如果不是组织，个人主动去祭扫烈士墓的人很少。因此加强这方面的组织非常必要，这样才能更好地弘扬民族传统。

三、节日期间，还有很多人什么都不干。这表明他们可参加的活动不够丰富。为此应把清明节活动的重点放到社区、学校和企业，吸引广大群众参加，调动他们的积极性，让他们以丰富的形式过好清明节。

四、人们对清明节内容的理解过于单一，以为就是扫墓，不知道还有踏青、郊游和开展体育活动的内容。虽然有私家车，而且大多数都去扫墓，却没有把扫墓和踏青、郊游结合起来。这方面的需求有待开发。

今年，各区县为过好清明节都设计了丰富的活动，如4月1日的宣武区"风筝放飞祝福"活动、4月4日至6日怀柔在雁栖湖的"不夜谷"清明风筝会和丰台卢沟桥乡的蹴球表演、怀柔九渡河镇的灯笼节，以及相声、歌舞、讲座等系列活动，希望能坚持下去，形成品牌，吸引更多的人在清明节前去参加。

端午节

端午节别称释义

据统计，端午节的名称在我国所有传统节日中叫法最多，有二十多个，堪称节日别名之最，有端午节、端五节、端阳节、重五节、重午节、天中节、夏节、五月节、菖蒲节、龙舟节、浴兰节、粽子节 等别名。

端阳节：据《荆楚岁时记》载，因仲夏登高，顺阳在上，五月正是仲夏，它的第一个午日正是登高顺阳天气好的日子，故称五月初五为"端阳节"。

重午节：午属十二支，农历五月为午月，五午同音，五五相重，故端午节又名"重午节"或"重五节"，有些地方也叫"五月节"。

天中节：古人认为，五月五日时，太阳行至中天，故称这一天为"天中节"。

浴兰节：端午时值仲夏，是皮肤病多发季节，古人以兰草汤沐浴去污为俗。汉代《大戴礼》云："午日以兰汤沐浴。"

解粽节：古人端午吃粽时，有比较各人解下粽叶的长度，长者为胜的游戏，故又有"解粽节"之称。

女儿节：据明沈榜《宛署杂记》载，"五月女儿节，系端午索，戴艾叶、五毒灵符。宛俗自五月初一至初五，饰小闺女，尽态极妍。出嫁女亦各归宁。因呼为女儿节"。

菖蒲节：古人认为"重午"是犯禁忌的日子，此时五毒尽出，因此端午风俗多为驱邪避毒，如在门上悬挂菖蒲、艾叶等，故端午节也称"菖蒲节"。

漫话端午

端午节与夏至的关系

在传统社会，民间的老百姓把端午节看成仅次于春节的第二大节日。端午节又称"端阳节"，南方民间多称"五月节"。据文献记载，端午节早在先秦时代便已存在，历时两千多年，可见其历史之久。为什么端午节是继春节后的第二大节日？端午与夏至又有什么关系？要回答这两个问题，必须先说说传统的二十四节气。

我们的祖先最早发现了夏至和冬至这两个时间点的气候特色，最终才发明了二十四节气。特别是在夏至这一天，白天格外长，甚至到了七点半天仍未黑下来。而冬至正好相反。我们的祖先由此认识到这两个节气作为气候变化节点的重要意义。

夏至与冬至节气在中国最早的历法中已经出现。《夏小正》载五月"时有养日"，即白昼最长的夏至日；十月"时有养夜"，即黑夜最长的冬至日。冬至和夏至都是与太阳密切相关的节气，由于太阳与火在物质上相关联，早期世界各民族均以火来祭祀。

在古代中国人的传统思维结构中，对立统一、对立转换的二元思维结构是最基本的思维模式，具体表现为阴阳五行对立转换的思维结构。阴阳五行观念在中国有两千多年的历史，被广泛地用于解释自然和社会现象，甚至成为规定人们行为的规范，它对中国古代政治、哲学、宗教、医学、伦理、军事、天文、历法等领域都产生了深远影响。

端午为正阳，正阳为夏至，如此则端午日即夏至日。端午与夏至是否同日，据此可知夏、秦及汉初用颛顼历，以立春为岁首，商、周、西汉太初后以冬至为岁首。《唐月令注》说"芒种为五月之节"，正与夏历仲夏为五月的记载相符。

为什么端午节定在日月相重的五月初五

芒种到来标志五月已开始，夏至日为五月十五，处正阳之位。今之端午则在五月五日，在时令上并非正阳之日，距夏至尚有十天。

在古代的历法当中，我们很熟悉的就是以天干地支来纪年、月、日、时，这在夏商时期已经出现，凡逢五之日都称午，端午的"午"就来源于此。夏代以寅为岁首，五月其实为"午月"。可以说五月五日最初来源于"午月午日"。之所以端午节要选在日月相重的日子，从先人著作中可以获得解释。

关于"端午"一词的最早记载见晋人周处的《风土记》："仲夏端午，烹鹜角黍。注曰：端，始也，谓五月五日也。"端午则是仲夏的第一个午日，而且是在五月。很明显端午节与五月所在的仲夏有很大的关系，同时以"五月五日"为端午，这也和魏晋以前"五月五日"的重要性有很大的关系。

正是因为端午节与夏至、夏季有着如此紧密的联系，所以可以说，端午节就是为即将到来的夏季做准备的节日。俗话说，热在三伏。而伏天正是从夏至过后开始的。此时不仅高温而且多雨，闷热天气令人难耐，它的好处是有利于农作物生长，坏处是也为蚊蝇滋生、流行病及瘟疫的传播创造了条件。尤其在生活条件差、医疗条件缺乏的农村，这些疾病的传播往往给人民生活甚至生命都带来损害。为此，我们的祖先发明了端午节，提醒我们要为炎炎夏季的到来做好准备。这当中包括精神的，如挂钟馗像辟邪，也包括物质的，如给小孩抹雄黄、打扫卫生等等，都是这个目的。

因此，过端午节并非简单地吃个粽子，而是会对人类生活产生重大影响，所以必须重视。由于端午是为了对抗瘟疫，而妇女、儿童的抵抗力相对弱一点，他们是被保护的重点。在传统北京民俗中，出嫁的妇女必须回娘家躲灾，即所谓"归宁"，意思是回家了，才能安宁。另外，从老北京端午民俗的两项主要活动也能看出人们在端午节对禳灾辟邪的重视。其一是全家吃团圆饭，主要吃所谓"五瑞"，即与黄有关的菜，比如黄瓜、黄花、雄黄酒等；还要吃所谓五毒饼，就是做成蛤蟆、壁虎、蛇等形状的饼，表示以毒攻毒，提高对抗瘟疫的能力。后来从南方又传入了所谓"十二红"的传统，就是十二个菜，每个菜都与红有关，比如红鸡蛋等。另一个是全家到有水的地方避灾，因为水边空气相对清新，便于洗浴。不少老北京人则会去天坛，因为这里地势高。中午十二点的时候，女孩子要把头上戴的红绒花扔在地上，任何人都不能捡，这被称为"扔灾"，表示从此杜绝瘟疫。

端午节的起源

一提端午节，人们就会想到屈原，但事实上，端午节的发端与屈原没有直接关系。早在屈原诞生前，中国就有端午节，屈原与端午节的结合是汉代的事。在端午民俗中，目前有三项国家级非物质文化遗产，其中既有祭祀屈原的，也有祭祀伍子胥的。那么，伍子胥和端午节又是什么关系呢？

伍子胥被吴越地区的人们称为"涛神""潮神"（水神的一种）。《中国神仙传》一书中将伍子胥列在水神谱系中的潮神（涛神）系："在杭州相传有吴山庙，所奉祀的是潮神。据《临安正志》说，伍子胥被赐死以后，以苇裹尸，投入江中，子胥因流扬波，依潮往来，人们时常看见他朱旗白马乘潮而出，因此建立此庙而祭伍子胥，奉他为神。"

伍子胥的一生都与水有着不解之缘。伍子胥第一次遇到水的时候是他最困顿不堪之时，但老天安排了一个救他的贵人。楚平王发了通缉令海捕伍子胥，他和太子建的儿子胜一起投奔吴国。过昭关时，伍子胥到了江边，走投无路，江中渔父救了他。水仿佛是他生命里的克星，又是救星。渔父是个好心人，见他面带饥色，还招待他吃喝。渔父还是个讲信义的人，伍子胥刚走几步回头，发现这位渔父为了自己已经自沉水中。

伍子胥第二次和水结缘，是遇浣纱女的故事。伍子胥在濑水之上遇见一女子浣纱，篮中有饭，便向她乞食。女子说："妾独与母亲居住，三十而未嫁，不好随便让男子吃饭。"伍子胥说："夫人赠穷人一餐饭难道也有何嫌疑吗？"女子打量他一番后，知他非等闲之辈，于是给他饭吃。女子叹道："妾三十年自守贞明，又怎能随便赠饭与不相识的男子吃呢？我这回是越礼而为啊。"伍子胥走远后不久，见浣纱女已经投水自尽。又是一个水中魂魄，渔父和浣纱女都是为救伍子胥投水而死，这似乎暗示着伍子胥归于水中的宿命。最终，伍子胥的人生轨迹在水中结束。伍子胥有治国安邦的文韬武略，是集忠、孝、义于一身的英雄。因此，吴越地区的人们供奉他做"水神"，做端午偶像，他的人格品质同样是端午节重要的精神内涵，是我们中华民族民族精神的精华所在。

在一些地区，人们在端午节还会纪念曹娥，这是为什么呢？原来，此说出自东汉《曹娥碑》。曹娥是东汉上虞人，父亲溺于江中，数日不见尸体，当时孝女曹娥年仅十四岁，昼夜沿江号哭。过了十七天，在五月五日投江，五日后抱出父尸。曹娥的孝行感动了人们，于是人们将曹娥视为江水神，并在五月五日端午节祭奠她。

而闻一多在《端午考》和《端午的历史教育》两篇文章中认为，五月初五是古代吴越地区"龙"的部落举行图腾祭祀的日子。其主要理由是：（一）端午节两个最主要的活动，吃粽子和竞渡，都与龙相关。粽子投入水里常被蛟龙所窃，而竞渡用的则是龙舟。（二）竞渡与古代吴越地方的关系尤深，况且吴越百姓还有断发纹身"以象龙子"的习俗。（三）古代五月初五日有用五彩丝系臂的民间风俗，这应当是"象龙子"的纹身习俗的遗迹。

一般情况下，民俗节日主要源于民众的生产生活，而非纪念某个人。屈原、伍子胥、曹娥等，都是作为英雄人物被接纳到端午民俗中的。不过将历史人物融入传统节日能够丰富传统节日的人文内涵。比如，屈原作为一位爱国主义诗人，他的忧国忧民精神体现了古代文人的一种责任感，所以受到历代人民的爱戴，纪念屈原与端午节结合，丰富了该节日的内涵，使其更具人文色彩。其次，屈原还是一位浪漫主义诗人，他的丰富想象力，特别是面对困难勇往直前的精神，都体现了民族精神和人类的宝贵品质，同时也使后人在不断地战胜困难的过程中获得一种精神上的愉悦。

端午的祝福

汪曾祺先生在《端午的记忆》一文中描述了自己家乡过端午节的风俗。系百锁子、做香角子、贴符、喝雄黄酒等，人们借这些习俗求得对身体和精神的庇佑，互送安康。虽然各地的端午习俗不尽相同，但有一项却很普遍，那就是制作和佩戴香包。

佩戴香包是后来发展出来的端午习俗。许多地方志中有关于人们在端午节佩戴香包的记载。清代《吴郡岁华纪丽》记载端午女红节物时说，苏州的刺绣香囊非常小，做工精细。大户人家更要讲究："镂翠叶五色葵榴、钿漆折扇、真结百索钗符、牙筒香囊、艾朵彩团巧粽之属。"《浙江风俗简志》中亦有关于佩戴香包辟邪的详细记载："每于端午之前，家家姑娘剪取小块绸缎，精心绣制香袋，其形状略如荷花、菱角、鸡心之类，十分精巧。至端午日，即将香粉、雄黄盛加其中，悬于胸前，谓之'挂香袋'，以为可以辟邪。"旧时，每到端午前夕，妇女们就开始准备材料缝制形状各异的香包。香包上一般绣着蜘蛛、壁虎、蛇等毒虫纹样，有以毒攻毒、驱邪除病之意。香包里面有雄黄等中草药，可以预防疾病。《清嘉录》中有关于雄黄荷包的记载："制绣囊绝小，类荷包之形，中盛雄黄，谓之雄黄荷包……皆系襟带间以辟邪。"

在北京，做香包的习俗也有传承，只是做法大大简化了。是用一寸宽、三寸长的一个硬纸条，来回折五回，形成一个正立方体，外用丝线或者彩带缠绕起来，再配上玉件、小葫芦或景泰蓝配饰等即告完成。由于内空，还可放些草药、香料等，具有一定的保健作用。

香包内的中药除了有具有杀菌消毒作用的雄黄之外，常见的还有苍术、藿香、艾叶、肉桂、砂仁和白芷等，这些中药都有杀菌和提高身体抵抗力的作用。中医认为这些药物具有散风驱寒、健脾和胃、理气止痛、通九窍的功效，并且大都含有挥发油，气味纯正、持久，其有效成分对多种细菌和病毒、霉菌有不同程度的抑制或杀灭功能，从而起到防病的作用。将香包放在孩子的衣兜里或枕边，对于水痘、流行性脑膜炎、流感白喉、麻疹等传染病均有一定的预防和辅助治疗的功能。此外，香包的香气被人体吸收后，可以促进消化腺活力，增加胃液分泌，从而增强胃口。

除了佩戴香囊以外，还要插艾草、菖蒲等等，这些的目的都是保健。"艾草如旗招百福。"因为艾草是一种可以治病的药草，插在门口，可使身体健康。它在我国古代就一直是药用植物，针灸里面的灸法，就是用艾草作为主要成分，放在穴道上进行灼烧来治病。有关艾草可以驱邪的传说已经流传很久，主要是因为它具备医药的功能。宗懔的《荆楚岁时记》中记载："鸡未鸣时，采艾似人形者，揽而取之，收以灸病，甚验。是日采艾为人形，悬于户上，可禳毒气。"端午节在门口挂艾草、菖蒲或石榴、胡蒜都有类似的原因。通常将艾、榕、菖蒲用红纸绑成一束，然后插或悬在门上。菖蒲为天中五瑞之首，象征驱除不祥的宝剑，因为生长的季节和外形被视为感"百阴之气"，叶片呈剑形，插在门口可以避邪。所以方士们称它为"水剑"，后来的风俗则称为"蒲剑"，可以斩千邪。清代顾铁卿在《清嘉录》中有一段记载："截蒲为剑，割蓬作鞭，副以桃梗蒜头，悬于床户，皆以却鬼。"而晋代《风土志》中则有"以艾为虎形，或剪彩为小虎，贴以艾叶，内人争相戴之。以后更加菖蒲，或作人形，或肖剑状，名为蒲剑，以驱邪却鬼"的记载。

除了以上这些，端午节还有一个习俗，就是系五彩线，古人认为端午节佩戴五彩丝便可以辟鬼怪，还可以防止瘟疫等疾病的发生。此外，五彩丝在人们的心中还有延寿的作用，因此还被叫作长命缕、续命丝、百索、长寿线等。

人们为什么认为系五彩丝可以保佑身体健康、保护和延长生命呢？这是因为在中国传统文化中，五色象征五行及东西南北中五方，可以辟"五方"之鬼神和邪气。不过，这只是一种模拟巫术或者说心理暗示。然而，从民俗心理和医学的角度来说，系五彩丝的驱邪避灾的象征意义体现了人们祈求平安的美好生活愿望，这种心理暗示也有益于身体健康。"形神合一论"是中医心理学的理论基础，即认为人的身体和精神是一个统一的整体，人的身体是心理的基础，即"形为神之本"；人的心理状态对身体有重要的反作用，即"神为形之主"。中医心理养生强调形神结合，心理卫生方法是中医学养生治疗方法中很重要的一部分，也就是说心理上的积极暗示对身体有良好的反作用。端午节人们不仅可以积极利用各种中草药保护身体，从中医心理学来讲，各种对心理有积极暗示作用的习俗措施亦对身体健康有很大的帮助。那么，人们在端午节系五彩丝可以辟鬼怪和邪气，这种心理上的暗示有益于身心健康，是一种很好的中医心理养生方法。

我们会发现，端午节的这些辟邪物件，都跟数字"五"有关，主要有以下几方面的原因。

其一，"五色""五彩"等不是取其五彩缤纷之义，"五色""五彩"等之"五"无疑象征五行，指五方五土，指辟五方之瘟鬼和邪气。其二，象征五行相生相克。五行说认为，五种事物同时存在才得平衡，水、火、木、金、土相生相克。无论个人还是社会，均需五行因素相互均衡，才能维持均衡和谐的状态，假如缺少其中一个因素，就失去均衡，处于危机和不稳定状态。例如，在传统社会，个人寻求五行因素的均衡，主要是寻求个人姓名与五行因素（金、木、水、火、土）的均衡，也就是采取象征的外在形式，在个人的名字上加上所缺的因素。如个人的五行因素中缺木者，取带有"木"字的一字或两字为名；若缺水，则取带有"水"的字为名；其他金、火、土亦同。其三，象征灭五方之虫害。夏至后，各类虫蛇十分活跃，有些害虫蚕食五谷作物，有些则螫人致病甚至致死。为防止毒虫危害作物和人，世人拿五种害虫做代表，象征五方，并依照"似因生似果"的模拟法术原理作为符咒，画针刺五种毒虫图案作为符咒，便可直接消除虫害的威胁，或防止这些毒虫作怪。

在传统节日的礼俗中，往往有许多祈求吉祥和谐的法物、祭品和活动。从这些礼俗中也可窥见古代中国人的和谐理念。

端午的饮食

说到端午节的吃食，最主要的当然是粽子了。

我国各地的粽子种类繁多，形状各异。由于南北方的口味和饮食习惯不同，粽子还形成南北两大派别。"南大北小，江浙居中。""北味甜淡，南味多样。"从形状来分，主要有角粽、锥粽、笔粽、枕头粽等；依口味论，主要有甜、咸之别；按内容分，有白米粽和有馅粽两类。有馅粽包括红豆、大枣等素馅以及肉类、蛋类等荤馅。各种馅料的加入使粽子的营养更加丰富。拿红豆馅的粽子来说，红豆不仅富含多种营养成分，而且具有利水除湿、消肿解毒等功效，是夏日清热解毒不可多得的良药。枣粽可以养胃健脾，益血壮神。白米粽相对热量低、脂肪少，有益健康。北方人吃粽子时往往喜欢吃凉的，这时稻米的清香，粽叶的清香，加上小枣的蜜甜，都让人感到一份清爽，精神也为之一振。

虽然粽子营养丰富，但是也要讲究饮食科学，特别是荤馅粽子所含的热量和脂肪较高，加之糯米的黏性较大，不易消化，因此应适量食用。心血管病患者、老人和儿童以及肠胃功能不好的人群，更应慎食。此外，吃粽子的时间也需注意，早上由于胃酸分泌较少，吃粽子容易胃疼，晚上吃粽子亦容易消化不良。吃粽子时可以喝些果醋或山楂水，可助消化、健胃开脾。

端午节的饮食习俗除了与其他古代节日饮食一样具有改善生活、补充营养的作用之外，还具有防病强身的保健功效。中医养生讲究调节饮食，饮食营养和脾胃的机能对于健康长寿具有重要的意义。我国古人称五月为"恶月"，此时天气转热，各种疾病和蚊蝇、毒虫日渐增多，对人体威胁很大，因此人们更加注意自己的身体状况。北平俗曲《端阳节》云："五月端午街前卖神符，女儿节令把雄黄酒沽，樱桃、桑葚、粽子、五毒，一朵朵似火榴花开瑞树。一枝枝艾叶、菖蒲悬门户，孩子们头上写个王老虎，姑娘们鬓边斜簪五色绫蝠。"这一俗曲便概括了北京端午习俗。

各地的端午娱乐活动

端午节之时，人们除了在吃上有讲究外，还会举行一些特别的娱乐活动，比较有名的就是南方的龙舟竞渡和北方的射柳习俗。

龙舟竞渡是端午节最有特色的节俗，至今仍然流行。端午龙舟竞渡的最初功能在于祈求农业丰收、驱瘟逐疫，即通过巫术以求年丰人安、避免疾瘟。由于地理条件和自然环境的不同，形成了"南方竞渡、北方射柳"的端午习俗。射柳最初是北方少数民族的一种祈雨仪式，后来逐渐发展为端午节的娱乐竞技活动。射柳主要有练兵和娱乐的双重功效。《金史·礼志八》记载："金因辽俗，重五日插柳去地约数寸，削其皮而白之。先以一人驰马前导，后驰马以无羽横簇箭射之。既断柳，又以手接而驰去者为上，断而不能接去者次之，每射必发鼓以助其气。"运动养生是中医养生的重要内容之一。竞渡和射柳都是我国传统的体育竞技活动，其最基本、最直接的功能在于强健体魄、增强体质，同时以表演的方式娱悦大众，调节人们的身心。中医养生强调生命在于运动，有意识的身体运动可以增强体质，增加生命活力，使人在自然和社会中保持平衡和适应力，从而达到愉悦身心、延年益寿的养生功效。因此，可以说端午龙舟竞渡和射柳竞技习俗都是养生运动方式，智慧的古人在欢度节日的同时亦可养身保健、健身益寿，体现了中华民族自古以来就具有的热爱生活、热爱生命的精神。在当代，端午龙舟竞渡主要与体育赛事相结合，融参与、表演和观赏为一体，更具节日情趣和观赏性。2010年端午节，苏州河上龙舟竞渡很是热闹，河岸上喊声震天，彩旗飘扬，选手们争先恐后，万众欢腾，体现了端午节激扬的生命意识。

古文献中最早有龙舟记载的是战国中期的《穆天子传》，其中有"癸亥，天子乘鸟舟、龙舟卒浮于大沼"的句子。龙舟作为中国龙文化传播的一种方式传承下来，最大程度上象征了作为"龙的传人"的华夏子孙对于龙文化的一种崇拜和崇敬。从有朝代开始，华夏子孙便把龙作为一种神物，龙舟文化也就随之而产生，最初的龙舟只是一种供皇室游玩的交通工具，到后来发展成大规模的龙舟竞渡，龙舟文化也随着历史的发展，逐渐形成了自己的特色。所谓龙舟竞渡，是为了纪念屈原、伍子胥等等。关于它的起源，有好几种说法，但是无论哪一种说法，笔者认为都是古代人把对英雄的崇拜寄托于龙舟竞渡的文化层面上，从这个意义上来说，无论是哪种说法都具有龙舟文化产生的共有特征。

龙舟的娱乐性自古至今都存在着，因为龙舟是一项集运动、娱乐，以及宗教祭祀等等相关因素于一身的体育活动，不乏娱乐性，现代龙舟的发展当然也毫不例外。

在北京的青龙湖，每年举行端午龙舟比赛之际，很多在北京工作、学习的外省人士，都会以同乡的名义组成团队参赛，岸上还有同乡助阵。这不仅密切了乡情，而且促进了各地文化的交流。现代皮划艇的比赛，也可以看到划龙舟的身影。特别是各地龙舟赛时的祭祀仪式，更让人产生一种庄严、神圣的感觉，精神上受到鼓舞。北京已经连续几年在延庆的妫水河边举行全市的端午节活动，各区县的非遗项目都派出代表参加，成为展示民间文化的重要平台。这些都促进了端午文化的发展、创新，丰富了民众的文化生活，有利于文化产业的发展壮大。

端午节的粽子

说起端午节，人们自然联想到赛龙舟和食粽子。而相比兴师动众的龙舟竞渡，食粽子这项习俗就显得更家常，也更亲民。

粽子之所以与端午相结合，主要原因在于端午节的时间约在夏至前后，气候炎热，疫疾横生，以五彩丝带扎成的粽子作为祭祀食品，可驱厄纳福。加之粽子的糯米、红枣与粽叶的搭配，口感清甜爽口，食用可消暑，因而受到人们的喜爱。粽子的出现早于屈原几百年，粽子与屈原产生联系大约在唐代以后。

粽子吃甜还是咸？南方北方有差异

虽然是通行全国的一种节令食品，但南北方的粽子无论在用料和造型上都有着很大的差异。在中国北方，人们通常偏爱食用甜粽子。以北京本地的粽子为例，北京人家里包粽子一般只有江米小枣和江米豆沙两种馅儿。根据个人口味，还可蘸白糖，或撒上糖桂花。红枣主要采用河北沧州的金丝小枣或山东乐陵的金丝小枣。"在北京，粽子就是端午节吃那么两三天，平时连粽叶都买不着，粽叶都是端午左右才上市。"而在南方，粽子则是甜咸都有，种类丰富。其中咸粽子以浙江嘉兴粽子，闽南和台湾的烧肉粽、碱水粽，以及广式粽子、客家板粽为代表。咸粽子通常以猪肉、香菇、蛋黄或板栗为馅料，有时也会放入虾米、萝卜干等材料。

由于南方水多，糯米的种植面积大，糯米往往与其他米一样被当作主食吃。南方人会在粽子里包上肉、咸蛋黄，做成咸粽子。而在北方，粽子更多时候是作为点心食用。下馆子吃粽子，饭店还会把粽子剥开，切成小块，让客人一口一块蘸白糖吃，就像饭后甜点一样。也因此，南方粽子一般也比北方粽子个头大。

在粽子的做法上，通常有瘦肉要紧扎，肥肉要松绑，包冰糖桂花要放中心，以糯米围实等等不成文的规矩。吃法上，北方人尤其北京人偏好把粽子凉着吃，有时候甚至要把粽子放在凉水里捞一下，然后蘸着白糖吃，图那个清爽劲儿。在南方，由于将粽子作为主食，主要还是趁热吃。

粽子的造型与包法

粽子的粽叶，南北方也有所不同，南方多用箬叶，而北方则以苇叶为主。苇叶较窄，而南方的叶子普遍较宽（比如海南粽子就用芭蕉叶包裹），这也影响了南北方粽子个头的大小。苇叶傍水而生，在北方一些干旱的地方无法生长，当地居民就转而以玉米叶裹粽子，扎成小枕头状。总体而言，南北方粽子的差异主要是各地食材的不同造成的。

因为用料的不同，南北方的粽子在造型上也有差异。北京地区的粽子通常做成等腰三角形，而在南方则有锥形、方形等不同形状。等腰三角形象征中庸，天地人的和谐相处。用五彩丝线一缠，则代表阴阳五行，相生相克，可增强正能量。而老北京还有一种特色民俗用品叫缯子，缯子是以硬纸折成立体正方形，再用五彩丝线缠扎而成，造型酷似粽子。缯子的内部可放入草药、香料，有驱蚊、降温的功效。粽子和缯子有这么个渊源，粽子就相当于把缯子的艺术造型给实用化了，成了特色的节日食品。

端午节除了家家包粽子过节外，粽子也被用于馈赠亲朋邻里，沟通联络感情。在过去，姑娘嫁人后不能随便回娘家，母亲就趁送粽子借机打发儿子去看看出了门子的闺女，以表达关怀之情，但更多的时候，嫁出去的闺女要在过端午节时回娘家，俗称"归宁"。

您接受时尚粽子吗？

过节必然离不开吃，吃什么能够突出体现该节日的特点。端午节的主要吃食自然是粽子。前面我们提到南北粽子的不同，其实，随着时代的发展，粽子的种类和花样越来越丰富，粽子也越来越时尚。我们不妨从粽子的来源开始，细细地了解一下它。

最早的粽子是什么样的呢？史书记载，从南北朝以后，民间开始有粽子，源自百姓祭奠屈原的说法。南朝梁的吴均（469—520）在《续齐谐记》中写道："屈原五月五日投汨罗而死，楚人哀之，每至此日，以竹筒贮米，投水祭之。汉建武中，长沙区回，白日忽见一人，自称三闾大夫，谓曰：'君当见祭，甚善。但常所遗，苦蛟龙所窃。今若有惠，可以楝树叶塞其上，以五彩丝缚之。此二物，蛟龙所惮也。'回依其言。世人作粽，并带五色丝及楝叶，皆汨罗之遗风也。"另外的说法是，百姓怕屈原的尸体被江里的鱼吃掉，于是裹了粽子，投入江中喂鱼。粽子与屈原关联的说法，由于其浓厚浪漫主义色彩而被广为传颂。粽子在文人歌赋中屡有出现。历史上关于粽子的记载，最早见于汉代许慎的《说文解字》。"粽"字本作"糉"。《说文新附·米部》："糉，芦叶裹米也。从米，㚌声。"《说文·夊》："㚌，敛足也。"义为鸟飞时收敛腿爪。《集韵·送韵》："糉，角黍也。或作粽。"粽子又名"角黍"，最早的记载见西晋周处的《风土记》："仲夏端五，方伯协极。享用角黍，龟鳞顺德。注云：端，始也，谓五月初五也。四仲为方伯。俗重五月五日，与夏至同。鸭春孚雏，到夏至月，皆任啖也。先此二节一日，又以菰叶裹黏米，杂以粟，以淳浓灰汁煮之令熟，二节日所尚啖也。……裹黏米一名'糉'，一名'角黍'，盖取阴阳尚相包裹未分散之象也。"明代李时珍《本草纲目》中，清楚说明用菰叶裹黍米，煮成尖角或棕榈叶形状食物，所以称"角黍"或"粽"。明清以后，包裹粽子多用糯米，这时就不叫角黍，而称粽子了。

由于南北方气候、物产不同，做出的粽子肯定也不同。我们可以对几个地方的粽子做一番比较。

北京粽子是北方粽子的代表品种，其个头较小，为斜四角形。北郊农村习惯吃大黄米粽，黏韧而清香，多以红枣、豆沙为馅。广东粽子个头大，外形别致，除鲜肉粽、豆沙粽外，还有用鸡肉丁、鸭肉丁、叉烧肉、蛋黄、冬菇、绿豆蓉等调配为馅料的什锦粽。厦门、泉州等闽南地区的烧肉粽、碱水粽皆驰名海内外。烧肉粽的粽米必选上乘，猪肉择五花肉并先卤得又香又烂，再加上香菇、虾米、莲子及卤肉汤、白糖等，吃时佐以蒜泥、芥辣、红辣酱、萝卜酸等多样配料，香甜嫩滑，油润而不腻。闽南的粽子分碱粽、肉粽和豆粽。碱粽是在糯米中加入碱液蒸熟而成，兼具黏、软、滑的特色，冰透后加上蜂蜜或糖浆尤为可口。肉粽的材料有卤肉、香菇、蛋黄、虾米、笋干等，以厦门的肉粽最为出名。豆粽则盛行于泉州一带，用九月豆混合少许盐，配上糯米裹成，蒸熟后，豆香扑鼻，也有人蘸白糖来吃。浙江宁波粽子为四角形，有碱水粽、赤豆粽、红枣粽等品种。其代表品种碱水粽，是在糯米中加入适量的碱水，用老黄箬叶裹扎。煮熟后糯米变成浅黄色，可蘸白糖吃，清香可口。嘉兴粽子为长方形，有鲜肉、豆沙、八宝等品种。鲜肉粽常在瘦肉内夹进一块肥肉，粽子煮熟后，肥肉的油渗入米内，入口肥而不腻。其他较为著名的粽子还有四川、两湖的辣粽及贵州的酸菜粽、苏北的咸蛋粽等。

每年的农历五月初五是中国的端午节，端午节食粽子是中国的传统习俗，也是中国一种特有的节令食品。不过，现在粽子已不是中国的特产，世界上很多国家也有吃粽子的习俗，但大多数国家的粽子源于中国。

朝鲜人在端午节这天有吃"车轮饼"的风俗，人们把鲜嫩芽艾叶煮后捣碎，掺加在米粉中，再做成车轮形状，朝鲜人称它为"车轮饼"。日本人过端午节时也吃粽子，不过日本的端午节是在公历的 5 月 5 日，日本的粽子不是用糯米，而是用磨碎的米粉做成的，粽子的形状与中国的粽子不同，呈种子形，别具一格。墨西哥的粽子又叫"达玛尔"，其原料是粗颗粒的玉米面，馅料是肉片加辣椒，用玉米叶或香蕉叶包成，别有一番风味。拉丁美洲也流行一种类似粽子的食品，这大概起源于印第安人的传统食品，他们用香蕉叶包粽子，主料是玉米粉和菜豆，吃起来味道很香。关于它还有一个传说：400 多年前，西班牙殖民者统治了拉美大部分地区，印第安人被迫外出服劳役，妇女们为此把煮熟的玉米粉和菜豆用香蕉叶包起来，作为干粮让亲人带上路。久而久之，就成了他们的传统。

随着社会的发展，人们生活水平越来越高，在粽子上花的心思也越来越多，各种各样的粽子进入了人们的视野。

功德林素馅粽子。与如今越来越多的馅料不同，功德林的佛门净素粽子依然秉承着朴素的情怀，简单但却坚持传统，令人回味。以素馅为特点，以糯而不烂著称。生产过程均为净素，并加以古寺配方。选料上更为考究，上等的东北江米、赤豆"大红袍"、翠绿的芦叶，通过配料、调味、包扎、蒸煮等多道工序精制而成。2009 年新推出了紫米和黍米两种，而且每个售价仅为 2.5 元。

冰皮粽子。与传统糯米粽不同的是，这种"洋"粽子的外层由冰皮制成，有咖啡、芒果和红豆三种口味。每个重量 45 克，售价 11 元，8 个装的礼盒装则需 98 元，远远高出市面上的普通粽子产品。

鼠菊草粽、干贝卤肉粽。鼠菊草粽使用只有在清明时节才有的鼠菊草做成，鼠菊草又名清明草，分布在果园、菜圃、庭园与荒地，用鼠菊草嫩茎叶及幼苗做粽子是台湾地区特有的，味道十分独特。蒸熟的鼠菊草粽，深绿粽皮多了一份淡淡的清香，加上丝丝菜脯米和丰润的猪肉末，细嚼起来余味无穷。另一款干贝卤肉粽是用欣叶招牌的卤肉，加上鲜甜的干贝、栗子及花生为馅料，放入用菜脯及鱿鱼炒香的糯米中包成。

峨嵋酒家宫保鸡丁粽子。毫无疑问，这宫保鸡丁粽子是继承了峨嵋酒家"宫保鸡丁"的精髓。这里的"宫保鸡丁"平中见奇，技法独特，"小荔枝口"味正宗。选料用的是仔公鸡的嫩腿儿肉；火候把握在"刚断生，正好熟"之间；上浆码足底味，鸡丁剞花刀，蓑字条，与配料花生米形色相称；烹炒时得"锅红、油温、爆上汁"。成菜上桌先后品出五味，先甜，后微酸、略有椒香，咸鲜还稍带点麻口。食后盘中"只见红油不见汁"，这是峨嵋独创的"散籽吐油"法。而这宫保鸡丁粽子，便是将炒好的宫保鸡丁用独特的方法包裹其中制作而成。食在口中，糯米的幽香配合着峨嵋酒家宫保鸡丁独到的风味，令人回味无穷。此外，鱼香肉丝粽子也是特色十足。

和粽子种类越来越多相同，粽子的销售手段也不再单一。电子商务的出现，使得销售手段网络化已成趋势。随着端午节的临近，网上粽子销售日渐火爆。根据亚洲最大的网络零售商圈淘宝网数据显示，5 月 12 日以来淘宝上的粽子等端午特色商品销售进入高峰，销量是平时的 30 多倍。仅中华老字号"五芳斋"的淘宝旗舰店一家的粽子每天就有 1000 笔交易。

"五芳斋"的淘宝商城旗舰店是 2009 年 2 月才注册，4 月下旬正式开店销售的。浙江五芳斋实业股份有限公司电子商务部总经理付立群说："随着端午节的日益临近，网店销售开始呈现火爆态势。从 5 月 10 日开始，销量就逐渐起来了。到目前为止，离正式开店才短短不到一个月的时间，就达到了一天十几万的网络销售量，大大出乎意料。我相信在端午节前几天，销量肯定还会再上去。"

"五芳斋"现在苦恼的不是如何在淘宝促销，而是不敢促销。付立群说："由于销售火爆得出人意料，再加上人员不够和应对能力不足，所以目前后台服务能力已经完全跟不上了，差不多要接近瘫痪状态。没想到网络销售会这么火爆，现在只能勉强把这个端午节硬撑过去了。等这个节过后，我们肯定会加大对网络销售方面的投入，包括资金、人员和整个流程设计的完善等。"

像端午这种传统节日，粽子这样的传统商品，中国的消费者还是认准老字号。根据淘宝网统计数据显示，老字号占了粽子销售 90% 以上的份额，虽然星巴克等时尚品牌在端午节也推出了特色粽子产品，但是远远不敌老字号的影响力。

端午节粽子除了自己吃的以外，还会用来送人。因此，进行适当的包装很必要。但是目前存在一种不健康的现象，就是粽子的包装不光时尚化，还豪华化，本末倒置。比如，市场上的粽子礼盒动辄两三百元，有的甚至开价 3000 多元。一般来说，包装精美的粽子礼盒要卖到两三百元。一款 1000 克的浙江五芳斋礼盒，6 个粽子售价 219 元，算下来，每个粽子 30 多元。三全、思念等礼盒也多在 200 元以上。而普通散装粽，一斤只要六七元钱。豪华粽子"内容"其实并不"豪华"，大多采用蛋黄、豆沙等普通馅料。网上礼盒粽子叫价更离谱。一款乡土乡亲端午粽子礼盒要价 3398 元，礼盒中有 4 枚粽子，号称"以有机糯米为主料，馅料选用鲍鱼、海参等顶级食材"，里面有钟馗纳福手工剪纸画轴、辟邪香囊、有机蔬菜卡等。网友似乎并不买账。

礼品为何争穿"豪华衣"呢？一方面，是生产者为了适应市场需求，吸引消费者眼球故意这么设计的。因为薄薄的礼品一旦穿上"豪华衣"之后，就显得非常厚实，拿出来就很大气，消费者爱买这样的礼品。另一方面，是生产者牟取暴利的需要。本来很一般的礼品，经这么一打扮，价格就会直往上蹿。比如一款标价为399元的某品牌"盛世五芳粽子"礼盒包装精美，里面装有18个真空包装粽子，馅料分别有红烧排骨、蛋黄、鲜肉、鲍汁牛柳、干贝、栗子等多种口味。而超市中，该品牌简装粽子标价每个7元至13元不等，馅料种类与上述礼盒装粽子相同。

礼品"豪华衣"投了消费者之好，满足了生产者销售者牟利之需，却带来了巨大危害，不仅造成了材料浪费，更导致了环境污染，与绿色消费理念背道而驰。有环境问题专家在《中国可持续发展总纲（国家卷）》中指出，目前我国城市生活垃圾的污染防治仍较为滞后，我国城市发展正面临"垃圾围城"的威胁。谁敢说这其中就没有礼品过度包装之"功劳"？显然，对这股畸形消费歪风加以禁止，实在是迫在眉睫。

怎么办呢？国外的做法值得借鉴，现在许多国家都制定了包装法，明确规定产品的包装空位不得超过包装体积的25%，包装成本不得超过产品价值的15%，对于过度包装的产品要进行没收、罚款。要是我们也能这么做，礼品"穿厚衣"之风肯定能得到有效扼制，而我国在规范月饼包装上所取得的成效便是最有力的佐证。期待我国的包装法能够早日出台，期待礼品争穿"豪华衣"之风能早日销声匿迹。

端午节是集中享用粽子的时间。为了更好地满足消费者的需求，在制作上必然会引进机器化生产。在全国粽子行业中，浙江嘉兴的粽子最具盛名，到2008年底，嘉兴市共有粽子生产厂家30余家，年产粽子2亿多只，产量居全国之首。不过现在摆在嘉兴粽子企业乃至粽子行业面前的问题是粽子生产方式和工艺相对传统，几乎完全靠手工操作。最近，国内首条裹粽自动灌装流水线在嘉兴市建成，这条流水线的建成在一定程度上改变了粽子的传统生产工艺。

是否应该将现代化工艺技术引入传统产业一直备受争议。传统产品用传统工艺进行生产能充分体现产品的传统特色，保持产品的传统风味。而将现代化工艺技术引入传统产业能提高生产效率，加快产业革命步伐，为传统产业注入新活力。粽子生产用传统工艺好还是用现代化工艺好应该让市场决定，让消费者决定，但不管是使用传统工艺还是现代化工艺，产品质量才是关键。

逐渐摘下家庭节日食品"帽子"走向大众日常消费的粽子，不可避免地会出现一些"具有现代食品特征"的问题。其中包括保质期、包装等产品问题，也涉及价格、营销及竞争等市场问题。但在这些问题当中，主要的还是质量安全问题。

2011 年北京端午节活动的反思

2011 年的端午节热闹空前，全北京市大大小小的端午节活动约 150 项。而且节俗开始在社区、基层落地，但是有些千篇一律，缺少特色。

据报道，端午节期间，仅市属公园就接待游客 120 万人次，还不包括区（县）属公园和远郊风景名胜区。可见，传统节日的假日经济特色已有体现。于是，有媒体抱怨："端午节为何多闻商味难觅屈原？"这主要体现在粽子的种类以及与粽子相关的各种活动令人眼花缭乱。然而，这并不意味着文化味儿就淡了。试问：赛龙舟、插艾草、挂香包……不是文化吗？说到商业味重，应该承认，这是市场经济条件下发展文化的有效途径。节日文化产品及服务，需要通过市场走向广大消费者。

至于"对屈原的纪念太少，屈原的形象更是难觅踪迹"，这也没什么奇怪。因为屈原是政治人物，关于他的传说是后来融入到端午节当中的。而端午节的民俗起源只能是民众的生产生活。具体来说，就是在高温高湿的季节，除了"三夏"大忙之外，还要为平安度夏做好条件准备，以度过"恶月"。而屈原无论是作为诗人还是爱国主义典型，则是少数文人和官方提倡的内容，参与的永远是少数，并不奇怪。如果非说今年的端午节活动纪念屈原的少，那也真是够矫情。试问：龙舟赛不是为纪念屈原吗？而且它把教化和娱乐结合得很紧密、有机，真是一举两得。何况仅在北京，今年的陶然亭端午诗会、龙潭湖端午文化节和什刹海龙舟赛，都有祭祀屈原的内容，不能说少了。而且今年什刹海在龙舟赛前，还举行了屈原诗作的吟诵表演，由扮成宫女的女青年共同演出。而龙潭湖端午节还有"皇帝"参加的隆重祭祀屈原的仪式，演出效果很有震撼力。相比之下，陶然亭的端午诗会仅是沿袭了几年来的固定模式，缺少新意。所以未能像前两项那样，引起媒体的关注。

倒是这么多活动的同一化、缺少个性的倾向，值得思考。北京日报的记者曾随机采访了 20 位年轻人，年龄在 24—36 岁之间，其中 16 位表示不会包粽子，半数以上说不清端午节除了吃粽子以外，还有什么民俗。据北京民俗博物馆统计，每年端午节来这里参加活动的游客中，超半数是附近的老邻居。记者在采访过程中也发现，游客中超过半数是老年人，"除了一群不足十人的外国年轻人结伴而来，几乎难觅年轻人的身影"。于是，记者得出结论："端午民俗体验见不到年轻人。"意思是，插菖蒲、赛龙舟、涂艾酒、挂灵符等传统节日民俗难以赢得年轻人的青睐。

对此，《新京报》发表署名陈在田（学者）的文章，提出"端午节贴近生活才有生命力"。作者认为"端午节复兴不仅仅是传统的回归，也和这一天成为法定假日，忙碌的当代人需要更多休憩、娱乐有关"。

换句话说，那些驱虫、辟邪、祈求风调雨顺等反映过去时代认识水平和生活需要的民俗已发生很大变化。时代在变，人们的生活方式、生活环境也在变，端午的习俗也必然随之发生根本变化。在今天住高楼、进城市以后，谁还过多关注风调雨顺？瘴疬瘟疫也不再大面积流行了。可见，原封不动地去过传统节日，把过去的节日风俗拿到今天来过，会因远离当今生活而显得不合时宜，必然被大多数人，尤其是年轻人所不认同，难以产生共鸣。为此，作者提醒大家，传统节日的兴衰在反复证明着一个真理：贴近社会和生活的节日和传统才有生命力。

作者还专门举了一个传统节日"异化"的反面典型：在屈原投江的汨罗，由于干旱，为了保证按时赛龙舟，官方将筑坝蓄水。据说这是为"保传统"。水少，所以才可贵。你蓄了水，意味着下游需要灌溉的农田、需要用水的人们就要少用水。屈原的爱国主义精神竟被"演绎"成这样，真令人叹惜！

当然，这样的事只是少数，更多的人还是在积极地思考，为今天过好传统节日出谋划策。《北京晨报》记者周怀京就发出倡议："端午节为啥不能变成体育节？"这正是顺应时代，和当今人们的生活需要紧密相联，会受到很多人，尤其是年轻人的欢迎，使传统节日依然保持旺盛的生命力。

作者认为："传统的端午活动非常强调争和斗，像龙舟、摔跤等。因此，它最适合成为一个民族体育的象征。"把它变成一个全民的体育节日，把那些全民运动项目都拉进来。

作者的建议非常具有实用性，尽管他对端午节的理解"强调争和斗"和把端午节办成"全民运动会"的主张不一定准确，但依然值得肯定，而且给端午节活动的主办者提供了非常好的借鉴。不过，端午节的文化内涵是多元的，而且其中最可贵的是亲情的沟通，而不是争与斗。所以，在把端午节办成体育节的同时，端午还可以呈现出丰富多彩的形式。这样的节日过起来才能满足更多人的需要，显得包容、多元、亲切，从而为当今的人们所接受，使他们乐意参与。

怎样让外国人也来过端午节

2005 年，韩国"江陵端午祭"成功申遗，激发了国民对传统节日传承的危机感。2007 年，国家确定端午节为国家法定假日。2009 年，湖北秭归"屈原故里端午习俗"、湖北黄石"西塞神舟会"、湖南汨罗的"汨罗江畔端午习俗"和江苏苏州的"苏州端午习俗"共同入选"世界非物质文化遗产"。然而，中国端午离走向世界之路依然遥远。2014 年，借口检疫风险，至少 23 个国家正式宣布禁止邮寄中国粽子入境。

如何让传统节日走向世界？怎样才能打造好端午节这张名片？这是需要我们认真思考的问题。其实，中国传统节日走向世界，是有群众基础的。比如说端午节是迎接夏季来临的节点，通过这个节日让大家做好度夏的准备，是这个节日最根本的意义，在很多国家都具有普遍性。

传统要走出去还要请进来

把中国的传统节日推向世界，有两个方面，一个是走出去，一个是请进来。传统节日向外走有很多优势，它在中国存在了几千年，有深厚的民众基础，海外华人那么多，大家对于传统节日的情感还在，这些都是有利条件，而且传统节日和生活结合的紧密程度也远远高于其他简单的因素或形式。

中国的传统节日体现了人们面对天时变化所采取的应对方式，包括从中获得自然的乐趣和慰藉感。人是自然的组成部分，要随着自然的变化而变化，同时，我们的身体也需要进行内部调整。这种调整中国人要面对，外国人同样要面对。

随着中国国际地位的提高，中国的影响力越来越大，传统节日作为我们先人智慧思想精华的积淀，会越来越得到外国人的认同。况且传统节日具有深厚的历史沉淀，与普遍人性相契合，会自然而然地感染人，从而形成普遍认知，形成凝聚力和向心力。

其实现代人的很多共识，比如与自然和谐相处、与自身和谐相处等，在中国的传统节日中都可以找到相关元素，并从中得到借鉴。所以说，中国传统节日完全可以走向世界，这是一件非常有意义的事。

对传统文化不能恣意取舍

中国传统节日走出国门，有几个需要迫切解决的问题。

首先是我们自身对中国传统节日的内涵要有一个全面的认识，要从整体而非局部地去把握它，不能存有偏见。在此基础上，形成一种对民族文化的敬畏感，这一点非常重要。

一百多年来，我们对传统文化不断进行着种种否定，虽然现如今口头上开始重视传统文化，但总是各取所需，把传统文化看成是一个可以恣意取舍的仓库，而不是从整体的角度去把握它。虽然现在已经不再说传统文化就是封建迷信了，但在内心深处，依然对传统文化缺乏敬畏感。只想使用，不想尊重，这种功利态度不利于继承传统。

以粽子为例，在中国周边很多国家都受到欢迎，这说明它有群众基础，外国人能接受。可现在这么多国家不让进口中国粽子，这说明什么？不是人家不爱吃，而是质量问题不过关，或者是检验标准没能和人家接轨，如果连这样最基础的问题都没解决好，空喊传统节日走向世界的口号，有什么意义呢？

民俗要民间自发形成

韩国"端午祭"申遗成功后，为推广端午节，我国政府各部门做了大量工作，但其效果尚待时间评判。很多传统玩法、民间玩法，与官方的玩法不一样。任何一种文化，只有民众喜欢，主动去做，官方再加以引导、培育、扶持，才能成为文化品牌。以韩国"江陵端午祭"为例，一开始只是民间在运作，早期是民间祭山神的活动，韩国政府经过了三五十年的扶持，才逐渐形成了气候，变成今天的世界非物质文化遗产。

现在我们在提倡传统文化过程中有一个误区，恨不能手把手教老百姓怎么去做，这就抑制了人们的主动精神。我觉得，应该用中国梦来推动传统文化发展，如果只想用中国传统文化来打扮中国梦，那就本末倒置了。总之，如果思路不转变，很难突破困局。

民间的事应该放手民间来参与，官方的职责是在政策上、治安上、环境上进行协调、引导。现在我们着眼和国外进行交流，一定要在思路上、管理上有所转变，这样才能把传统文化持久地做下去。

要说外国人能听得懂的话

关于如何使传统文化走向世界，重要的一点，就是要说外国人听得懂的话。当向世界介绍中国传统文化，特别是民俗文化时，一定要使用世界语言，这不仅仅是使用英语，而是在表达方式上更加国际化。

现在我们一提起传统节日，就是这个节日过去是怎么过的，怎么才算正宗，具体细节是什么，掰开了揉碎了地讲。可说到传统节日的内涵是什么，它与普遍人性之间有怎样的关系，它对我们今天的生活有什么帮助，对人际交往、生活方式有哪些益处，往往就说不出来了。在这些方面，我们关注得确实太少了。

我们将更多的精力用在我们自以为重要的方面，可人家真的想听你这些东西吗？比如一提起端午节，就说屈原和爱国主义，这种宣传至今占据主导地位。可在和平年代，外国的普通民众怎么可能听得懂？就算听懂了，人家也不会感动，毕竟离人家的现实生活太远了。这种宣传上的偏颇，不仅误导别人，也误导了我们自己。在这方面，我们与日本、韩国等国家有非常明显的差距。

推广传统节日需要文化商人

打个简单比方，现在很多西方戏剧介绍到中国，可在中国也好，在韩国也好，并不是用传统方式去表演的。在韩国，西方戏剧演出时，它会把戏剧内容进行重新组合，贴近东方人的欣赏习惯。内容变了，但影响力没变，我觉得，这是在着力打造品牌，这是我们今天做传统节日时特别值得借鉴的一点。

将传统的剧本看成是一个由头，通过重新制作、包装，在旧瓶子里装上新酒。你要想靠近别人，把自己的东西推销给别人，一定要考虑对方的兴奋点是什么。外国的节日在这一点做得比我们好，中国人接受圣诞节，无非就是它的热闹劲，大家一起热闹，至于基督教理论，很少有人在意。所以我们往外推端午节，也要考虑外国人的兴奋点在哪里。需要站在时代和历史的结合点上，通过成熟的市场运作，打造文化品牌。

现实是，我们急需一批既有实践经验，又有理论知识，同时有能力去打造传统节日的人。这种既是文化人，又是专业策划人士，能够实现市场和文化的有机结合，就是文化商人。我觉得有这么一批人出现，对于推动中国文化，特别是中国传统节日走向世界，非常重要。

他山之石，可以攻玉

除了走出去之外，我们还需要引进来。端午节具有世界意义，但不能简单地认为，把我们的东西倾销出去就可以。在全球化时代，应该通过不断交流，为中国文化走向世界创造机会。

例如，在东方文化圈里，很多国家都是过端午节的。他们的端午节是如何与当地百姓的生活相结合的？还是以韩国为例，"端午祭"中有祭祀山神、庙会、打年糕、荡秋千等一系列活动，在把传统节日打造成为文化产业方面，韩国确实走在我们前面，对此我们应该加以研究。

再比如日本，端午节被发展成男孩节，在引进的同时也进行了改造，变成了自有文化。我们中国文化讲究和而不同，走出去和引进来不是一个单向的过程，它也是一个吸收的过程。实现新民俗的打造，要通过具体的生活实践来体现，将大多数人与传统节日结合起来，传统节日才能落地生根。

总扯屈原没什么劲

我们在说传统节日时，实际上也应该思考如何打造适合现代人的新民俗。我们在宣传传统节日时，不能像"九斤老太"一样，只会说今不如昔，一代不如一代，也不能只是年纪大的人回忆过去。今天说传统节日，一定要为我们现代生活提供服务、提供帮助，我们必须把传统节日本质的东西和我们今天的新诉求、新时尚进行有机结合，从而使传统节日不断产生出新的内容。

所谓新民俗，不能脱离传统凭空想象，一定要以传统为基础，是对传统民俗的升华，而非简单重复。今天我们提到端午节，依然在大谈吃粽子、纪念屈原这些旧内容，说明我们自己对传统节日的内涵还没吃透。在这个前提下，我们向世界推广端午节，也只能不断去重复这些陈芝麻烂谷子的事，自己都觉得特没劲，又怎么可能感染外国人呢？

七 夕

七夕的由来和习俗

七夕节，即传统的七月初七。提到七夕，当然绕不开家喻户晓的牛郎织女的故事了。

牛郎织女的故事是与七夕节相关的经典传说，历代传承。故事大致线路是这样的：天女下凡在河边洗浴，牛郎得到织女天衣，二人结为夫妻，孩子诞生（此情节有时缺失），夫妻分离，最后每年于七夕节鹊桥相会。牛郎织女的故事并非一出现就是完整不变的，随着朝代更迭，故事本身也在不断被人们丰富。魏晋之前，只在秦代的出土简书中见到牛郎织女的故事痕迹，相关线索在《大戴礼》《夏小正》中提及。到魏晋南北朝时，传说变得翔实、完整，牛郎织女的传说成为凄美的鹊桥相会的故事。到了唐代，宫廷开始出现盛大的乞巧活动。宋元时期，牛郎织女的故事更加丰富完善，此时已有非常详细生动的故事细节：从小失去父母的牛郎跟着哥嫂度日，嫂子狠毒，常常虐待牛郎，只有老牛同情他。哥嫂和牛郎分家，牛郎只得一辆破车和一头老牛。一天，老牛突然开始说话，告诉牛郎，明晚有一群仙女要来山中湖里洗澡，牛郎见到一件红色衣服时，可以偷偷拿走，那个仙女即为牛郎之妻，这位仙女叫织女，是西王母的女儿。牛郎照做了。最后牛郎娶织女为妻，三年后生了一个女儿一个儿子。西王母知道了织女的去处，便派天兵天将抓走了她。牛郎挑起一双儿女，前去追赶。即将追上时，西王母拔下簪子，在二人之间一划，形成天河，将二人阻隔在河两岸。言明，二人只能在每年的七月初七之际相见。七月初七，喜鹊聚集在天河上搭成鹊桥，供牛郎织女相会时通过。传说此时在葡萄架或瓜

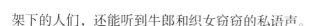

架下的人们，还能听到牛郎和织女窃窃的私语声。

传说毕竟只是传说，不能作为节日由来的根本依据。中国传统节日的一大特点就是与自然时令紧密相连，是在人们日常生产生活的基础上产生出来的，七夕节也不例外，这从七夕节的另一个称谓——乞巧节——可看出端由。

七夕节又被称为"乞巧节"，关于乞巧节的由来，应与中国传统社会人们顺应时令变化的生活有关。七月处春夏之交，此时暑气渐消，凉风乍起，女人们开始织布，准备棉衣，迎接寒秋和严冬，乞巧风俗就来源于这种需要。由于妇女们纷纷开始纺织裁衣，因此才要在特定的一天举行比赛，看谁的心更灵，手更巧。这既是郑重的仪式，也是劳作季节开始前的心理准备。同时，这种乞巧仪式也为牛郎织女的故事传承创造了条件。

七夕这一天，人们除了进行纺织比赛，还会有一些其他的娱乐活动，比如做巧食、种生、贺牛生日等。在中国古代，七夕是人们很看重的一个节日，它贴近人们的日常生产生活，但又充满了浪漫的人情味。随着现代社会的发展，人们的七夕活动越来越单一，几近于无了。在这方面，我们可以参考日本人过"七夕"的经验。在日本，七夕的传说很丰富，七夕节与民众生活、民俗和古典文学联系也非常紧密。每逢七夕节，都会举行七夕汉诗、俳歌朗诵会，还会举行七夕祭、观星象、舞蹈、绘画、展览、戏业、业艺等活动。

民俗文化的传承不是原封不动地代代沿袭，而是随着历史的变迁，文化的传播，从内容到形式不断地变化，甚至是剧烈变化。日本在吸收中国文化时，为了适应自身环境，就进行了取舍和组装。我们对七夕节的传承，也大可采取这种思路。

七夕，咱能干点啥

传统的七夕咋就成了时尚的情人节？

传统节日经历了浴火重生，在新的时代里越来越受到重视。人们开始探索年节风俗背后的东西，从中更深入地了解传统节日主题。2015 年春节，社会的关注点在于"年味"，以及年味的创新。这与以往只是简单地抱怨"年味淡了"形成对比，表明广大民众的参与意识和责任感在增强。端午节也一样，从以往对屈原爱国主义的宣传，到今天更多地去体会节日与节气的关系，从而更好地去感受古人"天人合一"的理念，也使传统节日与现实生活联系起来，进而回归到传统年节的本质。

与此相反，七夕节在近年来与其说是复兴，不如说是被改造了。也就是说，男女青年的相识相聚成为七夕节的主题，以至于七夕被称为了"中国情人节"。七夕期间，不光男女青年，甚至中老年人的鹊桥相会也成为主题，由此衍生的商品和服务也受到追捧。

2014 年七夕，京北的圣泉山举办了第四届"浪漫七夕，情定圣泉"活动，吸引了近 800 名男女青年前来参加，传统的乞巧等七夕活动，成为男女相会、相识的机会。他们合作挑红豆、拼七巧板、拔河，在游戏中增进了了解。2015 年七夕，北京市东城区的一个街道组织举办了"兰夜斗巧，缘定龙潭"活动，吸引了 50 位男女青年。活动还将国学文化与传统佳节结合起来开展。在同一区，据统计，新人登记领结婚证的人数比平时高出了四倍！全天有 140 多对新人办理了结婚登记。为了选择好日子，有的人提前十几天就在网上预约，有的新人还委托父母在凌晨两点就到登记门口占位。

2015 年是抗战胜利 70 周年，北京市延庆县的延庆镇专门为抗战老兵庆祝七夕节。有关部门为表达对老一辈革命战士的敬意，在七夕节之际为向老人们表达亲情提供了机会。

为了给年轻人聚会助兴，一些餐饮老字号为七夕"添菜"。又一顺饭庄推出"七夕浪漫套餐"，不仅包括"它似蜜"这样的经典名菜，而且还有木瓜沙拉、酸梅酪等新菜品。同和居等餐厅也为七夕设计了新的菜品，如游船套餐、"后海偶（藕）遇"等浪漫菜。与此同时，商场抓住时机促销夏装，黄金制品作为七夕礼物受到追捧。媒体推出了数款情人节家居小玩意。像包含红色、玫瑰、桃心等情人节主题用品的台灯，融合了情人节浪漫元素，还在双层灯罩之间变换色彩，适时地做一些变化，充满惊喜。京城的大小花店更是迎来了送花高峰，七夕当天送出的鲜花都是几天前预订的，而这已让工作人员忙不过来。

巧果原本是七夕节时表现女性治家有方、心灵手巧的节令食品。稻香村食品店借助这一传统概念，提出了"送给我心中的巧女"的新主题，将巧果包裹成礼盒，送给自己追慕的女性。这些巧果虽然还是采用鲤鱼、葫芦、桃等传统吉祥图案，但是传统节日的主题被赋予了新的内涵，受到当代青年人的追捧。

乞巧节到情人节的转变，是一种时代的选择

七夕节之际，在天上的银河两岸，会出现牛郎星和织女星，人们赋予了这一自然现象某种人文含义，传说是一双夫妻相会的日子。

这一传统自先秦出现以来，由原来的婚姻悲剧转化为千古言情、相思的代表，成为追求忠贞爱情、表达家庭亲情的理想表达。家庭和谐、温暖是社会和谐的基础。夫妻的厮守成为全社会的共同祈盼，因为这是婚姻幸福的保障。牛郎织女以其善良、勤劳、智慧来维系家庭的幸福，体现了共同的担当精神，这也是牛郎织女传说的永恒价值。

唐宋以来，七夕节日习俗将牛郎织女的传说不断演化，丰富其内容，节日活动也逐渐盛行。然而，历史发展到今天，七夕文化所赖以成长的人文环境已然发生了很大变化。传统的男主外女主内、男耕女织的生产生活方式已被多元结构所取代，甚至出现"宅男""女汉子"等以前少有的家庭角色。在此情况下，一味固守传统已不合时宜。

传统节日往往与天时结合，拥有广泛的参与者。但是"七夕节原本是女儿节、女人节，男人是不参加的"（宋兆麟先生语），冲淡了它与节气的联系，变成一个指向性很强的节日。因此，纵然这是一个全国性的节日，却也无法唤起全民的参与欲望。如此强烈的指向性，这在传统节日中是极为罕见的，因而在客观上也阻碍了更多人对七夕节产生兴趣。不仅如此，作为一个民俗工作者，如果我过分关注七夕节，势必会引起社会另类的眼光，以至于让自己都觉得不大对劲儿。

诸多的个人和社会因素，最终都影响了传统七夕节的传承。从另一个角度来看，七夕节今日演变成情人节，这也是传统节日在新形势下发展、继承的必然，反映了时代的要求。无论是文化管理部门还是民俗工作者，一味地否定现实，固守七夕节传统，会显得多么的不合时宜。相反，只有面对现实，承认变化，进而适应变化，引导变化，才能最终实现传统节日的创新和发展。

在笔者看来，在把七夕节办成情人节的过程中，强化女性在社会特别是家庭中的重要责任，适应角色转换的需要，自觉担负起自己的责任——这也是对情人节主题的丰富和强化。同时，又是在发展传统的七夕节主题，以新的形式加以弘扬。由此实现二者的有机结合，使七夕节焕发新的活力。比如，在组织七夕节活动时，把乞巧、做巧果、祭巧神、玩七巧板等活动掺杂其中，加强双方的相互联系，展示女性的才华，也是对七夕民俗的传承。

总之，既然传统的七夕节今天发展成了情人节，就要面对现实，因势利导地实现传统与时尚的有机结合。历史上传下来的七夕节活动很丰富，完全有可能融入到时尚的活动当中。

中元节

中元节的宗教起源说

　　阴历七月十五日的中元节曾是老北京人，也是全中国人民发扬传统孝道、纪念祖先、缅怀先烈、表彰忠勇的重大节日。人们直呼其为"孝亲节"。

　　中元节起源于中国古代的"三元日"（"三元节"）之说，即正月十五日为上元节，七月十五日为中元节，十月十五日为下元节。但道家却另有一说，认为"三元"乃"三官"之别称，即上元赐福天官紫微大帝，中元赦罪地官清虚大帝，下元解厄水官洞阴大帝。而正月十五、七月十五、十月十五，各为三官大帝的诞辰。

　　按道家说法，中元节时，地官来到凡世，考察核定人们的善恶，故民间有拜"地官"的习俗。但祭拜时却是三官一齐拜，所以谓之"拜三官"，南方叫"拜三界公"。是日，道教宫观午前有庆贺中元赦罪地官清虚大帝诞辰的仪式，晚间放"铁罐施食"，追荐本庙前羽后化的祖师，超度"九幽十狱众孤魂、四生六道诸苦爽"。

　　巧合的是佛教寺院也循例在七月十五日举行"盂兰盆会"。

　　"盂兰盆"，亦作"乌蓝婆挐"，为梵文音译，其意为"救倒悬"。人们在七月十五日奉施佛僧之功德，以救度先亡倒悬之苦，故称"盂兰盆会"。据《盂兰盆经》所载，众僧于四月十五日"结制"，须在庙内"安单"，定居下来，持诵经咒，过集体的宗教生活，共计九十天。至七月十五日"佛欢喜日"为功德圆满之期，而后众僧才可四出云游，谓之"解制"。相传，在此日修斋，可获福报百倍。因此，佛陀教人们于七月十五日做盂兰盆会，以百味五果供养佛僧，以所得的福报来解救七世父母在阴间的倒悬之苦，以报答父母的养育之恩。

中元普度与盂兰盆会虽然不是一回事，但都是以"度鬼"为主要内容，无怪乎有人将两者混为一谈了。人们将阴历七月十五日直呼为"鬼节"。风趣的老北京人将正月十五日逛灯称为"闹丧"，八月十五日的中秋饮宴称为"填丧"，七月十五的祭祖举哀叫作"嚎丧"，形成所谓"三丧"之谚。

七月十五嚎丧最盛的首属南城外的义园。到此处上坟的不见得是死者的亲属，有的是朋友，甚至是毫不相干的同乡。尤其是沦落为烟花妓女的，感于自己身世的悲惨，无墓可扫，就去哭吊乱葬岗子上的孤坟。这天，多数义地、义园皆高搭法台，延僧唪经、放焰口，任人去给孤魂设位。有的还送去挽联，如"满目蓬蒿孤客泪，一盂麦饭故人情"，读之颇为凄惨。

中元节的一切活动、布置，几乎都是根据佛、道两教的说法，为死鬼安排的，活人并没什么享受。相对地讲，打破了逢节必吃的老例，是一个别开生面的带有浓厚宗教色彩的节日。但是，由于祭祖上供的需要，活人可以陪着祖先吃顿"煮饽饽"（饺子）。但这饺子却有个说法。信佛之家为结合祭祖，供素馅饺子，晚餐循例以包素馅饺子为主食，并赋予佛家慈悲救度冥界诸鬼的宗教意义，谓素馅饺子象征一只小船，飘泊于"孽海"，以救度"十方三世古往今来"的"孤魂饿鬼"。荤馅饺子则象征被淹死之尸，飘泊于"孽海"中受苦之饿鬼。其中含有佛教劝人戒杀吃素（持斋）的意义。

由中元节的发展可以看到，它最初的动因是民俗的需要，但缺少系统、规范的内容。而佛教、道教正好利用了这一机会，把很多本教的内容以仪式的形式加入到中元节当中，一方面使中元节本身的内容丰满了，同时也成为弘扬宗教内容的重要形式，二者实现了有机结合。这也说明，重要的内容要有适当的形式、仪式来体现，且要注意形式与内容的统一，否则内容就无处表现。

关于盂兰盆会

据《佛说盂兰盆经》记载，目连之母青提因私自隐藏设斋供养诸佛的财宝而堕入地狱，目连成正果后，至冥间寻母，始知青提已入地狱。目连于阿鼻地狱见母受倒悬之苦，遂求如来救度，如来命"八部龙天"（八部中之龙众与天众）打开地狱，救出青提。其时青提已堕为饿鬼，目连去王舍城乞得饭食，但其母贪性未除，饭食入口皆化为烈火，目连乃再次哀叩佛祖求救，如来遂令目连在僧众夏季安居终了之日（即

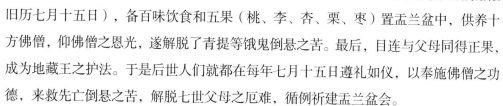

旧历七月十五日），备百味饮食和五果（桃、李、杏、栗、枣）置盂兰盆中，供养十方佛僧，仰佛僧之恩光，遂解脱了青提等饿鬼倒悬之苦。最后，目连与父母同得正果，成为地藏王之护法。于是后世人们就都在每年七月十五日遵礼如仪，以奉施佛僧之功德，来救先亡倒悬之苦，解脱七世父母之厄难，循例祈建盂兰盆会。

在中国最初举行盂兰盆会的是梁武帝（502—549年在位）。大同四年（538年），他在同泰寺举办"盂兰盆斋"（见《佛祖统纪》卷37），此后此仪式遂在民间普遍流传。唐代，每年皇家以音乐、仪仗送盆到各官寺，献供种种杂物，民间施主也到各寺献供（见《法苑珠林》卷32）。唐代宗大历元年（766年），在宫中内道场祈建盂兰盆会，设高祖以下七圣位，树建巨幡，书帝名号。自太庙迎入内道场，梵乐悠扬，旌幢蔽日，百官于光顺门外迎拜导从。此后历年如此。据《大宋僧史略》说，唐时盂兰盆极为奢丽，往往饰之金翠。日本圆仁《入唐求法巡礼行纪》卷四说，当时长安诸寺七月十五日作花蜡、花瓶、假花果树等，各竞奇妙，常列于殿前，广陈供养，倾城巡寺随喜，甚为壮观。

到了宋代，便不是以盆供僧，为先亡得度，而是以盆施鬼了。采取道教以七月十五日为中元节的传说，印卖《尊胜咒》《目连经》。又以竹竿斫成三脚，高三五尺，上织灯窝之状，谓之盂兰盆，挂搭衣服、冥钱其上，焚之。拘肆乐人自过七夕便演《目连救母》的杂剧，直至十五日，观者倍增（见《东京梦华录》），寺僧又于是日募施主钱米，为之荐亡。至清，每岁中元建盂兰道场，自十三日至十五日放荷灯，使小太监持荷叶燃烛其中，罗列两岸，以数千计，又用琉璃做荷花灯数千盏，随波上下。中流驾龙舟，奏焚乐，作禅诵，自瀛台过金鳌玉蛛桥，绕万岁山至五龙亭而回。晚清，北京尚有八百四十多座寺庙。凡略有条件的都举办规模不同的盂兰盆会和中元法会。例如长椿寺、广济寺、法源寺、拈花寺、广化寺、嘉兴寺等均有较大的活动，以长椿寺为最。

盂兰盆会或中元法会开坛前，都在山门外张揭黄纸巨表，宣示缘起。庙内殿上设公德堂，挂上"超升莲界"的大匾。居士和善信弟子们纷纷给自家的宗亲设位追荐。是日午前，由首座方丈讲经，午后，僧众和居士们在殿上合诵《佛说盂兰盆经》和《地藏经》，然后到功德堂回向后，由前来参拜的文场前导，在庙设位的眷属们举香，随着敲打法器的僧众、居士一起祭送法船。一般在附近广场焚化，如附近有河渠湖泊的，则将法船底部涂上桐油，放在水面上焚化。

旧时，佛教寺院所办的盂兰盆会大多于事前向檀越、施主募化集金，作为法会之开销。法会于开坛前，循例要在山门前贴上黄纸的大字块"祈建盂兰道场"，并揭示黄纸巨榜，召请"十方三世古往今来"各类孤魂等众同赴法会，以资各得善利。庙的门房处，贴出"门头查"的黄纸条，表示是对赴会的各类孤魂等众进行审查、接待之处。大雄宝殿为经堂，后殿则为"功德堂"，高悬"超升莲界"的匾额，供奉"十方法界无祀孤魂"牌位和居士、善信人士供奉的自家宗亲牌位。供案上，摆满了装有冥银的白色包裹。有的庙上午由首座方丈讲经；有的上午即由僧众、居士唪诵《佛说阿弥陀经》，举场圣号绕佛后，即至公德堂"回向""品咒"。然后普佛拜愿、交供。至此，上午的佛事活动就结束了，循例由僧众纷击法器引导着居士们到斋堂用斋，谓之"过堂"或"过斋"。凡前来"随喜"的居士、善信人士、香客们都可以用斋。下午僧众、居士们上殿合诵《佛说盂兰盆经》和《地藏经》之后，在一片举扬"南无地藏王菩萨"的圣号声中，列队到法船前品咒"加持"，由领忏放正的大和尚用香菜往法船上施洒"甘露水"，谓之"祭船"。随后，把功德堂上的包裹一律装进法船的统舱内，加封，贴上《三宝示·船照》。由前来参拜的文场敲响"神耳"（大鞭子抽锣），后有单皮、鼓、钹相随。居士、善信人士们以及在庙设位的眷属们举着整股的高香，当作火把。僧众素打"七星"走在后面，祭送法船。一般送到附近广场焚化，如拈花寺送至景尔胡同东侧小大院，嘉兴寺则送至太平仓北口的大道上。还有不出庙门即焚化的，如西四广济寺历年均在最前院的天王殿前焚化。广化寺因临近什刹后海河沿，早年有在水面上烧法船之举。

此外，盂兰盆会在内容和形式上还有些变化，细节上不尽一致，但大同小异。现举几个实例如下。

第一，西直门外高梁桥天仙庙，历年旧历七月十五日设坛唪经，在河畔陈巨型法船。且桥上栏杆分别绑有纸人：背篓携网的渔翁、挑柴持斧的樵夫、背禾执镰的农人、提包挎伞的商旅，以及僧、道、烟花妓女、乞丐……表示这都是被法会召请的亡魂。桥头还有纸扎的执幡使者，表示"西方接引"。是日前往随喜者、游览参观者甚众。

第二，西单卧佛寺街鹫峰寺历年旧历七月十五日有盛大法会，由宗月法师领忏诵经，纸扎巨型"济孤法船"，并糊三座"九品莲台"。焚化时，周围还插上数百支纸荷叶、莲花，意为"南海添莲座"，此为度佛家四众的。

第三，宣武门外粉房琉璃街的尼僧庙三圣庵为超度丛葬在南边义地的烟花妓女，历年旧历七月十五日在窑台茶馆西侧高搭大型经棚，尼僧们在此昼夜诵经、放焰口。是日糊一丈九尺的巨型法船，届晚送至陶然亭河泊处焚化。

第四，天坛二道坛门是民国时期处决罪犯的刑场，人们普遍认为此处是孤魂怨鬼的集中地。20世纪30至40年代，历年七月十五日，原华北居士林在天桥路北关帝庙（今天桥商场）正对着二道坛门处，搭一经棚，举办盂兰盆会，超度被行刑的冤魂怨鬼。到了晚上，在老坛根烧法船。晚间有"三大士"或"五大士"的《地藏行愿施食焰口》，当吟到召请各类孤魂来临法会受"无遮甘露法食"时，将卷好的烧纸和往生咒一卷卷地摆到二道坛门刑场处。

第五，还有结合"追荐亡魂"法事办庙会的。届时，商贩云集，售卖应节饮食、耍货，民间艺人演唱小戏、鼓曲；民间香会亦"朝香助善"，例如宣武门外江南城隍庙每年循例开办庙会二三日。据《北平晨报》记载，1932年中元节，该庙会约定秧歌会、五虎少林棍会各三起，开路会二起，小车会一起，骑车会一起，童子花棍会一起，在会期进香、演练。该庙门外西南市场并有奉天落子棚一座，坤书场、莲花落、大鼓、戏法、杂技、有声电影等，确有一番盛况。1936年中元节，虽然遇雨，但比往年更加热闹。庙外，河北梆子上演《双吊孝》，评戏上演《三娘教子》（报恩戏），特约奎星垣等上演十不闲文明戏《锯碗丁》《大娶亲》带"过会"。并特约武会十余堂，如山涧口的五虎少林棍，柏子胡同的双石头，黑窑厂的开路，宗帽胡同的天秤，蒋养房胡同的太狮、少狮等。又如崇文门外东晓市大街南药王庙亦历年加开庙会一日，除临时开辟演唱场所外，食品、用物、玩具摊商皆可前往摆设营业。

此外，阜成门外下关慈慧寺（即"倒影庙"）、北城什刹后海广化寺、北新桥北雍和宫、西四羊市大街弘慈广济寺、右安门外莲海寺、宣武门外老墙根白衣庵、西黄城根嘉兴寺、旧鼓楼大街北头大石桥胡同拈花寺、京西海淀观音堂等佛教寺院均于中元节举办盂兰盆会，做咻经、放焰口的"昼夜功德"，或祈建"水陆法会"。

中元：中华民族的孝亲节

阴历七月十五，是中国传统的中元节。很多人并不知道中元节，它之所以没有像清明节、端午节或者是中秋节那样引起社会的广泛重视，这当中有一些宗教的、意识形态的问题，也有一些传统观念的问题。有的人可能觉得这个"鬼节"好像不够吉祥，有点丧气，所以有很多人避讳谈这个。但是，中元节是中国传统文化精神的突出代表，因为它是中国人慎终追远的集中体现。同时，探讨、回顾或研究中元节，也有利于我们深入认识和思考传统节日，甚至会有一些新的发现。

祖先崇拜的意义

前面我们提到，中元节起源于佛教的盂兰盆会，盂兰盆是"解救倒悬"的意思。后来道教也借鉴盂兰盆会"解救倒悬"的理念，只是说法不一样。那么，为什么这个节日叫"中元节"而不是叫"盂兰盆会"呢？还有，为什么一个传统的宗教节日，变成了一个民俗的节日呢？

起源于黄河流域的中华民族，是在农耕文化中生长起来的。而农耕文化，基本上是以耕种、享用地里的这些农业产品作为一种主要的生产和生活方式。春天下种，夏季耕耘，秋天收获，冬天储藏，这是一个周期的轮回。我们的先人体会到，要是想丰收，种子是非常重要的，所以选好种子是农业生产的一个重要内容。同样就人来说，要是想家族兴旺，也必须有一个好的种子，这个好的种子就不单单是一个像农业生产似的饱满、没有被病虫害侵袭的种子，它首先在品质上要非常好，那么无形之中，我们祖先被赋予了各种美好品质。敬仰祖先是世世代代中国人都有的一种情怀，所以历史学家顾颉刚先生曾经说过："人的精神是要不断安慰的。当我们家一起来祭祀祖先的时候，是对我们家族的一种安慰；当我们全社会一起祭祀我们共同的祖先，比如说像炎帝、黄帝、伏羲，那么是我们民族的一种精神安慰。"我想大家要是细细体会一下的话，都能够深深地领会其中的意思。特别是这几

年的清明节，各个地方祭奠祖先的活动非常多，场面都是非常震撼，非常肃穆的。

祖先崇拜，它不仅是我们中华民族一种根深蒂固的思想，而且它还有重要的、积极的意义。这个意义主要体现在五个方面。

第一个方面，就是孝顺、孝敬。我们中国人有一种观念，就是认为我们的祖先即使是去世了，依然活在我们的周围。所以我们要像他活着一样对他表示孝敬。那么怎么孝敬呢？平时，比如说逢初一、十五，我们要摆一点供，祭祀他们。遇到这种大的节日，更是要全家族一起来祭奠他。

第二个方面，是祈求祖先的保佑。当我们的祖先像一棵大树一样庇护着我们的时候，我们祈求这棵大树能够枝叶繁茂，这样我们这些后辈才能体会到它带来的荫凉。所以对祖先的这种敬畏，对祖先的感恩，都是祈求祖先能够继续保佑我们。

第三个方面，是凝聚家族人心。这个大家都能体会，我就不多说了。当我们这些家人都聚在一起的时候，无形之中它就有一种情感的交流。

第四个方面也是由此带来的，就是一种家庭整合。比如说我们的前辈活着的时候，曾经说过家族要勤俭。那我们今天说，谁谁谁没有勤俭了，你这么做是错的。咱们应该按老辈人说的话做。它是一种家庭整合，通过祭祀仪式把这些内容给展示出来。而且大家都知道，过去的家族稍微有一点经济条件的都爱修家谱。家谱不仅是给后人看我们家族有多辉煌，更多的是有好多理念，好多家训，关于家庭治家的一些格言，比如说像《颜氏家训》之类的，它都在这个当中体现出来，所以祭祀的时候，无形之中，大家在重温这些祖先的格言。

第五个方面，也是最重要的一个方面就是感恩。感天地之恩，感祖先之恩。因为人活在世上，最宝贵的就是生命。我们的生命都是父母给的，我们父母的生命是父母的父母给的，总之我们今天的生命是我们的祖先给的。所以，对我们的祖先，对给予我们最宝贵生命的人，怎么感恩都不过分。所以这种感恩在祖先崇拜当中是非常重要的情怀。

这是祖先崇拜的内涵，正是因为祖先崇拜有了这么多的内涵，所以祖先崇拜在我们民俗的方方面面，都能够非常生动地、多方面地展示出来。比如说传统的婚礼习俗。过去咱老北京有一个习惯，夫妻双方结婚之前，家长一定要带着他们到祖先的神位前进行祭祀，告诉祖宗，咱们家增人添口了，咱们家又兴旺了，感谢祖先这种庇护，咱们家族会兴旺的。所以这个感恩，它实际上也是对新进入一个家庭的媳妇或者未来将要有的子孙的一种教育，就是学会报答给予你恩情的人，要尽你的所能报答人家。这种感恩，应该说是我们今天的社会特别需要的。

关于祖先崇拜，其实不仅表现在我们日常的生活和民俗当中，也表现在很多生产、生活习俗中。比如说行业祖师。这个行业祖师，有时候让我们外人看着都有点可笑，比如戏剧界把唐明皇供成祖师。把某一个神或者某一个人当作行业祖先去祭拜是因为他对这个行业提高知名度也好，形成凝聚力也好，规范行业成员的行为也好，都起到了非常重要的作用。比如说孙悟空，爱憎分明，敢于向邪恶势力斗争，头脑灵活，非常善于处理事，都是一些正面的东西。又如鲁班，咱们很多手艺界，大到建筑，小到某一个具体的行业，都把鲁班作为自己的祖先。那么这种东西，从本质上说，就是祖先崇拜的一个重要方面，所以咱们才说祖先崇拜在中华民族的情感当中是非常重要的一个内容。

"中元节"的产生，首先是有佛教的《盂兰盆经》，然后有了道教的"三官"。我们中华民族情感上的祖先崇拜，使得佛教也好，道教也好，为我们的祖先崇拜提供了重要的理论支撑，同时也为展开民俗活动提供了平台和空间。正是因为这种情感上的互动，我们今天更多地把它作为一种民俗节日来过，融入了我们的民族情感，表达了我们民族的诉求。

中元节的习俗

中元节在宋代普遍流行，渐渐地与人们的生活紧密结合。这种结合，必然体现在丰富的民俗活动当中，那么中元节的习俗有哪些呢？

第一大类，就是放河灯。放河灯，按照祖先的说法，主要有三个方面的意义。

第一个是"祓除疠疫"。这个词说得有点绕，它的本意就是趋吉避凶。这个"祓"，就是驱邪的祭祀仪式。第二个叫作"照冥"。照冥的意思是说，先人和我们不在同一个世界，一条银河把我们和先人所在的另一个世界隔开了。到了中元节这个日子，因为地官大帝休假，地狱的大门打开了，我们的先人借着这条河流回到人间。这个时候我们要照路让他们能顺利地回到家里，跟咱们一起团聚。那么怎么办呢？就放河灯，给他们照路。第三个意义叫作"度鬼"。因为传说人到了另一个世界，他就是鬼了。所以很多跳傩戏的演员，他要戴一个面具，也就是傩具。你跟鬼交流的时候，要戴着一个面具才能跟它交流。比如北京每年正月二十九晚上在雍和宫的"打鬼"，大家能看到那个鬼都要戴一个面具，据说那样才能够跟另一个世界相沟通，也才能够趋吉避邪。所以"度鬼"是刚才咱们说那个"照冥"的另外一种解释，它更多的是有一种比较吉祥的寓意，就是说我们把我们的先人超度出来，使得他不再受地狱之苦，能够到达天堂，就像目连他所期望的那样，所以这也是我们的美好祝愿，叫作"度鬼"。而且大家都知道，荷花在佛教当中是有非常吉祥的寓意的，实际上它是超度人的一种非常重要的工具，所以在中元节的晚上，我们放河灯，实际上是放莲花灯。莲花灯就有度鬼的意思，所以也是对先人非常好的祝福。

河灯的形式很丰富。孩子们往往从河中采来荷叶，把蜡烛插在中间，用手举着。有的用西瓜皮为原料，在中间挖个洞，插上蜡烛点燃。除了蜡烛，有的还用煤油，放在一个小盆里，周围装饰上花瓣，放在水里点燃。讲究些的用绢或纸糊成，上面画上水笔画，或折成莲花形式。20世纪三四十年代，在北海公园，到了中元节时，大伙儿划着船把河灯放到水里去，烛火点点，如天上的繁星飘落人间；河灯闪闪，在苍穹的天幕下给人无限的遐想。

说到放河灯，我个人有一些这方面的经历，就是1964年的时候，北海曾经最后一次放河灯。我记得特清楚，就是因为那天晚上放《洪湖赤卫队》的电影，我看那坏蛋特害怕，然后就到那河边去，我一看，当时水面上一片河灯。那个河灯，它是用很大的茄子，然后劈成两瓣，把蜡夹在里边，然后放在水面上。那一大片真的就像天上的繁星落入人间，还有倒影随着波纹在不断变化。今天看好像真觉得逝去的亲人能够借着那劲儿回来似的。想起了亲人，想起了过去奶奶怎么待你好，爷爷怎么照顾你，妈养你怎么不容易，这些事都让人借着灯一下子想起来了。这是咱们说的第一个活动，放河灯。

第二个活动就是烧纸活。纸活，大家都知道，实际上它是一种纸扎的艺术品。你把给先人的冥币也好，衣服也好，装在一个包裹里边，写上给先人祝愿的话，然后在法事活动完了以后，把它焚化，因为焚化就意味着把它送过去了。所以当年到了中元节的时候，烧包袱，烧纸钱。有钱的人就真的做了大批的这种纸活。

第三项活动是向祖先"荐新"，这也是向祖先表示感恩的一个重要形式。中元节差不多在夏至以后。当年的麦子大家都知道是最香的，所以当中元节到来的时候，咱们北京好多人家都用新磨的面蒸成各种馒头、各种桃，供到祖先的牌位前，或者是到祖先的坟墓前去祭祀。就是告诉先辈，咱们今年收获了，而且收获得挺好，我把今年磨的麦子给您做了俩馒头，您尝尝，希望您在那边也能过得好，这就是荐新。

荐新，不是什么都推荐，而是推荐两样重要的东西：一个是麻，一个是谷，应该算作粟吧。这两样东西比较有地域特色，麻象征着织成布，有衣服穿；谷可能是比较主要的粮食作物，所以有吃和穿的寓意在里边。而且这个麻也好，谷也好，它还要在家里边有固定放置的地方。有的地方是挂在院门口，有的地方是挂在正屋的门口，有的地方是放在祖先的牌位前供起来。这个习俗不一样，但是表达的意思差不多。

另外，荐新的时候，供给祖先的食物一定要是素食，这个是咱们各地都普遍遵循的一种习惯。比如说像崇祯年间，上海附近松江的《松江府治》当中就说"中元祀先以素馐"，祭祀先人要用素的这种食物，这都是有明确记载的。像《吴江县治》《扬州县治》也都这么说。也有的地方不是用麻和谷，比如说像江南，这里产稻米比较多，所以用新米，给祖先供一碗饭来达到荐新的目的。

第四项活动是挂"招魂幡"。这个幡是一种竖的旗子，在中元节时要挂起来。挂在哪儿呢？挂在自家的院门口，或者说在院里头的正房前最高的地方，为了让祖先回来的时候，不要迷路，能够尽快地回来和家人团聚。有很多家族还有家徽，都会在这个幡当中反映。

第五个习俗就是烧法船。因为普渡也好，或者中元节祭祀也好，实际上是分私和公两种形式的。刚才上述这些内容，基本上都属于私，也就是以家族为单位来进行的祭祀活动。还有很多是以社会组织为单位的，比如说商家举行的祭祀活动，或者寺庙里、宫观里举行的这种祭祀活动。在这些地方举行祭祀活动，有一个重要的内容就是烧法船。

有一张老照片，内容是20世纪三四十年代在北海举行的烧法船活动。照片上的牌楼就是北海北岸天王殿，紧靠着河边的琉璃牌坊。这个实际上是在北海祭奠阵亡将士的时候拍的照片。前面就是一个大法船，这个法船据当时记录，它的高度是一丈八，长好像是六丈，这么大的法船，底下是板子做的一个托儿，用纸或者是绢糊成，里面是用杉篙搭的架子，表面是彩绘或者贴的一些金、银，然后上面是搭成一殿一卷的古典式楼阁的房子，前边有黑、白二鬼，还有虎形的盾牌。这是一个传统法船的形式。

第六个习俗是祭祖。这种祭祀仪式要是讲究点的话，可能在四合院旁边的跨院里的祠堂祭祀，没有的就在正屋，如果只有一间屋，那就在这一间屋。总之，都要在家里边，在家族里举行这种隆重的祭祀仪式。而且过去很多讲究的北京人除了家里边竖有牌位以外，还在什刹海或者某一些重要的地方设有这种家祠。所以在家祠举行重要的祭祀仪式，是当年过中元节的时候北京重要的一景。有的人家讲究一点的可能还要请和尚、喇嘛或者是道士来诵经。它这个诵经肯定不会老靠说了，它还有一些法器在里头，所以小孩更多地是把它看成一种像文艺演出似的形式，所以这也是给小孩增加乐趣的一个形式。当然作为成年人来说，这是一个非常庄重的仪式，而且这种仪式，我相信只要是参加过的人，都会有非常深刻的印象，而且绝对在精神上是一种洗涤。那种气氛，能让你感觉到作为一个家族（成员）所应该承担的责任，产生无愧于祖先的一种内在的动力。

第七个习俗是荡舟。因为中元节一般都是出伏了，凉爽的秋季即将来临。这时候要在水面上荡荡舟，赏赏月，也是挺不错的，所以咱们的祖先不仅在中元节中融入了很多很庄重的，或者是很沉重的内容，同时也融入了很多轻松的、娱乐的内容。老北京有一张风俗画——蒿子灯。严格意义上说它不属于祭祀的内容。大家都知道，过去咱老北京空地特别多，可能是老的宅基地或者是院跟院中间有块空地，这些空地到了夏天以后，就特容易长一种蒿子，而且这种蒿子用不了两三个月就差不多能长到小树一样粗。穷人家孩子买不起灯的时候，就把蒿子割下来，或者直接就给它拔下来。然后找些个小的香头，点燃了以后给它拴在这个蒿子秆上，当夜幕降临的时候，这个点点的火在那儿闪。哎，这也是一个像灯一样的东西，给小孩增加一点儿乐趣。像有些小孩，干脆就拿一个荷叶，把这个蜡插在荷叶芯上，就是所谓的荷叶灯，这都是挺能够增加中元节乐趣的。

到了中元节的时候，实际上很多有水的地方，比如说二闸、什刹海、中南海、北海，民国时期，往往都会举行比较重要的祭祀活动，放河灯、烧法船都有。当然其中最主要的还是北海。因为20世纪三四十年代，当然更早的一次是在1926年，当时的政府为了祭奠在历次战役中阵亡的将士，都要在北海的天王殿举行隆重的祭祀活动，所以这也成为过去咱老北京过中元节能够参与和享受的挺重要的娱乐内容。

第八个习俗，中元节送羊。这个"送羊"是怎么回事呢？它有几种说法。

一种说法，说到了这个日子，舅舅要牵着两只羊送到外甥家，实际上是送给姐姐或者是妹妹的，代表姥姥或者是姥爷没有忘记她，给她送去一些生活上的照顾。过去咱们北京，特别是乡下流行这一天要给出嫁的女儿或者是女婿送羊。为什么要有这么一个习俗呢？实际上它是由沉香劈山救母那个故事传来的。大家都知道在那个故事当中，这个舅舅，也就是二郎神，是一个反面角色，他不是一个温和亲切的角色，所以民间反用其道，这也算是给舅舅平反吧。让他做点好事，给外甥送羊，所以把沉香救母的故事演绎成了一个民俗活动。

还有一种习俗，这是在北京房山那边流传得比较广的，就是这一天娘家妈要做两个像羊的发面馒头，然后由儿子送到出嫁的姑娘的婆家去，这也算是一种送羊。这个送羊的习俗，实际上是挺早的了。羊是吉祥的象征。这个习俗还有一个寓意，说是娘家送来的那两个羊样的馒头，外孙子或者外孙女只能吃其中的一个，然后把另一个用一根绳拴到房梁上。这个什么时候吃呢？是等到明年的中元节，娘家妈再送羊馒头来的时候才能吃。这叫什么呢？这叫"陈羊见新羊，年年有吉祥"。当然那馒头肯定就不能吃了，但是这个寓意就是娘家妈给出嫁的女儿祝福。

中元节这么多习俗，都是寄托一种美好的祝愿。

中元节的历史文化价值

中元节一是体现了仁爱的主题，中心还是"孝亲"，孝敬自己的亲人、长辈和先人。这当中，最重要的孝亲对象还是父母，向父母表达敬意。

不光是中元节，包括其他节，平时对祖辈的关爱、孝敬都应该充分地表现出来，否则就像人常讲的"子欲养而亲不待"。很多人觉着现在经济条件还不太充裕，那等等吧，可是没想到，老辈人是等不了的，子不养，亲不待，这是一个非常难受的人生遗憾。既然有这种遗憾，那么父母也好，祖辈也好，健在的时候，小辈就要表达一份孝心，使得我们在他们过世以后，减少这种遗憾。这也是中元节一个非常重要的启迪。特别是现在，我到山东，到长江中游、下游几个地方去考察以后发现，这些地方，特别是民间，在中元节这个孝亲节，上坟、祭祀等方面比北京要隆重得多，这是一个非常好的现象。

第二，我想强调"鬼节"不等于"鬼文化"。"鬼文化"是引导人们宗教信仰的手段，中元节不是宣传"鬼文化"的。从一开始，当讲到中元节起源的时候，从民俗的角度，我跟大家说的是祖先崇拜，而没有说"鬼文化"，也没有讲教理、教义的那种轮回，用意就在这里。因为我们每一个人都有自己的父母，父母都有他们的父母，这种血缘的传承是我们中华民族祖先崇拜的一种重要的根源，而农业社会的那种种子和果实之间的关系，又强化了这种祖先崇拜。这种土壤注定了我们中华民族有祖先崇拜的这种情结，而且这种祖先崇拜的情结的正面意义，应该说是占99.9%的，负面的东西可能限于当时的时代环境，存在一些，但不是主体。

为什么现在清明节我们还要进行重要的祖先祭祀活动，包括孙中山先生去世纪念日也好，还有一些英雄人物的纪念日也好，都要举行非常隆重的纪念活动？这都是今天祖先崇拜的重要表现形式。我们看到，外国的领导来也好，或者我们国家的领导人到外国去，都要到那个纪念碑前头摆一个花篮或花圈，那不就是祭祀吗？只不过这个祭祀和我们过去那种盛大的仪式、烦琐的内容相比，显得更简化一些了。

祭祀本身并没有错，错就错在有人拿祭祀来宣传迷信，达到一些个人的不可告人的目的。所以，咱们所说的这种"鬼节"和"鬼文化"，在理念上和本质上是完全不一样的。

第三，在中元节的历史文化价值当中，仁爱和孝亲还是不太一样。因为孝亲，更多地是表现出对前辈的一种孝，所以，孝亲更多的是指对先人和长辈。而仁爱是普遍的，人们共同应该具备的一种美好品质。这种仁爱，它实际上是从孝亲的基础上发展起来的。

中元节的传承与创新

中元节这么多丰富的内容，这么长的历史，但是到了今天，它没落了，或者说它处于一个转折期。这个转折期的存在有很客观的原因，就是当年中元节所产生的那种社会、经济、文化、环境发生了根本的变化。今天咱们在这儿重温中元节，无非是引起社会对中元节的重视，把中元节民俗文化当中一些积极的东西重温一遍。当然还有另外的一个问题，就是我们今天再过中元节和祖先之前过中元节还是不一样的。它的环境发生了很大的变化，有很多时尚的东西融入进来了，有很多新的诉求也提出来了。但是我想这种不同，一方面更多地体现在形式上，另一方面，它更是对传统中元节宝贵内容的发挥和在新形势下的调整，而不是对传统中元节最宝贵价值的一种否定。仁爱、孝亲是我们中华民族的传统，而且是我们在世界上都值得骄傲的东西，永远都应该传承下去。

中秋节

中秋节的起源与习俗

中秋节是中华民族的传统节日之一，在每年的农历八月十五。因处于秋季之中和八月之中，所以称"中秋"，又叫八月节。

"中秋"一词最早见于《周礼》。根据我国古代历法，一年有四季，每季三个月，分别被称为孟月、仲月、季月，因此秋季的第二月叫仲秋，又因农历八月十五日在八月中旬，故称"中秋"。到唐朝初年，中秋节才成为固定的节日。中秋节的盛行始于宋朝，至明清时，已与元旦齐名，成为我国的主要节日之一。关于中秋节的起源，大致有三种说法：古代对月的崇拜、月下歌舞觅偶的习俗、古代秋报拜土地神的遗俗。

在我国，中秋祭月是一种十分古老的习俗。据史书记载，早在周朝，古代帝王就有春分祭日、夏至祭地、秋分祭月、冬至祭天的习俗。其祭祀的场所称为日坛、地坛、月坛、天坛，分设在东南西北四个方向。北京的月坛就是明清皇帝祭月的地方。

《史记·武帝本纪》裴骃集解引应劭语曰："天子春朝日，秋夕月，拜日东门外。朝日以朝，夕月以夕。"这里的"夕月以夕"指的正是夜晚祭祀月亮。这种风俗不仅为宫廷及上层贵族所奉行，随着社会的发展，也逐渐影响到民间。

明清之后，因时代的关系，社会生活中的现实功利因素突出，岁时节日中世俗的情趣愈益浓厚，以"赏月"为中心的抒情性与神话性的文人传统减弱，功利性的祭拜、祈求与世俗的情感、愿望构成普通民众中秋节俗的主要形态。因此，民间拜月、以月寄情成为人们表达渴望团聚、康乐和幸福等情感的重要形式。

在古代有"秋暮夕月"的习俗。夕月，即祭拜月神。设大香案，摆上月饼、西瓜、苹果、红枣、李子、葡萄等祭品，其中月饼和西瓜是绝对不能少的，西瓜还要切成莲花状。在月下，将月亮神像放在月亮的那个方向，红烛高燃，全家人依次拜祭月亮，然后由当家主妇切开团圆月饼。切的人预先算好全家共有多少人，在家的、在外地的，都要算在一起。

拜月之际，作为被崇拜的对象，月亮的形象也曾发生变化。明清时期，早期纯道教色彩的、以嫦娥为主的月宫图景演变为佛道交融的月光菩萨与捣药玉兔并在的世俗形象。这个时期，人们供奉绘有月光菩萨的月光纸，也叫"月光马儿"。富察敦崇的《燕京岁时记》（1906年）记载："月光马者，以纸为之，上绘太阴星君，如菩萨像，下绘月宫及捣药之兔。人立而执杵，藻彩精致，金碧辉煌，市肆间多卖之者。长者七八尺，短者二三尺，顶有二旗，作红绿，笆或黄色，向月而供之。焚香行礼，祭毕与千张、元宝等一并焚之。"

俗话说，男不拜月，女不祭灶。拜月仪式往往由家中的女眷参与。此时的男人干什么呢？一般会做一些辅助工作，后来也有男人参加拜月仪式。对于那些文人雅士来说，往往会组织一些以赏月为主题的雅事。这一习俗来源于祭月，严肃的祭祀变成了轻松的欢娱。在唐代，中秋赏月、玩月颇为盛行，许多诗人的名篇中都有咏月的诗句。待到宋时，形成了以赏月活动为中心的中秋民俗节日。与唐人不同，宋人赏月更多的是感物伤怀，常以阴晴圆缺喻人情事态。此外，中秋也是世俗欢愉的节日。《东京梦华录》载："中秋节前，诸店皆卖新酒……贵家结饰台榭，民间争占酒楼玩月……闾里儿童，连宵嬉戏，夜市骈阗，至于通晓。"

中秋节之际，全国各地的风俗活动多种多样。但有些习俗活动，基本上在各地都有。

龙是中华民族的象征。中秋节之际，通体光亮的火龙在中秋之夜飞奔舞动，增添了浓烈的节日氛围。在香港，中秋舞火龙已有一百多年的历史。传说很早以前，大坑区在一次风灾袭击后，出现了一条蟒蛇，四处作恶，村民们四出搜捕，终于把它击毙。不料次日蟒蛇不翼而飞。数天后，大坑便发生瘟疫。这时，村中父老忽获菩萨托梦，说是只要在中秋佳节舞动火龙，便可将瘟疫驱除。事有巧合，此举竟然奏效。从此，舞火龙就流传至今，已成为香港中秋节最具传统特色的民俗活动。

如今大坑区的舞火龙活动规模颇大，有总教练、教练、总指挥及指挥、安全组等等，轮番舞龙者达三万人。从每年农历八月十四晚起，铜锣湾大坑地区就一连三晚举行盛大的舞火龙活动。这火龙长 70 多米，用珍珠草扎成 32 节的龙身，插满了长寿香。盛会之夜，这个区的大街小巷，如一条条蜿蜒起伏的火龙在灯光与龙鼓音乐下欢腾起舞，很是热闹。

舞龙风俗不仅香港有，在广东以及南方广大地区也都有。与此相关的，还有燃宝塔、玩花灯的习俗。

明清时期，民间流行在中秋之夜燃灯的习俗。宝塔灯，即由捡拾瓦砾搭成宝塔形状的灯。清代苏州村民在旷野用瓦叠成七级宝塔，中间供地藏王，四周燃灯，称为"塔灯"。广东潮州的烧瓦塔也是以砖瓦砌成空心塔，填入树枝烧起火来。同时还燃烟堆，就是将草柴堆成堆，在拜月结束后烧燃。而在广西边疆一带的烧番塔，亦类似这种活动，但民间传说是为了纪念清代抗法名将刘永福将逃入塔中的番鬼（法国侵略者）烧死的英勇战斗，颇有爱国的思想。福建晋江亦有"烧塔仔"的活动。

早在南宋《武林旧事》中，记载的中秋夜节俗就有将"一点红"灯放入江中漂流玩耍的活动。中秋玩花灯，多集中在南方。如佛山秋色会上就有各种各式的彩灯，如芝麻灯、蛋壳灯、刨花灯、稻草灯、鱼鳞灯、谷壳灯、瓜籽灯及鸟兽花树灯等，令人赞叹。在广西南宁一带，除了以纸竹扎各式花灯让儿童玩耍外，还有很朴素的柚子灯、南瓜灯、桔子灯。所谓柚子灯，是将柚子掏空，刻出简单图案，穿上绳子，内点蜡烛，光芒淡雅。南瓜灯、桔子灯也是将瓤掏去而成。虽然朴素，但制作简易，很受欢迎。有些孩子还把柚子灯漂入池河水中为戏。与燃宝塔灯纪念民族英雄相近，在厦门，中秋之际会纪念郑成功，只是形式不是燃塔而是博饼。

在福建厦门，每逢中秋佳节临近，夜色中的厦门，大街小巷便会传出博饼时骰子撞碰瓷碗的悦耳叮当声。厦门的"博饼"，也叫"博中秋饼""博会饼"，这一风俗的形成与民族英雄郑成功有关。据传 300 多年前，郑成功屯兵厦门，每到八月十五日月圆之时，满怀反清复明之豪气的将士们，也难免有思乡思亲之情。为排解和宽慰士兵佳节思念家乡亲人之苦，郑成功的部下洪旭发明了一种博饼游戏，让士兵赏月博饼。郑成功亲自批准从农历十三至十八日，前后 6 夜，军中按单双日轮流赏月博饼。这独特的游戏后来逐渐在民间流传和改进，成为一种有趣的民俗活动。

早年博状元饼，多为亲友或结拜兄弟姐妹出钱，购买一二块月饼，共同博之，谁得"状元"，来年中秋节要赠送一块给大家博，其中有人生男孩的要送两块。这样，年年有增无减，月饼越来越多。目前，这一活动已然在厦门全社会展开，很多企业、社团也参与其中，形式也丰富起来，成为当地的特色中秋节活动。

在上海，中秋节之夜的拜月活动以烧香斗为主。所谓香斗，也有称为斗香的，是由纸扎店制作的，形状四方，上大下小，大的四周各有二尺多宽。香斗四周糊着纱绢，绘有月宫、楼台、亭阁等图画，也有的香斗用线香编绕而成，斗中插有纸扎的龙门魁星以及彩色旗旌等装饰。上海中秋节烧香斗的场面一向以南园为最盛。此外，城里城外许多大桥的桥堍都燃有特制的大型香斗。当月亮升起，于露天设案，供以月饼、瓜果、毛豆、芋芳和藕等食物，还供有执着捣药杵站立的玉兔月宫符画。旧以月属阴，祭月时由妇女先拜，男子后拜，也有说是"男人不拜月"的，祭月完毕，一家吃团圆酒、赏月饭等。妇女回娘家暂住的，中秋夜必须返回夫家，因为这是团圆节。

为了体现团圆的主题，七夕等节日的一些祈子习俗也被挪用到中秋节来，比如摸瓜、走桥、摸丁、偷菜等。

团圆——中秋节的主题

中秋节又被称为"月节"。八月十五，秋高气爽，天清云淡，夜空如洗，月亮又圆又大，"月到中秋分外明"。加上秋季又是农作物丰收的季节，瓜果飘香，五谷丰登，"十二度圆皆好看，其中圆极是中秋"。天上月儿圆，地上人团圆。"圆"就是美满、完整，没有偏缺。中秋之夜，月亮的圆满引起人们对生活美满、家庭团圆的祈盼。亲情骨肉，和睦温馨，共享天伦之乐。团圆体现的是每个人发自内心的诉求。

所以，中秋节更多的还是在强调家族的团结和繁盛。对于以农业生产为主的中国人来说，由于长期以来生产力低下，只能靠天吃饭，所以对季节变化的重视和对家族利益的强调就成为一种根深蒂固的观念。它表现在年节上，就体现为年节基本上都与节气有关，并且注重增强家族的凝聚力。这一点在中秋节表现得尤为突出。就连拜月这一老北京特有的民俗活动也是在强调对家族繁衍兴旺的祈盼。月亮又称"太阴"，是自然界生命力的精华。据说女人拜月，可以得到太阴的精华，提高生育能力，有助于家族的繁衍生息。

中秋节是一个亲情浓郁的佳节，千百年来，无论是名门望族还是市井小民，无论是居家守业者还是客居他乡者，莫不把与家人团聚当成人生的幸事。中秋节的团圆主题体现了人情伦理的重要性。在中国的历史上，家族一直是国家和社会的根基。儒家传统为维护这套伦理制度，制定了一套系统的理论体系，由此，才形成了世界上最重视家庭价值的中华民族。

然而近代以来，作为传统文化组成部分的家庭制度受到巨大冲击。陈独秀认为，以家族为本质还是以个人为本位，这正是中西文化差异的本源所在。中国的家族制度损坏了个人的独立与自尊，妨碍了个人意志的自由，进而养成依赖性。傅斯年、李大钊还写文章骂家庭制度是中国社会的"万恶之源""专制之根"，而巴金的小说《家》则成为这种见解的文学表达，这里的家已不再是温情所在，而是专制的牢笼。

上述理论发展到当下，消费至上、个人享乐已成为世界潮流，人们更注重自我感受和自我满足，忽视了对家庭、社会的责任，血源亲情变得疏远、淡漠。西方为这种所谓的"家庭革命""性解放"付出了沉重的代价。一位名叫佩尔斯坦的美国人写了一本书《从家庭解体到美国的衰落》，专门探讨了家庭兴衰与国家经济之间的关系。在他看来，不稳定的家庭极大地加重了民众的负担，增加了国家人道关怀的付出，本该由家庭承担的责任变成了社会的负担。为此，美国每年要多支出 1120亿美元。因此，他得出结论："美国的繁荣依靠传统的婚姻与家庭。"而要解决好美国的社会问题，最好的方式之一就是振兴传统的婚姻与家庭。在作者看来，家庭几乎成为振兴美国经济的神器。在香港，传统家庭制度与其他文化传统未曾遭到激烈的冲击，社会制度的现代转型平稳而顺利。

在全球，关注家庭的健全发展，已成为世界多国政府和人民的共识。联合国将1994 年定为"国际家庭年"，呼吁重视传统家庭的社会价值。在我国，新颁布的《刑事诉讼法》（修正案）取消了"大义灭亲"的内容，这有利于避免对基本家庭伦理和人性的破坏。2011 年的调查显示，中秋节和家人一起过的情形占被调查者总数的43%，与亲戚、朋友和自己过的占 4%。可见，团圆依然是中国人中秋之际的普遍愿望。因为人是社会性动物，群居、相互依存是其必然习惯。

传统的拜月习俗体现的就是人们对花好月圆的祈盼。月圆时分，圆月高悬，不妨全家牵手，走进皎洁的月色中，重温嫦娥奔月的古老神话，畅想遨游月宫的豪情，分享团圆幸福的象征——月饼，过一个与以往迥然不同的中秋之夜。

当然，团圆还不限于自己的小家庭，更是全体中国人共同的希望。"海上升明月，天涯共此时。"只要是中华儿女，炎黄子孙，不论分散在世界各地，天涯海角，在月圆之夜产生的团圆祈盼是共同一致的心声，这成为民族的凝聚力量。"但愿人长久，千里共婵娟"正是对这种文化认同的体现。

文化从来就不是无本之木，而是有着源远流长的生命源头。中华民族对团圆的祈盼来源于对家族血缘的重视，这种认同使中华民族形成精神上的凝聚力。而诸如中秋节等节日的传统和习俗，构成了中华民族文化的特色，形成了多样的文化表达方式。欢度传统节日，就是在重温文化传统，重新对文化核心和生命源头进行体认。就如一年一度的中秋节，每次都是人们对团圆、家族等文化传统的回归。

兔儿爷——北京的拜月传统

中秋节之际，各地都有拜月的习俗，而北京却因这一传统习俗产生了一种特殊的工艺品，即兔儿爷。兔儿爷不仅是一种泥塑玩具，供儿童娱乐，借以烘托节日气氛，而且它还是融人、兽、神三者为一体的偶像。在它身上，集中体现了北京人的宗教观、兴趣爱好和性格特征，以及北京人对美好生活的追求，它的产生和流传，表达了北京文化的多方面内涵。

兔儿爷什么样？

兔儿爷是以黄土胶泥为原料，放在石膏做的模子中，然后扣出，不必烧制而产生的旧京民间工艺品。正统型的兔儿爷形象为人身兔面，虽已拟人化，但嘴依然为三瓣，嘴角下垂，小眼，面如敷粉，两颊抹红，表面有彩绘，色彩鲜艳。脸部涂以鸡蛋清，容光焕发，头戴金盔，但双耳穿出盔上，一双长耳是在出售时临时插入的。左手端捣药钵，右手持药杵。身穿金甲红袍，下身为海水江牙套裙，脚蹬厚底靴，带有纛旗，有如将军。大型兔儿爷的后背还要插上一把宝盖式的伞。

这种兔儿爷，大者三尺，小者尺余，最小者二三寸，半蹲半靠。其坐骑或狮或虎，或象或鹿，或凤或鹤，或马或牛，或孔雀或麒麟。只有一种是端坐在莲花塘上，红莲碧叶，上映山石，石左一个粉孩，手甩金钱，匍匐向下，池内一只金眼碧蟾，迎钱而企，取"刘海儿戏金蟾"之意。大中小三种类型，形色如一，不爽毫分，所以二三寸的最为精致。从戏装的兔儿爷发展为脱离兔儿爷的戏出，别成为一种独立的工艺品了。什么《连环套》《战马超》《金钱豹》《盗魂铃》《蜡庙》《长坂坡》《天水关》《花田错》《辛安驿》《丑荣归》《芦花荡》《蜈蚣岭》等文武剧目，撷取二人，组为一出，脸谱穿戴，身段神气，悉如红氍毹上。这些精致的工艺品，假若能保存至今，岂止是艺术上的欣赏，更富有戏曲史料的价值。除"戏曲化"的兔儿爷以外，巧手艺人又将日常生活反映在兔儿爷身上。这种兔儿爷，虽是长耳兔首，实已人化，衣服穿着，俱作时装，体态神情，酷肖生活。什么卖油的、卖菜的、锔缸的、锔碗的、买破烂儿的、卖小油鸡的、剃头的、算命的、抓蚂蚱的……社会群相，应有尽有。还有模仿妇女的兔儿奶奶，也在兔首之上，塑起"平三套""元宝头""苏州撅""两把头"等各种发型，穿戴更为趋时，随俗而异。什么抱小孩的、洗衣服的、挎篮买菜的、撑伞闲游的、织布的、纳鞋底子的……一切生活琐事，都能表现出来。另外，把集体的兔儿爷组制成风俗景色，形体较小，安装在具体的背景之中，什么听杂耍的、看过会的、烧香拜佛的、坐茶馆的、娶媳妇的、出殡的、办满月的……每组多至百十余众，各有神态。其余如兔儿爷山子、兔儿爷葡萄架、猪八戒化的兔儿爷、孙悟空化的兔儿爷则出奇制胜，愈出愈奇，似乎制作者把他的艺术巧思，一点一滴地都倾注在了兔儿爷身上。

在这里，艺人们完全是在凭借这个应节祀神的依据，尽情地发挥他们的艺术想象，把兔儿爷塑造得生动有趣，脱离了神话内容，发展为戏剧化、风俗化和拟人化的艺术品。兔儿爷摊子最能点缀节日的城市景象。老北京从中秋节前的八月初一开始，上至东安市场的高级耍货店，下至各大庙会集市及繁华地区的街道两旁，均摆有兔儿爷摊子。楼梯式的货架上，兔儿爷按尺码被有序地排列着，大的摆上层，小的摆下层，兔儿爷和兔儿奶奶成双配对儿，十分有趣。当年购买的情景，今天还可以在影片《骆驼祥子》的镜头中和老舍名著《四世同堂》的描写中看到。

兔儿爷是怎样拜的？

清朝诗人方元鹍在他的《都门杂咏》中写道："儿女先时争礼拜，担边买得兔儿爷。"这表明，兔儿爷乍一出现，本系小孩在八月十五中秋节之际，应时当令的玩具，是他们摹仿大人拜着玩的。换句话说，大人（确切说是指妇女）在八月十五之夜所摆的并不是兔儿爷，而是月亮马儿。

目前可见的关于月亮马儿的最早记载，是明朝末年的《帝京景物略》。其卷之二《城东内外》中提到："八月十五日祭月，其祭果饼必圆，分瓜必牙错瓣刻之，如莲花。纸肆市月光纸，缋满月象，跌坐莲花者，月光遍照菩萨也。华下月轮桂殿，有兔杵而人立，捣药臼中。纸小者三寸，大者丈，致工者金碧缤纷。家设月光位，于月所出方，向月供而拜，则焚月光纸，撤所供，散家之人必遍。月饼月果，戚属馈相报，饼有径二尺者。"

在清末民初的北京城，八月十日以后，南纸店门前即摆出"月宫马儿"，也叫"兔儿码"，系用木刻板水彩印刷的"神纸"。大致有：黄色的，上印有银脸太阴星君像及广寒宫前金色玉兔人立捣药的图形；红色的，上印有关圣帝君、增福财神及广寒宫前金色玉兔人立捣药的图形，多系商家供奉。此外，还有白色的，上边神像各异，但月宫玉兔图案是不可少的。因幅面较大，多用秫秸扎架，将此"神纸"糊在上面，成一立匾状，上竖三面彩纸小旗。

十五日晚间，待家人聚齐，月亮升起以后，祀月仪式即在庭院举行，形式大同小异。有望空（对着月亮）设祭的，有将刻有桂殿蟾宫图案的大月饼镶在木架上当神位的，有用上述月宫马儿当神位的。但都用小矮桌（小饭桌），上设中秋月饼（只用"自来红"，不用"自来白"），临时蒸的红糖馅的饼（谓之团圆饼），除不供各种梨（因梨与"离"谐音）之外，其他水果均可为供。"瓣刻如莲花"的西瓜为不可少者，因取团圆之意。另外，插上红鸡冠子花和带枝毛豆。香烛、钱粮俱备。俗云："男不供月，女不祭灶。"实际上，参加祭祀的没有绝对界线，全家人都可以叩拜，尤其是小孩，多以拜月为嬉戏游戏。如用月宫马儿，撤供后，在庭院中焚化。家中长幼咸集，盛设瓜果酒肴，于院中聚饮，谓之"团圆酒"。同时，全家分食大月饼、团圆饼。

实际上，兔儿爷不被供奉于月亮马儿之前的这种现象并不绝对，毕竟这方面没有明文规定。据说当年的一些巨富之家，尤其是满人之家，就常常将一两尊三尺高的正统型、规范化的兔儿爷、兔儿奶奶请回家中供养，摆放在庭院内，并摆上鲜花、饼果。有的老照片上还将兔儿爷、兔儿奶奶摆在月亮马儿供桌上的显著位置加以供奉。事实上，人们已将兔儿爷与月亮神的崇拜混合在了一起，等同视之。

兔儿爷是怎么来的？

最早的兔儿爷，只是仿照月亮马儿上的玉兔形象，白垩其身，人立环臂，臂有提线，牵线则双臂上下移动，形如捣药。据说，到了光绪年间，有两个看守太庙的旗籍差役，失名而存姓，一个叫"讷子"，一个叫"塔子"，借供职清闲之便，用太庙里的黏土，融制胶泥，仿照戏曲里的扎靠扮相，塑制成金甲红袍的兔儿爷，利市三倍。

虽然兔儿爷产生的进程并不复杂，但其所包含的内涵却十分丰富。究其原因，当然还得从兔儿爷的原型——兔子本身的特性谈起。概括起来，兔子的特性包括这样两个方面：一是它的极强生殖力，二是它的极快的奔跑速度。兔儿爷的产生主要与兔子的繁殖力有关。

兔子的繁殖力极强，几乎每个月就能生育一窝小兔。家养的母兔一年可产仔180只以上，因此，在古人的心目中，兔子被当作生育的象征。《尔雅·释兽》说："兔子曰娩。"兔子生子称为分娩之娩。于是，上古时期，人们就已产生了对兔子的生殖崇拜。在古人看来，太阳和月亮分别象征着事物的两极：太阳是阳性的典型代表，称"太阳"，月亮则相反，称"太阴"。作为母性，当然也属阴，与月亮同属一性。于是，生殖能力强盛的兔子被认为得到了"太阴"——月亮的精华，兔子与月亮就这样被联系在了一起，月亮成了兔子的故乡和生之本源，兔子也被想象成了月中的神兽。月有阴晴圆缺，有如人生的生命更替，而这种由晦转明的不断进行，又表达了生命的生生不息。所以说，玉兔捣药都是由生的象征意义演化而来。

马王堆一号汉墓帛画上，月宫中就绘有兔。所以说，月中有兔的传说，至少在战国晚期就有了，以后于汉代为人熟知。在美洲的神话中，也有兔与日、月相联系的故事。

中国人的对月情怀

月亮每月都有一次圆满的时候。这一年的四季当中，每一季的月亮都具有一番独特的风格：春天正处于生发的季节，月亮羞涩、朦胧，妆似少女的眼眸；夏天是生长的季节，万物充满了勃勃的生机，此时的月亮被乌云染成了桔黄色，状如忙碌的家妇；秋天的夜空宽广而高远，一轮明月高挂太空，明亮而静寂，充满了自信和丰收的喜悦；冬天萧索而荒疏，生命之潮变得低徊，此时的月亮因为白亮而使得群星无光，现出难言的孤独，升起在浓墨般的天空。

从远古时代开始，人们就对月亮充满敬畏与向往，正像对太阳一样。每天月升月落，每月月缺月圆，白天靠太阳，夜晚靠月光，月亮以其神秘的力量影响了人们的生活，令人敬畏，颇为神秘。由此产生了包括对山、地、水、日、月等自然之物的神灵崇拜。

中国人历来对月亮有着一种情结。古典文学中有相当多对月咏月的词句，近现代则把"月"当作一个专门的意象进行研究。生活中，中国人与月亮发生最紧密关系的当属中秋节了。中秋之际，登高、临水赏月成为全民族的习俗。"登高人近月，临水月近人。"水中的月亮仿佛触手可及。对于较为内敛的中国人来说，面对中秋皓月，仿佛面对可以倾诉衷肠的密友，任何隐秘的憧憬和期盼都可以向其倾诉，希望得到她的庇护。少女很希望她来为自己牵线，年轻人在月光下"偷菜"、摸秋，女眷们趁着月色行走、祭拜和跳舞……正如彼得·斯坦哈特所说，在圆月升起的时候，我们按照天空的速度减缓我们大脑的节奏，打开感情的阀门，让我们在白天被理性锁住的大脑驱动起来，越过遥远的时空，倾听先人的喃喃低语，仿佛看见久远的诗人和恋人幻梦的重现。

月亮让人充满了想象和神往。为此，嫦娥不惜离别夫君前往那心中的圣地。千百年来，月亮成为诗人永恒的诗题、孤愁的象征、情爱的体现。月是善变的、多情的象征，有如诗人的心。在中国最早的诗歌总集《诗经》当中就记录了诗人对月光的感怀。这体现在几个方面：先是晴洗天光，远不可及，但又温柔妩媚，皎洁无瑕，最后是侵蚀斑驳。

苏轼以《水调歌头》为词牌的咏月词写绝了中秋寄月之情。南宋胡仔《苕溪渔隐丛话》评价："中秋词自东坡《水调歌头》出，余词尽废。"尤其是词中的"但愿人长久，千里共婵娟"更成为千古佳句。2008 年的一次调查显示，这一名句成为中秋赏月的第一咏月佳句。此外，受公众喜爱的中秋诗词名句还有"举头望明月，低头思故乡""江畔何人初见月，江月何年初照人""举杯邀明月，对影成三人""月上柳梢头，人约黄昏后""明月松间照，清泉石上流""我本将心向明月，奈何明月照沟渠"。

李白是一位为月亮而生而死的诗人。他在童年时期就对月亮产生兴趣。"小时不识月，呼作白玉盘。"从此，月亮与李白的诗结缘，并伴随他的一生。这当中的名句有"举杯邀明月，对影成三人""人生得意须尽欢，莫使金樽空对月""白兔捣药成，问言谁与餐""明月出天山，苍茫云海间""人攀明月不可得，月行却与人相随"，等等。

到了花甲之年的李白，曾应他族叔李阳冰的邀请前往当涂游玩。又是一个中秋满月之夜，又圆又大的月亮给予了李白慰藉，以致独自醉卧扁舟之上。醉梦中，李白愈显张狂的本性，感慨自己无法隐遁于光灵的境地，摆脱是非之争的烦恼。他试图捞起那枚水中的月亮而未得，最终因醉酒落水而死。后人把这段往事编成故事，并安上一个动人的结尾，说是李白落水之后并未死去，而是骑着鲸鱼飞上九天，揽月而去。尽管史书上对李白的死因已有定说，但后人宁可相信这一美好传说，因为这样才能真正把诗人李白与月亮合理地结合在一起，体现诗人为月而生为月而死的人生。

在明朝诗人、书画家唐寅的笔下，月亮永远是和花结合在一起的。"花美似人临月境，月明如水照花香。"花与月犹如一对多情的男女，难分难舍，彼此吐露着心中的爱意。在这里，月与花相伴而生，舍花则月亦不能独存。唐寅的《花月吟》句句与花有关，也与月有关，被称为"花月体"诗词。

然而，唐寅的人生际遇都与这花月的美好相反，历尽了凄凉。他还未成年之际，先是丧父，接着丧母，然后丧妹。娶妻生子，成家立业后，又相继遭受丧妻丧子之痛。而立之年，好不容易又续了一房，不久又不辞而别，独剩唐寅一人守着空房。人生的失落，激发了唐寅对世间美好感情的强烈祈盼。于是，他寄情花月，善舞花月，表现了诗人的风雅洒脱，同时也成全了他的惦念不忘的花月之情。"待看月落花残夜，愁杀花间问月人。""今夜月圆花好处，去年花病月昏时。""云破月窥花好处，夜深花睡月明中。""春花秋月两相宜，月竞光华花竞姿。"

在中国传统文人笔下，月亮是自己的灵魂伴侣，人生的跌宕起伏，悲欢愁苦，失意得意，都一并吐露给碧空中的月亮。即便今人读来，依然仿佛亲眼目睹彼时彼地的月和人，从而引起心中无限共鸣的感慨。那是因为月亮在我们心中是特殊的存在，它不仅仅是大自然的物质实体，更是一种文化情结。所以，中秋月圆，就更加能够牵动中国人的对月情怀了。

拿什么纪念你，我的中秋

早先，老北京过中秋节时可热闹了。一进八月，卖各种兔儿爷的小贩就出现在街头巷尾。兔儿爷有大有小，大的三尺多高，小的则只能放在手掌当中。兔儿爷不仅有骑虎的标准型，还有骑象的、驾云的、站立的……家里大人好歹得给孩子买一个兔儿爷玩，要不怎么算过节呢？除了兔儿爷挑子，卖果子的也很多。爽秋时各种水果陆续上市，苹果、柿子、枣、葡萄、桃、石榴……水果的香味随处可闻。

走进院子，各家都在忙活着十五晚上的那顿团圆饭。阔人家自不必说，就是平常时并不宽裕的普通百姓家，也要变着法地使这晚的团圆饭像那么回事，哪怕借钱呢。

团圆饭后月上中天，拜月活动随之开始。供桌上，除了香炉、蜡烛，更有应时的瓜果：柿子和苹果象征着平平安安，桃和石榴寄托着长寿和多子的愿望，中间还撒着枣和栗子……

半个多世纪过去了，中国人的生活发生了巨大变化。如今，中秋节年年过，可早年间的热闹不再，很多有趣的内容也成了书中冰冷的文字。对此节最感兴趣的是生产月饼和销售月饼的人，还有为他们大做广告的传媒业。对于大多数百姓来说，中秋节越来越成为一个空洞的符号，顶多吃块儿又甜又腻的月饼而已。

导致这些变化的最根本原因，就是现在的社会环境与以往不同了。彼时的中秋节活动，是与中国长期存在的农业社会及其社会经济文化背景相联系的。如今，中秋节逐渐失去了生存的基础，人们对中秋节的期冀，也跟过去有了很大的不同。但是，在这种绝对的变化当中，也存在着相对的不变，比如对团圆的祈盼。既然团圆主题如此永恒，中秋节就要一年一年地过下去。如何过呢？自然是要随着时代的变化，为中秋节注入新的文化内涵，使其永葆朝气和活力。

首先，要在一家一户过节方式的前提下，扩大节日的活动范围。在新旧节日的对比中，不难发现这样一个事实：节日活动越来越由以一家一户为单位进行，转为社会型的活动单位，这些年一直红火的春节庙会就是证明。因此，中秋节要有新意，活动的范围必然由家庭转向单位、社会。由家族的团聚，扩大为单位的团聚，民族的团聚，国家的团聚。这当中，借月团圆，强调人团圆，实现"天人合一"的原则，根据单位、地区以及对象的不同而有所区别，并使这种各具特色的团圆为一般民众所接受，并转化为民俗。

其次，在中秋节可以增加民族特色活动。比如，韩国的端午祭已成为大型的民俗旅游项目。它的特点在于，除了安排一些朝鲜民族传统的端午活动内容以外，更将本民族的一些有特色的活动也掺杂进来，丰富其内容。比如妇女荡秋千、打年糕等。由此，端午祭活动更饱满，更吸引人，因为旅游业的参与性增强了。这种做法无疑值得我们借鉴。今年中秋节，北京民俗博物馆、北海团城都以团圆为主题组织了各种活动，算是对民俗节日产业开发的尝试。

另外，要进行民俗节日的产业开发，打造品牌，为广大消费者提供适合、喜爱的文化产品和服务，就要先了解他们喜好什么，需要什么，然后有针对性地进行设计和规划。要能将消费者吸引过来，而且留得住（有的看，有的玩，并与中秋节主题相适应）、带得走（各种应时当令的民俗用品、食品等）。有了这些努力，一般民众就会在了解中秋节的基础上喜欢中秋节。民众的不断参与，中秋节本身的不断完善，必然为中秋节时时添加新的内容，使之充满活力。

最后，也是最关键的，就是要找准中秋节的灵魂，或者是整个传统年节的灵魂。老话说得好，"醋打哪儿酸，盐打哪儿咸"，因为继承也罢，创新也好，都需要以此为前提。否则，传统年节就会成为无源之水、无本之木，失去灵魂才是对传统年节最大的破坏。

节俭过中秋

中秋节吃月饼，就是最普遍的习俗。月饼最初是用来祭奉月神的祭品，后来人们逐渐把中秋赏月与品尝月饼作为家人团圆的主要内容。慢慢地，月饼也就成为了节日必备礼品。中秋节吃月饼祈求团圆，是一种朴素的文明，寄托着人与人之间的情感，有着深厚的人文底蕴。

2013 年的中秋节，出现了喜人的新气象：简易包装的月饼多起来，而华而不实的则备受冷落。当年 9 月初，中共中央纪委和中央党的群众路线教育实践活动领导小组发出《关于落实中央八项规定精神坚决刹住中秋国庆期间公款送礼等不正之风的通知》。《通知》称：近日，习近平总书记在辽宁考察时强调，重大节日期间，是对干部作风的重要检验；中秋节、国庆节就要到了，要坚决刹住公款送节礼、公款吃喝、公款旅游和奢侈浪费等不正之风，过一个风清气正的中秋节、国庆节。中央两周内三发中秋国庆不得公款请客送礼禁令，表明中央对贯彻八项规定狠刹公款消费和奢侈浪费之风的坚定决心。

不仅如此，就连电视中秋晚会也瘦身了。2012 年中秋节期间，央视以及北京、天津、浙江、深圳、广东、山东、河北、四川等较有影响的卫视都举办了中秋晚会，格外热闹。而今年，深圳、湖南、浙江、江苏、东方、辽宁等卫视均宣布没有中秋晚会计划，确定办中秋晚会的只有北京卫视和央视两家电视台，并将严格控制人力、物力、财力，北京卫视则采取百姓联欢的形式。

为什么以往中秋的月饼、团圆饭越来越多样，成了豪华月饼、豪华宴呢？月饼不仅自己享用，也成为中秋节期间人们礼尚往来的节日礼品。但月饼成为礼品之后，送月饼就有些变味了。商家迎合公款奢华消费之需，专门制作天价豪华月饼，供一些人送礼之用，把官场的吃喝送礼之风推向了新的层次。商家与官场联手演绎的中秋佳节，传递的是一种奢侈之风，腐糜之气，已经污染了节日文化，扭曲了民俗民风，给社会造成了极大的危害。无论从传承文化还是转变官场生态来说，都需要过一个风清气正的节日。

据《人民日报》报道，天价月饼遇冷，黄牛生意难做。平价月饼走俏，瘦身礼盒讨喜。月饼脱去了华而不实的外衣，变得实在了。不少生产厂商也表示，今年月饼主打实惠牌。风清气正过节，是传统节日的回归。

既然我们倡导大家要摒弃中秋节的豪华形式，回归中秋的文化本质，那么中秋的节日内涵到底是什么？

中秋节在每年的农历八月十五，此时正是秋深季节，各种农作物纷纷收获，所以中秋节又称"丰收节"。另外，八月十五正是月圆之际，而且秋天天气清爽，月亮又位于离地球最近的轨道上，所以显得格外明亮，饱满。俗话说，天上月儿圆，地上人团圆。月圆之夜，增强了人们对团圆的祈盼。所以，中秋节的主题就是团圆，不光是家族团圆，还有民族乃至人类的团圆。中秋之际所有的民俗活动，都是围绕着这一主题展开的。

中秋是个团圆的日子，很多在外工作的子女会从四面八方赶回老家，与父母团聚的同时也见一见家乡的亲友，于是买礼物成为中秋节的一大花销。月饼是中秋的必备品，也是作为礼物的首选品。然而市场上的月饼都差不多，如果能够自己做月饼，并将其作为礼物送人，那效果必定会很好，也会省下一些钱。

中秋过节少不了聚餐，以往聚餐基本上都是在饭店举行的，确实是花钱买轻松，但是庞大的花销也让人有点吃不消。于是，有人就强烈建议这个中秋节在家里吃饭。仔细一想，在家里吃饭也挺好的，想要去饭店吃饭是因为是怕父母受累，而在父母心里为自己的儿女做饭是最开心的事情了。在家里吃饭肯定会省下一笔钱的，以往在饭店吃饭的时候有很多没吃完的，虽然打包了一些，但依然让人觉得浪费。

除了在吃饭的地点上可以选择之外，我们也可以从饭菜的种类上减少花费。有人觉得中秋一家人团聚吃饭重在团聚，吃什么菜并不是最重要的。现在中秋节的饭桌上总是荤菜主打，但现在家家都不缺荤腥，吃点新鲜的素菜反而舒服。我每年中秋节回家吃饭的时候，母亲总会做很多菜，其中荤菜占了三分之二，父母自己由于身体的原因吃不了多少，而子女们由于经常吃荤菜也不会吃多少，反而对素菜或者凉拌菜之类的比较感兴趣。所以，这时候少做一些荤菜，多做一些素菜，这样人们会更爱吃，也能省下一些钱。不仅如此，还有利于教育下一代，生活中注意节约，更好地领会传统节日带给我们的温暖和感动。

重阳节

重阳节的起源和文化主题

农历九月初九是我国民间传统节日重阳节，那么，重阳节究竟是一个什么样的传统节日，它是怎么来的，它有着怎样的文化寓意呢？

九月初九重阳节，从数字上来讲，人们用"九"来体现，因为它是阳数当中最大的，过了这个最高点，它就要发生变化。《易经》说"以阳爻为九"，而两个"九"无疑是在强调变化的迫切，也体现出民间对这个节日的特别关注。到了这个节日，就会发生变化。古人为了说明这个道理，讲了一个故事。汉代桓景拜费长房为师修道，在学艺过程中，有一天费长房跟桓景说，九月初九是一个不好的日子，建议他在这一天带着家人、乡民离开家，到高的地方去，以免受到不好气息的侵袭。桓景非常听师父的话，到了这一天就带着大家去了高地，回来以后发现，家里的家畜、家禽全都死了。

这个故事想说明什么？中国传统节日是与节气相对应的，进入到这个时候，阴阳二气不和，发生变化，会给我们的身体带来伤害。而且这个故事还能宣传道教，可以判断天时的变化，给人们提供切实的帮助。所以重阳节的起源，很多说法是与道教说法结合的。

我们都知道，中国的传统节日都是与节气紧密结合的。比如春节，一定是和立春这个节气结合在一起的。与节气相对应，传统节日才有它亘古不变的意义。具体到重阳节，跟哪个节气对应？是寒露。在这之前，节气里就没有带"寒"字的，也就是说，从寒露这个节气开始，秋天萧瑟的气味就越来越浓，气温下降的速度也加快了。在夏天，我们吃凉的、喝凉水都没事，到这个时候，你如果还贪凉，胃立刻就感觉不行了。在这个季节，一些常见的呼吸系统疾病和老年病也会多发。寒露这个节气的特点，是阴气上升、阳气下降，二气不和，造成一种萧条的局面，这跟春天阴气下降、阳气上升，二气调和不同。过去我们讲"阴阳和而万物生"，春天的万物皆生与秋天的万物萧条是截然相反的。到了这个节气，阴气和阳气两头跑，万物也进入到秋收冬藏的时节。

如果把一个人的一生用四季作比，那么从时间点上来说，经过了春天的生长，夏天的成熟，到了秋天，特别是深秋，就像一个人从出生、少年、青年、中年到老年一样。所以，中国有一个很重要的传统——敬老。在重阳节，这种传统体现得淋漓尽致。再过几年，北京每五个人中就有两位是老人。中国人过去讲究"居家养老"，过去说"养儿防老"，就是这个缘故。实行计划生育以后，往往是两个孩子养四个老人，所以需要社会帮助。

总之，秋天是收藏的季节，从根本上讲，重阳节就是一个提醒人们适应节气变化的重要节日。由此衍生出的敬老爱老，跟中华民族的传统文化紧密契合，也已成为重阳节的传统。

重阳节，今天你过对了吗

在许多现代人的观念中，重阳节是个"小节"，由于种种原因，人们对这个节日的习俗已不太了解，不像元宵节时吃元宵，中秋节时吃月饼那么重视。其实，历史上重阳节是一个重要的节日，它蕴含着我们民族尊老、敬老、爱老的传统，随着中国社会日益老龄化，重阳节的意义日益凸显。

那么，古人在重阳节都有哪些习俗活动呢？

中国人特别讲究名目，名不正则言不顺。因为二气不调会给我们的身体带来伤害，这就使得今天的重阳节从主题上说变成了避邪的重要节日，很多民俗也是围绕着这一主题展开的。所以，重阳节的一个习俗活动，就是登高。登高的好处是降低阴阳不调对我们带来的不良影响，登高可以让我们在这个时候，脱离开地面上那种压抑的环境，呼吸到新鲜空气，得到更多的阳光照射，提高免疫力。登高给我们带来的心理作用更大，登山时每登高一个台阶，都会让我们产生往前走的信心。另外就是登高时我们老说"遍插茱萸"，这个茱萸用作中药，有益气、驱邪的功效，同时它也是一种调味品。人们在它的功效上做了一些拓展，延伸它驱邪的功效，将茱萸装在红色的袋子里做成茱萸袋、茱萸佩，佩戴在胳膊上，也是我们希望身体健康的一种表达。王维说"遍插茱萸少一人"，也是希望自己的家人、亲朋好友都能佩戴上茱萸的袋子，亲情的沟通和交流也让我们从精神上达到"祛邪"的目的。在北京之外，像河北、山东，还有广东等一些地方，重阳节还会放风筝，放远了以后把线剪断，喻示"邪气"被放走了。

在过去，老北京人都去哪里登高呢？过去交通没现在方便，老北京人登高难度比较大，想登高，就要想办法。比较近的有蓟门烟树，原是元大都城墙遗址，那时文人出德胜门或安定门，走一个多小时就到了，烤烤肉，吟吟诗，望望远，三点多钟也就回家了。城里也有一些登高的去处，比如天宁寺塔，虽然不能登塔，但它地势高，是登高的好去处。南城东边也有一些塔。比如天藏寺塔，原来能上去。到了重阳节，这些塔附近还有一些重阳节庙会，也算一景。一般庙会是在春节时，或是以商业为主的定期庙市，但为应重阳节的景儿，老北京很多能登高的地儿也会加办庙会。

重阳节的另一项重要习俗就是赏菊。农历九月初九正是秋高气爽的时节，此时菊花盛开，各地都有赏菊的传统，比如北京。张恨水先生在其回忆录中讲到，每年菊花盛开的时候，他都会买上百盆的菊花摆在家里，书房里、廊道上，哪儿哪儿都要摆几盆菊花。那时菊花品种跟现在一样丰富，有讲究的就在自己家里养菊花。前两年我去雅宝路，有一位姓张的回民，他家很小的一个院子居然养了四五百盆菊花，房顶上、床底下都摆满了。养菊花最典型的就是契园，在现在新街口外徐悲鸿纪念馆附近。原来契园有一位姓刘的先生，他家里祖祖辈辈养菊花，在老北京非常有名。1949 年后，中央很多领导都到他那儿去赏过菊，一直到 1962 年，他年纪大了，把菊花都捐给了北海公园。为什么北海公园现在每年都搞菊花展，就是这个原因。当然，现在品种更多了。除了北海公园，中山公园也是赏菊的好去处，此外植物园、陶然亭、顺义鲜花港等，都是好去处。

传统节日一般都有特定的节庆食品，重阳节也不例外。到了重阳节，首先要吃重阳糕。这个"糕"谐音"高"。气温下降后，带来的环境变化无形之中会给人带来一些消极的影响，就是悲秋。悲秋不是抑郁或者意志薄弱，是一种很普遍的自然情感。秋天吃重阳糕，是一种精神支撑。"糕"，往高了走，战胜悲的情绪。重阳糕里会放很多有营养的东西，像花生仁、核桃仁、枣、蜂蜜、果脯等干鲜果品，做出来还非常壮观。在放这些东西的时候，还要讲究颜色搭配，最好是五色，比如红颜色的枣、绿颜色的青果、黄颜色的桃脯、白颜色的冬瓜条等，凑足了五个颜色，就像阴阳五行，达到一种平衡。重阳糕一定要做九层，突出"九九"的含义，顶上还要用面捏两个小羊或者盖两个小羊的戳记，体现"重羊"的寓意。还有些人会在重阳糕顶上插上小旗或者香菜，当作茱萸，总之要通过细节的安排把重阳节气的特点表现出来。在过去的北京，民间和皇家的重阳糕是不一样的，民间有民间的做法，皇家有皇家的做法。民间最简单的做法就是蒸，但谁家也没那么高的笼屉，没法蒸下九层，所以就三层一屉分开蒸，三屉蒸好了再摆一块。除了自家蒸重阳糕外，糕点铺也蒸，主要拿来售卖。老北京人把糕点铺称为饽饽铺，饽饽铺一般用烘或烤的方式。过去，富裕点儿的人家就上饽饽铺买，穷点儿的老百姓就在自己家蒸。最不济的也会用红糖或芝麻酱来蒸枣糕，枣糕枣糕，早登高。重阳糕又好看又好吃，又能体现节日特点，所以在过去，吃重阳糕是很受大伙儿欢迎的。

除了吃重阳糕，有些讲究的人家还会在重阳郊游的时候支上炙子烤肉，或者在家里的后院支上汽油桶烤。比较有名的就是梁实秋先生，他在散文里头说，他们家一年就吃两回烤肉，都是在秋天，当时吃一回烤肉也是一件挺隆重的事。

另外在民间还有吃菊花火锅的习俗，特别是文化人。菊花是唯一在秋天怒放的花朵，充满高贵之气，所以在重阳节，文人们会聚在一起吃菊花火锅、举行诗会，称为菊花会。菊花火锅主要还是涮羊肉，但是因为加了菊花，应时当令，气氛就给渲染出来了，据说当年慈禧太后就喜欢吃。现在北京西郊有个药用植物园，那附近有家药膳园，就会应景地推出菊花火锅。菊花火锅有的放整朵的菊花，也有放菊花瓣，不一而定，取的就是意境。

每到重阳节，人们都会说"春捂秋冻"。秋季正逢换季，二气不调会影响呼吸系统、肺经等，所以需要润。这时梨的品种非常多，价钱也不贵，有滋阴润肺的功效，大家应该多吃点儿梨。从起居上讲，过去我们常说"早睡早起身体好"，到这个时候，需要"早睡晚起"了。为什么呢？睡眠是跟着太阳的升降结合的，天黑了早点睡，早上太阳快出来了再起，顺应天时的变化，也是保持身体健康的方法。有些朋友喜欢用凉水洗脸、洗澡。不是说用冰凉冰凉的水，就是十几摄氏度的水，长期坚持，对身体都是有好处的，从这个时候起，我们要增强意志锻炼和身体锻炼，这些都是有积极意义的。

秋冬是进补的时节，当然，滋补什么，每个人身体条件不一样，一定要向医生进行咨询，有针对性地进补。过了重阳很快就要进入冬天，冬天是一个藏的季节，只有这个时候进补得当了，春天生发的时候才会有后劲儿。总之，麻辣的东西也要少吃，多吃一些酸的、甜的，比较润的。进补也需要循序渐进，比如重阳糕，它是面食，里面有很多有营养的新鲜果品，这就是对我们身体好的补品。说进补，有些人就想着大鱼大肉，其实这跟我们中国人的体质是不太合适的。

以上所说的这些习俗，在古时候是很普遍的，但是现在都不那么明显了，甚至已经消失了。过去重阳节很热闹，光是准备重阳糕，可能就得提前两三天准备馅料、发面，现在的人没有这个时间和精力。重阳节不是一个法定休息日，人都不休息，登高、赏菊这些活动就去不了。我有一个想法，如果现在我们不能把重阳节作为一个假日来过的话，有没有可能就跟它临近的周末倒一下，让大家可以与亲朋在一起，让节日更有意义。

另外，既然把重阳节定为老年节，可年轻人都去上班了，老年人也会缺少节日的兴趣。对老人的关爱不是简简单单地送点儿东西就完了，要更多地从精神上关爱老人。真正要过好传统节日，一个是时间，一个是氛围。

寒衣节

寒衣节怎么过

近几年，北京的霾比以往都显得浓重，钟南山院士指出，霾是比非典还厉害的"流行病"，强调要对它重视起来。在此情况下，一个重要的民俗节日也变得敏感起来，这就是寒衣节。

寒衣节一般是在每年的农历十月初一，此时已是立冬前后，人们会用纸剪成衣服或纸钱的模样，放在一个纸糊的大口袋里，在庙里或街头焚烧，意思是给逝去的亲人送去。

这种慎终追远的传统，体现了中华民族的一个重要美德，就是感恩。还有，就是认为逝去的人并未消失，而是转化了一种存在形式，在阴间，会像阳间一样生活，所以也需要有吃穿的供养。因此，在冬至到来之际，为他们送去棉（寒）衣、零花钱，体现了阳间亲人的思念和感恩。

这种情感的表达方式——焚烧纸钱、寒衣，在民间已持续了上千年。只是近年来的雾霾加重，所以才使得这一传统习俗成为了议论的焦点。

据 2013 年 11 月 4 日《新京报》的一篇报道称，寒衣节之夜，不少市民当街烧纸钱"祭祖"，全城都可以看见小火苗和余烬。环保人士认为，虽然这种习俗是民间传统，但是由于近年来空气污染越来越严重，所以要加强环保意识，尽量减少这种行为造成的环境污染。

其实，不仅是寒衣节，就是在清明节、中元节等节日期间，在街头、桥底下等地方燃烧纸钱的人也非常多。人们在这些特别的节日里，用这种方式表达对逝去的亲人的感念之情。中华民族是一个重视宗族、血缘的民族，虽然这种方式在现在看来似乎不科学，但是它却是世世代代中国人与逝去亲人沟通的方式，能从中获得精神的慰藉。这是果实对种子的感恩与惦念。

随着社会的渐趋现代化，人们开始重新认识一些古老的仪式，甚至否定并淘汰掉一些历史上惯常的做法，比如中元节街头烧纸钱祭祀先祖。但是，如果武断地去禁止人们的这种行为，想必也不现实。不过可以提出建议，引导和调整这种行为。既能让人们充分表达慎终追远的情感，又能让形式充满文明进步的氛围，不至于给他人和自然环境造成过多影响。比如，祭祀如果遇到大风天，不要烧纸、燃烛、点香，如果一定要这么做，也要清理周围的可燃物，待火完全熄灭后人方可离开；祭祀烧纸钱，要注意远离人群、居民住宅、公共建筑、文物保护单位、采用可燃外保温材料的建筑、易燃易爆场所、山林、草原等。另外，可以集中到一些公共场所进行祭祀，比如在社区为纪念先人设立专门的场所，对社区居民开放，可随时来进行祭祀。但形式上不建议烧纸，而是献花，行礼，上供祭奠，或为先人献上祝福，甚至用家人幸福的收获，来告慰先人，并且播放先人生前喜欢的乐曲、唱段等。总之，不一定只有烧纸一种形式，可以采用更有效、多样的办法。市民也可选择在家里祭祀亲人，点上蜡烛，放一段佛经超度，并且上香行礼，等等。这种长期坚持不懈的引导，一定会有利于烧纸习俗的改变。

有一年寒衣节，我看到好多人以烧纸的方式怀念亲人，看到这份亲情，我心里真的很感动，同时也很酸涩。人不能忘记自己的根，但烧纸的习惯容易增加人内心的悲伤，民俗文化一定要跟上时代的进步。如果每到十月初一，能把有这份情怀的人聚集到合适的地方，以燃烛、上香等方式进行公祭仪式，更能体现传统与现代的结合。

第三篇

传统节日活动实践案例

作为一名民俗工作者，数十年来参与设计、组织和实施的传统节日活动不计其数，从中收获了很多关于传统节日实践和发展的启发和思考。本篇选取几个传统节日活动案例，从活动方案、流程展示、活动剧本到节日祭词等，文体多样，分别从不同侧面展现了传统节日活动的实施情况。从理论上研究传统节日本体及其生存状态固然重要，但传统节日的发展最终都要回归到实践中，这也正需要民俗工作者的身体力行。

春节

浓浓"京味"闹新春——厂甸庙会主题歌

"哗哗"作响的大风车带来新春的祝福，
长长的糖葫芦象征着火红的年华。
厂甸，最具北京味的春节庙会，
唤回多少美好的记忆，荡漾着浓浓的牵挂。

四百年的历史绵延不绝，
琉璃厂的文气滋养了它。
花灯彩旗遮天日，
游人接踵众口夸。

一路逶迤是数不清的画棚子，
耍货海洋引来童声笑哈哈。
金狮狂舞展雄姿，
"甜的豆汁开锅啦"。

举着兴奋，扛着快乐，
喜庆吉祥温暖万户千家。
只为找乐，只为热闹，
还有那亲情更让人感动，让人意气风发。

厂甸庙会灶王来拜年

（情景剧，专供庚寅年厂甸庙会开幕式用）

[锣鼓响起作为序曲]

主持人：

　　大年初一头一天，灶王爷爷回人间。

　　身穿红袍添喜庆，拱起双手来拜年。

[四大头娃娃边说边上，灶王同时上，坐于中间椅上]

四大头娃娃（与主持人齐声）：

　　来——拜——年！

[锣鼓再次响起，四大头娃娃随鼓点舞动]

[快板声起]

大头娃娃甲：

　　年前腊月二十三，灶王爷爷上了天。

　　来到天庭言好事，人间处处喜讯传：

　　祖国迎来六十庆，华夏民族笑开颜。

　　国庆广场大阅兵，神州儿女豪气添。

　　宇宙飞船上了天，嫦娥起舞舞翩翩。

　　放眼未来无限好，综合国力大发展。

大头娃娃乙：

　　人间美景历历现，急坏天庭众神仙。

　　艳羡凡尘喜事多，只悔未能落人间。

　　灶王闻听心窃喜，除夕之夜奔团圆。

大年初一来厂甸，大家大伙来拜年。

一愿和谐太平世，延续一直到永远。

二愿大家身体好，诸事顺心不差钱。

三愿春节更红火，厂甸庙会年年办。

只为百姓添欢乐，浓浓京味美名传。

四大头娃娃（齐）：

迎来虎年春光好，幸福生活万万年。万——万——年！！！

[锣鼓声起，灶王从座中站起，袖里掏出两红纸卷，打开后念到："上天言好事，好事多多；下界道吉祥，吉祥永远。"然后交左右大头娃娃。同时，灶王身后举起红色横幅："科学发展，社会和谐。"灶王爷、大头娃娃拿起一堆小老虎投向人群，锣鼓声再起。]

（剧终）主持人宣布厂甸庙会开幕式开始。

元宵节

"传统京味闹花灯"活动方案设计

一、活动宗旨

"一年明月打头圆。"新年的第一个月圆之夜，在京城民俗活动中具有不寻常的意义。"三十的火，十五的灯。"元宵是春节这台大戏的压轴节目，是民众情感、意愿和信仰的集中表现。元宵之夜在他们生活中具有狂欢的性质。元宵的锣鼓、元宵的灯、元宵的游人赛游龙，一个"闹"字生动体现了元宵节作为中国传统节日的独特景观，是多种节俗活动的合奏。

今天，我们利用元宵节这一文化资源，有意识地为城市居民拓展社交娱乐的空间，让他们在亲身参与中感受传统民俗的无穷魅力。让传统的"闹花灯"发展成时尚的狂欢节，打造旅游文化的新品牌，这具有十分重要的社会价值和经济价值。

二、活动内容

（一）设计活动内容的指导思想

1. 保持元宵节的优良传统，同时适应当今的新时尚，在二者有机结合中打造元宵节民俗文化的新品牌；

2. 注意增强游客的参与性，使其在切身体验中对传统节日文化进行一次直观的了解；

3. 注意与春节活动的有机结合，使游客从中完整了解春节的传统民俗活动。

（二）内容

1. 观灯

邀请民间艺人制作纸灯、绢灯、玻璃灯、走马灯、宫灯、沙灯等各种花灯，分别悬挂在活动场地的亭台楼阁、走廊等建筑上，营造火树银花不夜天的灯节绚丽色彩。

2. 打灯虎

又叫猜灯谜，也是元宵节观灯期间的重要活动。各种谜面的纸条附在花灯表面，供游客选猜。猜中者将得到价值不等的纪念品。

3. 卖花灯

游园现场将出售各种花灯。但不卖蜡烛，只供游客出园后点。而现场出售的各种以电池为能源的花灯则可尽情点亮。

4. 花会表演

花会原名香会、武会，传统项目中有中幡、舞狮、小车会、踩高跷、地秧歌、老汉背少妻等节目，集民间歌舞、杂技于一身，有利于渲染年节气氛。灯会期间，将于每晚表演百场花会节目，每天都有新的花会内容。

5. 戏曲曲艺演出

内容包括京剧、昆曲清唱，梅花大鼓、单弦、双簧相声等曲艺节目，表演场地出售冷、热饮，游客只需要花饮料钱，而不用另外付费观看。

6. 老字号名品元宵展卖

邀请稻香村等老字号到灯会现场出售元宵。此外还展卖其他的传统特色小吃。

7. 老北京春节风格展

由民俗专家设计制作，集中展示过年期间北京人的丰富民俗活动。

8. 走桥、摸钉

正月十五的走桥、摸钉是老北京重要的民俗活动。传统走桥象征着驱邪避灾，摸钉寓意着宗族的人丁兴旺。

9. 在春节期间展销民俗节庆用品

包括杨柳青年画、门神、挂钱、斗方、对联等。此外还出售老北京题材的各类图书。

三、活动组织

（一）时间：正月初十至十七，每天晚上 6:00~9:00。

（二）地点：北海静心斋、画舫斋或团城，三者选一。

（三）主办：西城区旅游局，北海公园管理处，中国民俗学会。

（四）分工：西城区旅游局、北海公园管理处负责活动的安排、宣传和拓展工作，必要时可邀请企业参加；中国民俗学会负责活动设计，邀请民俗专家、民间工艺家参与。

（五）为吸引更多的上班族参加，可提供各种盒饭快餐，价格低廉、实惠卫生，供其选用。

四、活动评估

春节期间组织大型元宵节活动是继庙会之后的又一重大举措。它有利于丰富民众的节日文化生活，丰富传统年节的文化内涵，打造有地方特色的民俗文化品牌。

过年期间外出活动，是大多数北京人的共同心愿。明年春节期间推出此项活动，只要做好宣传推广工作，就可以最大限度地吸引游客的参加，由此获得较好的经济效益。只要认真做好准备工作，确保此次活动的独特性、权威性，同时做好宣传，那么笔者认为至少此次活动会取得收支持平，或略有盈余的经济效益，从而为明后年的开展打下良好基础。而经过三五年的打造，"传统京味闹花灯"活动有望成为京城过年期间民俗旅游项目的金字招牌。

2004 年 11 月 28 日

三节连春

三节连春颂太阳

一

为了提升朝外地区文化活动水平，挖掘辖区人文资源的内涵，传承传统的民俗文化，朝外街道办事处、日坛公园管理处、北京民俗博物馆、朝外文化协会将联合举行"春日照大地，和谐送人间"的"春分朝阳"庆祝活动，定于3月21日在日坛公园隆重举行。

2006年国务院公布了第一批国家级非物质文化遗产名录，其中包括"农历二十四节气"。春分是重要节气之一，丁亥年（2007年）又值传统节日中和节（3月19日）、春龙节（3月20日）、春分节（3月21日）连在一起。在这个难得一遇的日子里，举办带有首届民俗文化节意味的"春分朝阳"活动，显得格外有意义，将为一大批喜爱京味风俗的京城市民们所关注。

主题诗歌《太阳赋》是专门为《春分朝阳》活动创作的，将由著名表演艺术家石维坚先生朗诵。诗作歌颂了太阳给世界带来了光明和生命，表达了人们祈盼丰收富足的愿望。诗中写道："凤飞龙舞在此地，再颂日神近春光。"

有趣的是，在朗诵之时活动还将分发春天的种子，暗合了节气中最古老的寓意。

按照传统习惯，舞动的龙只有在点睛以后才能被注入灵魂。在《龙凤吉祥》舞龙表演中，将飞舞九条龙，以金、银两条为代表。届时将请一位神秘的嘉宾来"点睛"，人们将看到"画龙点睛"这句熟悉成语的场景还原。

放风筝是每年春天北京人普遍喜爱的活动。此时清气上升，微风轻拂，正是放风筝的最好季节。北京人讲究放风筝来避邪，而今天正好用来放飞理想，表达对新春新年的祈盼。北京的风筝制作历史悠久，著名的"沙燕"俗称"黑锅底"。燕子的寓意可追溯到三千年前的古燕国，所以北京又称"燕都"。这一含意在福娃"妮妮"的形象中也有所表现。"风筝孔"的风筝直接来源于曹雪芹的制作技艺，文化内涵十分丰富。"风筝哈"以色彩艳丽、造型文雅在近年来著称海内外。此次风筝表演由北京民俗博物馆筹办，将为民间风筝高手们提供展示的机会。

在日坛公园内，活跃着一支群众自发组织的踢毽子队伍，他们的领头人叫范恬远。范老师是踢毽子的高手，常年在日坛公园里踢毽运动，由此带动了大批爱好者参与其中。他们踢的小毛毽儿，虽然个儿小，但色彩鲜艳，踢法灵活，曾多次参加全市的民俗体育运动会，不断取得好成绩。大家目睹了他们踢毽子的绝活儿，忍不住会高声喝彩几句。

抖空竹也是老北京人多年来一直喜欢的娱乐形式。参加"春分朝阳"活动的抖空竹代表队，来自朝阳区的常营乡。他们抖的空竹，最大的直径有 1.2 米，抖起来如磨盘飞转，颇为壮观。另外还有十余个小空竹表演各种高难度动作。抖空竹已被国家列入首批非物质文化遗产保护名录。

为了突出春分节气的民间文化特色，还特意安排了蹴球表演。蹴球又叫踢石球，是我市传统体育项目，现已成为全国民族体育运动会的正式项目。虽然 20 世纪 30 年代在北京城区就已失传，但近十多年来正逐渐恢复，现在正在申报非物质文化遗产。我市有许多训练基地，在一些地区还有表演的人群。

为了让大家更多地了解老北京的传统手工艺术，主办方还在神道两侧安排了面人、布艺、泥人脸谱、毛猴、剪纸等的现场制作表演。

"二月初一"是太阳的生日。过去北京的许多商铺、小贩都会在这天叫卖太阳糕，此次"春分朝阳"活动将出现儿童在现场发放太阳糕的情景。据专家介绍，这是近百年来北京城首次恢复太阳糕的生产和销售。

这次亮相的太阳糕恢复了用江米粉的传统，只是个头有了新的改变，以符合今天人们的消费观念。装饰也更为讲究，突出了春分的主题和喜庆气氛。

太阳糕是用和好的米粉垒放成多层，层与层之间撒上黑糖（北京人把红糖称为"黑糖"），讲究者再加些青丝红丝，顶上插只江米面捏的五彩金鸡。过去一进入二月份，京城大街小巷都传来"太阳糕嘞，小鸡儿的太阳糕啊！"的叫卖声。

过去，每到春龙节、中和节之际，北京人还讲究打扫房前屋后、家里家外的卫生，将过年时祭祀用剩下的蜡烛点着，遍照屋中房梁、墙壁及各个角落，俗称"照房梁"，目的是驱逐蝎子、蜈蚣等害虫，清洁环境。

二

日坛坐落在北京朝阳门外东南日坛路东，又叫朝日坛，它是明清两代皇帝在春分这一天祭祀大明神（太阳）的地方。皇帝自认为是天的儿子，把日月看成是兄弟。崇日仪式的不断规范与定型，形成了在固定时间、固定地点举行的祭日仪式。

日坛作为祭日的固定场所，是随着祭日仪式的固定而逐渐形成的。现在北京的这座日坛建于明嘉靖九年（1530年）。朝日坛在整个建筑的南部，坐东朝西，这是因为太阳从东方升起，人要站在西方向东方行礼的缘故。明朝建成时，坛面用红色琉璃砖砌成，以象征大明神太阳，这本是一种非常富有浪漫色彩的布置，但到清代却改用方砖铺墁，使日坛逊色不少。祭日虽然比不上祭天与祭地典礼，但仪式也颇为隆重。明代皇帝祭日时，用奠玉帛，礼三献，乐七奏，舞八佾，行三跪九拜大礼。清代皇帝祭日礼仪有迎神、奠玉帛、初献、亚献、终献、答福胙、车馔、送神、送燎九项议程，也很隆重。祭日本来是远古人类自发的一种崇拜自然的祭祀活动，形成帝制后，祭日成了皇帝的专权。

三

老北京人认为：二月初一是太阳的生日，家中设香案祭祀。

京城走街串巷的年糕小贩一大清早便聚集起来批购太阳糕。

太阳神名叫句芒。祭祀当天，各家各户在家中设香案，由男性家长率男性家属面向东方太阳膜拜。明清时期，每到这一天，皇帝都要举行隆重的"御耕"仪式，亲自扶一下犁以示重视农业，并象征性地赐给农夫百谷。在民间，亲朋好友则畅饮中和酒，祭日神，并互赠刀尺，勉励耕作。

北京中和节民俗的一个重要内容是打扫卫生。热闹了一个多月的春节年禧期结束了，家中贴的对联、挂笺、福字有的脏了，有的破了，在这一天可以拿下来，向着太阳方向烧掉，是送给太阳的钱粮。家庭以清洁的面貌迎接新春大忙，不让旧对联在门口过一年。

常人春先生所著《老北京的年节》一书中说："据说明朝之后，（该节日是）庶民为纪念末代皇帝崇祯，假托祭祀太阳真君而设的，以此来寄托清兵入关之后广大汉民的故国之思。"太阳糕既是祭日的供品，又是应节食品，还有"太阳高"的寓意，很受市民欢迎。太阳糕一般使用糯米（江米）加糖制成，上面用红曲水印昂首三足鸡星君（金鸡）像，或在上面用模具压出"金鸟圆光"代表太阳神。太阳糕每五块为一碗，顶端还插有一只寸余高的面捏小鸡，十分喜气。

据说清代宫门口外有一家专做年糕的小店，唤作"袁记斋"。这便是大名鼎鼎的"年糕袁"的前身。那时候，京城走街串巷的年糕小贩一大清早便聚集在这里批购太阳糕，人来人往，好不热闹！独门糕点"太阳糕"其名据说是慈禧太后钦定。京城百姓在这一天，家家户户均要买"太阳糕"来作为供品，码放于盘中，置于供桌中央，以此来报答太阳神的恩泽。因此，北京的糕点铺逐渐发展到元宵节后便开始制作"太阳糕"，一些小贩亦开始自制太阳糕，提前两三天开始出售，于是，"供佛的太阳糕啊"叫卖声随处可闻。尤其是每逢二月初一，家庭主妇们一听到这声音，即使手头拮据也总要买几块应个景儿；而有的买主往往不说买太阳糕，而是说"请太阳糕"，以图吉利，祈求吉祥。

2007 年

第三届"春分朝阳"民俗文化节
开幕式解说词

时间：3月20日上午9:30入场，9:55分开场鼓曲《欢乐的节日》

地址：北京市朝阳区文化馆

主持人： 各位来宾、各位朋友，上午好！感谢朝阳区文化馆大鼓队给我们击响了《欢乐的节日》，拉开了我们第三届"春分朝阳"民俗文化节的序幕。2008年的春分，我们在这里向万物之神表达了我们喜迎奥运、决战奥运的心情和决心，我们胜利了。全世界在北京看到了一届无与伦比的奥运盛会，可以说这是奥运史上最光辉的一枚金牌，它属于中国，属于北京，属于我们在座的所有为奥运甘心奉献的人。今天，当第三届"春分朝阳"隆重开幕的时候，我们又要迎来中华人民共和国60周年的华诞，盛歌日神，风调雨顺，五谷丰登，祝福祖国，这就是我们今天最衷心的祝愿。首先我来向大家介绍一下今天到场的嘉宾。（罗列若干）

下面请中国民俗文化协会副会长起书先生讲话。（讲话略）

主持人： 茫茫宇宙，苍穹万里。是太阳把光芒奉献给大地，才有了今天我们可以享受的勃勃生机，万般爽意。盛歌太阳，无论我们用怎样华丽的语言，都表达不了我们心中对太阳的敬意，可是我们还是要说，不说表达不出我们的心意。有请中央电视台著名解说员任志宏先生为我们朗诵《太阳赋》。作者，高巍；伴舞，体育学院舞蹈学员。

主持人： 春分过后，一五迎春燕，二五迎春雷，三五迎闪电。艳阳高照，冰雪消融，春暖花开，燕子归来。春天没有燕子，就缺少了灵性、缺少了动感、缺少了诗意也缺少了浪漫和生机……请欣赏由北京银河少年艺术团带来的表演：歌曲《小燕子》；风筝表演，朝外地区舞蹈队；风筝制作，张铁山。

主持人：正月十五吃元宵，八月十五吃粽子，太阳节吃太阳糕。连续三届"春分朝阳"活动，让我们把老北京吃太阳糕的习俗又找回来了。太阳糕是由糯米和大枣等主要成分制作而成的，它预示着对生活步步高的祝福。

每年的"春分朝阳"之际，我们都会把这一年的第一份新鲜的太阳糕献给我们心中最想祝福的人。那么今天，我们把2009年的第一份太阳糕献给谁呢？他们是：四年如一日，志愿服务社区的义务英语辅导员管振家、郑彩凤夫妇，有请上台来。下面我们邀请的是：六年如一日为社区三位孤寡老人志愿服务的芳草地社区芳草苑党支部书记王青，有请上台来。下面我们有请把青春和爱心志愿献给空巢老人的大学生高雪。我们还要邀请的是，六年来，组织本店青年职工多次深入社区和农村孤寡老人家中义务理发的社区志愿服务者——个体私营理发店老板张书林、陈雪连夫妇，有请。

（上台后分别介绍）管振家、郑彩凤夫妇从2005年至今，长期义务承担了体东社区英语班和街道爱侨外语学校的英语教学任务。夫妻二人坚持"活到老，学到老，教到老"，郑彩凤克服因视力低下而不能独立外出行走的困难，与老伴相互扶持，一坚持就是四年多。他们认真备课，精心讲授，分类辅导，采取"图示法"为居民传授英语知识。四年来，风雨无阻，从不停课，共培训六十三人，教一千多个单词、一百五十个短句和四十八个国际音标。谢谢！

王青，今年53岁，芳草地社区芳草苑党支部书记，并兼做社区志愿者六年。她主动与楼内三位孤寡老人"结对子"，长期帮助他们料理家务、理发、按摩、聊天、读报、看病，经常用轮椅推一名因股骨头坏死而行动不便的老党员外出参加组织活动和购物买菜，并多次组织和参加小区义务清理环境、治安巡逻，以实际行动为小区的和谐建设做出了突出贡献。谢谢！

高雪，身为大学生主动到社区报名担任志愿者，长期与本小区一户八十多岁"空巢"老年夫妇"结对"，进行上门义务服务，陪二老聊天、做家务、买冬菜，帮助老人看病住院，给老人送饭送菜，鼓励其与癌症病魔做斗争，直至康复出院。现在虽然已参加工作，但是已把老人当作亲人的高雪经常登门或者打电话，嘘寒问暖，使老人切身感到青年志愿者带来的人间温暖。谢谢！

张书林、陈雪连，虽为私企老板，却心系社区群众。长期参与社区志愿者服务活动。六年来，组织本店青年职工多次深入社区和农村孤寡老人家中义务理发2000多人次。世青赛期间，组织员工在公交站台维持乘车秩序一月之久；奥运会期间，积极参与地区治安巡逻。陈雪连本人多次亲自入户义务理发，与居民建立了深厚感情；张书林先后两次见义勇为，配合警方抓获歹徒，维护社会治安。谢谢！

下面我们有请（领导三人，名字略）和我们朝外地区慈善形象大使游本昌上台，为我们这些心中充满阳光的可敬的志愿者们献上2009年的第一份太阳糕，以表达我们对他们真诚奉献的敬仰之情。（发太阳糕）

（请游本昌留步）

游老师，去年"春分朝阳"节上，我记得您给一位残疾人朋友颁发这份太阳糕的时候，讲了一番话，给我留下了深刻的印象。今天，当我们把这份太阳糕颁发给这些社区志愿服务者的时候，您是怎么想的？（游讲话，走下舞台）

主持人： 春天在哪里？春天在这里！春天在我们每一个志愿者的心坎里，春天就在我们的生活里。有太阳的地方就会有春天，就会有活力，朝外的春天就是这样，充满了生机。请欣赏传统春季体育活动：打花棍、踢毽子、抖空竹。

主持人： 太阳晒暖了大地的沧桑，希望的田野上希望在生长。在我们的祖国母亲迎来她六十华诞的春天里，涌动的春潮里，喜庆的舞姿已经荡漾在欢乐的歌声中。请欣赏由朝外地区舞蹈队给我们带来的舞蹈《春满大地》。

主持人： 在春分的这个时刻，我们祭祀太阳，是因为他给了我们生命；在春分的这个时刻我们祈福祖国，因为她给了我们美好的生活，所有的祝福都源于一个理由，因为我们亲身感受到了她的温暖和力量。请欣赏女高音独唱《祝福祖国》；表演者，中国音乐学院蓝莹莹；伴舞，体育学院舞蹈学员。

主持人： 从穷到富，从旧变新，从小到大，从弱变强，我们亲眼目睹了祖国成长，我们亲眼目睹了北京的巨变，我们生活在现代的北京，文化的北京，我们的心无时不为这座美丽的城市自豪和骄傲。请欣赏由文化部全国数来宝大赛金奖获得者安宁、孟欣给我们带来的数来宝《数唱北京》。

主持人： 有五千年文明史的祖国，在我们的心中始终是那样的神圣，六十年峥嵘岁月的中华人民共和国，维系了我们太多太多的情怀，太阳在上，祖国在上，我们和祖国永远不能分开。让我们一起唱起《我和我的祖国》，领唱，中国歌剧舞剧院著名女高音歌唱家王燕；伴舞，体育学院舞蹈学员。

　　主持人：一年一度春花开，千家万社闹春分，民俗民意牵民心，和谐中华处处春。2009"春分朝阳"民俗文化活动到此结束，明年春分我们再会，谢谢大家！再见！

2009 年

春分节气祭蚕神

——2012 年北海先蚕坛祭蚕盛典观礼记

仲春三月，北海公园举办了第二届"琼岛春阴文化月"活动。"琼岛春阴"是"燕京八景"之一，地点位于北海琼华岛的东侧。这里得天独厚的自然条件，"向阳花木早成春"的优势，营造了全园中最早的浓春景色。进入三月，"琼岛春阴"景观石碑附近，首先是连翘的枝头挂满了杏黄色的花蕾，率先报告春的消息。不久，各种花朵相继开放，地上成片的二月兰如紫色的花绒毯，丁香花满树的小花构成了一片淡紫色的云霞，这里的榆叶梅花朵火红，像是五月的石榴花一样一簇簇、一群群地怒放，还有大量知名不知名的花卉也都来凑热闹，仿佛花仙子的一次大型派对。

不过，当年乾隆皇帝在北海确立"琼岛春阴"景观之际，少有今天游客们的闲情逸致。因为春天是一个生发的季节，在彼时以农业为本的中国，抓紧天时，及时播种耕种，以保证不误农时，这才是作为国家的最高统治者所关心的。所以，乾隆皇帝在他的"琼岛春阴"诗二首中才感叹道："乐志讵因逢胜赏，悦心端为得嘉禾。当春最是耕犁急，每较阴晴发浩歌。"看来乾隆并未被"琼岛春阴"的美丽景色所吸引，他更关心的是农业生产是否能够抓住天时。在他看来，欣赏良辰美景不如下一场春雨来得实惠。

有人说乾隆皇帝有些矫情。明明是一个情感丰富的才子，面对春光视而不见，假装去关心什么农耕。其实不然，因为乾隆明白，享受也需要物质保障，何况中国自古就是农业立国，农桑为本。正因为如此，历代皇帝无不重农，乾隆也不例外。

早在几千年前的周朝，我们的祖先就确立了天子亲耕南郊，皇后亲蚕北郊的祭祀格局，并将此写入了国家典制，就是要求皇帝和皇后每年春天要分别去南郊和北郊祭祀先农神和先蚕神，几千年来，各个朝代的统治者都沿袭了这一礼制。

在北京，明代皇后祭祀蚕神的先蚕坛位于北郊，中期以后才迁入了西苑，就是今天的中南海。进入清朝，康熙年间迁入西苑内的丰泽园。当时这里设立了蚕舍，周围种满了桑树。不仅养蚕，而且缫丝，还设立了织染局自产蚕丝。

雍正时期，有人提出另设先农祠进行祭祀，与祭蚕分开。因为当时在丰泽园既种粮食又养蚕。无疑，这一建议有利于强化农桑（衣食）的并重地位。遗憾的是，这一建议并未被雍正皇帝所采纳。直到几十年后，乾隆七年（1742年）七月，大学士鄂尔泰再次上书，提出重视天子亲耕，皇后亲蚕的古制，"天子亲耕以供粢盛，皇后亲蚕以供祭服"。为此，就要建立蚕坛，作为皇后、嫔妃祭祀蚕神，行亲桑之礼的专用建筑。这次的上书没白费，引起了乾隆皇帝的重视，并亲笔批示，奏准。

先蚕坛选址在西苑的东北角，就在乾隆批准修建的当年开工，次年完工。该坛周长共160丈，正门面南，共3间，左右各有一门，不像现在看到的，只有中间一门；而且是随墙门。可见，当初建坛时，至少是坛庙的标准格局，而且更显气魄。

既然是祭坛，自然少不了祭台。先蚕坛院内正中就是祭台，高四尺，相比于三层、有九级台阶天坛圜丘坛来说，自然小了许多。祭台的周围种满桑树，站在东边的欢桑台上正好一览无余。每次皇后来祭祀时，先进入台后的亲蚕门，在亲蚕殿后殿落座，更衣。在先蚕坛内，一条小河，象征着蚕妇浴蚕的地方。河上还有两座木桥，供观赏浴蚕的劳动景象。河东就是先蚕神殿，往北还有蚕舍共27间，这是一座规制完整的坛庙结构建筑，建筑也很精美，彰显了礼制的威严。

乾隆九年（1744年），也就是先蚕坛建成的当年，皇上钦定了皇后亲蚕礼仪，并举行了第一次皇后亲蚕仪式，自此，每年的上巳日（三月初三），或由皇后本人，或派嫔妃人等，前来先蚕坛祭祀。以后的近170年里，直到宣统皇帝退位，每年的祭祀先蚕神仪式从未间断。其中，皇后亲临的共有59次。

2012年的北海"琼岛春阴文化月"活动，首次恢复了先蚕坛祭蚕盛典，并以此作为今年文化月活动的一大亮点。这一盛典于4月19日（周四）的上午9:30隆重举行。由于先蚕坛被北海幼儿园占用多年，所以祭祀仪式只好在先蚕坛外空场举行。因此，仪式也不得不变得简单。先蚕坛正门前搭起了一座高台，上面用黄丝绸装饰成了一座简易的过道，象征着亲蚕门。迎面是一座大条案，上面摆着供品和先蚕神的牌位。牌位有点儿寒酸，因为上面没有任何雕饰，就是一块儿涂了红漆的木板。

仪式开始，装饰成皇后、嫔妃和公主、女官的演员们身着庄重精致的礼服，头戴清式礼帽入场，后面是庞大的礼仪队伍，手里举着伞、扇等饰物，只是少了乐队。仪式分迎神、初献、亚献、终献、撤馔、送神等程序，循序渐进，依照古制。限于条件，祭祀乐曲和采桑歌都采用的是事先录制好的音频，不免让人感到遗憾，也缺少了现场仪式的庄严感。而且毕竟是现代人表演，而非当年的皇后，所以表演起来让人感到过于舞台化，不觉得自然。

祭祀仪式终究不是日常生活，它应更庄严、神圣，有一种超然感。这样才能与现实拉开距离，让观礼者亲临其境，确实感到震撼，这也正是重现这一传统仪式的目的。

"皇后"共行了三次礼，每次都是跪三次，叩三次头，不可谓不是大礼。由于这些都是同一动作的反复，所以并未引起观礼者太大的兴趣。人们来回走动者有之，打电话者有之。电视台的摄影还因为拍照的人破坏了画面而大声喊叫，破坏了现场气氛。

"皇后"参拜结束，行大礼之后，"嫔妃""公主"们举行了"躬桑"仪式，在桑树旁翩翩起舞，同时伴有古词古曲构成的《采桑歌》。随后，举行献蚕缫丝礼，"皇后"选择最好的蚕茧向众人展示。至此，全部祭祀仪式宣布"礼成"。

春天是一个生长的季节，春种关系到一年的农业生产。所以，通过皇帝祭先农，皇后祭先蚕，在全国人民面前强调了农时、农业生产的重要。同时，也通过男耕女织的传统，诠释了男女在社会生活中各自不同的重要地位。至于这一祭祀的意义，虽然我也提到了它是非物质文化遗产的宣传，是对于民族精神和理念的强调，但更主要的还是展示了男女在社会上发挥各自优势。男女平等不是男的干什么女的也干什么，而是发挥不同的作用，优势互补，互相帮助。

提到先蚕，这位神灵究竟姓甚名谁，哪方人士？有人说她是西陵氏，黄帝的元妃。这种说法大可怀疑。因为黄帝是中华文明上古时期的伟大统治者，认定他的妃子为蚕神，无非是要强调其地位的重要，而历史的依据则显不足。中国历史上一直以来种植桑树、养蚕的广大地区在南不在北，南边也主要是指西南，像今天四川的首府成都，杜甫在诗中称锦官城，成都城内的一条主要河流也称锦江，而锦这种织物的原料正是蚕丝。西南四川是中国最早养蚕缫丝的省份。四川的简称为"蜀"，这是一个象形字，本意就是一棵弯曲的桑树下伏着一条虫，即蚕。早在三星堆文化（公元前 2500 年至公元前 980 年左右）时期，面具上就有关于蜀锦的印证。蜀国的开国君主叫蚕丛，其执政时，强调蚕桑兴国。所以，有一则关于蚕神出自这里的传说，听起来似乎更有道理。

什邡，这个因 2008 年地震而闻名天下的小地方，以及其周围的绵竹、德阳地区，每年都要举行祭祀蚕神的仪式，感谢这位蚕女教会蜀地人民养蚕制织。人们为她建庙，称"蚕女庙"，这位蚕女又名"马头娘娘"。庙里的壁画上，这位蚕神被描绘成骑在大白马上的一个美丽姑娘，周围是五彩的流云，很是巍峨壮观。

可蚕女与马有何关系，为何又称"马头娘娘"？这是因为蚕在食叶时会不断抬头低头，形如马头的轮廓。于是，人们就根据这样一个形象的动作，为这位蚕女编织了一个动人的传说。

当年的蜀国有一位女孩子，她的父亲不幸被邻人抓走了，女孩很着急。可她一个弱女子，没钱没势，怎样才能搭救父亲呢？想来想去，她只好决定以身相许：谁能把我父亲救回来，我就嫁给他。话音刚落，只见她家的白马朝门外奔去，不久就把女孩的父亲救了回来。然而，父亲听说女儿要许给白马为妻，坚决反对，一怒之下还杀了白马，并把马皮剥下来放在院子里晾晒。就在女孩走近马皮时，不曾想被马皮裹住，一下子飞到了桑树上，女孩也化成了蚕。家人怀念女孩，把这只蚕取下来精心饲养。从此，才有了养蚕吐丝、结茧缫丝的历史。由于这种虫子总是吐丝缠绕自己，所以人们就管它叫"蚕（缠）"，又因为姑娘在树上丧失了生命，所以人们就叫这种树为"桑（丧）"。人们感谢小姑娘化身为蚕的恩德，就把她尊为蚕神。

传说故事正是以浪漫生动的民间口头文学记载和传承着历史。它们不能等同于历史本身，但它们身上又含着丰富的历史信息。在这则关于蚕神的传说故事当中，我们可以看到这样几个重要信息：一、古代种桑养蚕的历史在西南是最早的；二、称蚕神为"马头娘娘"是与蚕的形象、动作有关的；三、人们的感觉中，白色的丝绸与白色的马皮是同一种颜色，而且认为丝绸像马皮一样结实耐用。正是因为先人们把这些重要元素总结起来，编排成一个蚕神的故事，所以才会使这一历史更容易被人们接受，并流传下去。事实上，发现蚕丝并用于织布肯定是一个比较漫长的过程，而且不会是一个人能完成的，其中凝聚了无数先人的智慧和辛苦。

所以，我们今天再次举行先蚕祭祀仪式，不由地让我们重温这些历史，让我们对于蚕桑与生活的关系，有了更进一步的了解和思考，我觉得这才是最重要的。

重现古代皇后祭蚕仪式，保持仪式本身的完整，无疑有利于人们了解历史，进一步认清它的重要意义。然而，历史毕竟是在不断发展的，蚕桑的重要地位也在发生变化。如果以文艺、歌舞的形式重现这一场面，我觉得更有利于人们通过艺术的手段，形象、生动地去了解历史，并进一步诠释出它的内在价值。这比一个简单（当然很隆重）的仪式，带给人的收获要大得多。

2012 年 4 月 20 日中午，阴

端午节

端午赋——为北京第二届端午文化节作

2011 年，第二届北京端午文化活动在顺义奥林匹克水上运动基地举行，应邀作此赋。

锣鼓震天，湖光渌净，彩旗结队满江妍。

五月五日岚气开，水上龙舟竞渡。

年年端午又今朝，众船齐发，出水蛟龙。

撬船金棒如方天画戟，伐鼓鸣金迎八方英豪。

喧江雷响鳞甲动，三十六龙衔浪飞。

祈福迎祥过大节，普天同庆！

两序龙舟夹水开，声声齐哀屈子魂。

彩旗飘飘招魂曲，字字泪诗篇。

堪笑楚江空渺渺，不能洗得忠臣冤。

空悲戚。

潇湘浦，兴亡离合，乱波平楚。

当年忠血堕谗波，千古荆人祭汨罗；

风雨天涯芳草梦，江山如此故都何！

屈原投江在今日，粽子投向水深渊。

划起龙舟同竞赛，招来英魂返人间。

问流水，此恨几时平。

茫天说。

万事总成陈，唯有真情在。

榴花依旧照人眼。

饶把笙歌，供笑醉陶陶。绿荫深处，节日正值重五。

敬擎雄黄酒一杯，青莆翠艾香风吹。

同心缕，禳灾符，绮筵歌舞。

彩线轻缠红玉臂，绒花斜簪绿云鬟。

小红桥下荷花薄，燕泥犹湿，雨余消暑。

细草摇风，盘丝系腕。

杨花绕红啼晓莺。

方采新竹包角粽，正是浴兰时节动。

云安酒浓，家家扶得醉人回。

钟馗手拿菖蒲剑，骑艾虎，瘟神魔怪陷地府。

自有此节后，年年香角黍。

彩缕碧筠糉，香粳白玉团，桃儿红，杏儿黄，糯米小枣红衣裳。

佳节来临景万千。

十里烟波沙半铺，往事蓬草争秀色。

洋桥破浪声声紧，烟岚远树茫茫垠。

曾庄大鼓咚咚响，起舞赛船祭龙王。

龙王游水古运河，龙脉泛波有精灵。

黍谷回春禾飘香，太守富民美名扬。

引来琼江润良田，京郊始有米粮仓。

慷慨悲歌多壮士，协力同心帆远航。

沧海桑田换新颜，京中崛起 CBD。

惠泽百姓，报效家乡，务实进取，变革图强。

海纳百川大气象，科学创新不鲁莽。

软实力，效应场，引领当今新时尚。

凝聚、创造二合力，无边风采永绽放。

天湛蓝、水青碧，

绿色宜居建新城，环境优美成榜样。

创建文明新城区，百万居民齐给力。

迎佳节，齐欢聚，

龙舟竞渡在水上，抢抓机遇永不忘。

区域富，更兴邦！

端午节活动策划方案

一、指导思想

以年节的特色食品和服务，弘扬民族文化优良传统；以民族文化优秀传统为动力，推进特色餐饮和服务，达到较好的社会效益和经济效益。

二、端午节活动主题

"走近端午 感受亲情"

端午正值春末夏初，万物生长茂盛，不免各种疾病、灾情侵袭。来自亲人和社会的关怀，会使我们感到温暖和关心，正是在相互关心、相互支持中，我们才能体现出"人"的价值。

端午让我们面临考验，考验要靠亲情去战胜。

三、活动内容

（一）以特色粽子为先导，推动端午粽子的销售

特色粽子不仅体现在馅料上，也体现在外型上。可以制作两两拴一起的情侣粽子，适合老人馅料的粽子，以及具有北京烤鸭特色的鸭肉粽子，等等。

在外型上，为配合奥运宣传，粽子外皮上可缠5种颜色彩线，5个成一组为五环颜色。或一个粽子缠5种线，体现传统的五行理念，在追求平和中达到祈福的作用。

（二）引进民间艺术品促进粽子销售

粽子起源于缯子，而缯子作为端午节的民间艺术品，是人们在这一特定节日表达诉求和祈盼，追求吉祥的体现。因此，在销售粽子的同时，附带赠送纪念品，既增加了粽子的附加值，又帮助消费者了解了端午节吃粽子的特殊含义，从而达到宣传传统文化的目的。

端午节期间，如果在餐厅中引进缯子缠绕表演展示，五毒葫芦剪纸的现场制作，

一定会引起消费者的注意，促进销售。同时，还可通过消费到一定数额者赠送相应礼品的方式扩大宣传。

（三）着手老北京"十二红"和"十二黄"端午特色宴席的研究，力求成为今后便宜坊端午节期间的特色招牌。

（四）结合季节特色和北京人习惯，开发一批具有保健、节趣和吉祥寓意的饮料。

（五）印制一批体现便宜坊特色，具有吉祥寓意，结合餐饮、年日宣传于一体的简单印刷品，最好是单独年历，既便于保存，又有实用价值。

（六）端午节期间，在中午或晚上的客流高峰期，举办主题戏曲曲艺表演，以及灯谜、书画表演，营造节日气氛。

（本次活动由北京商业企业协会和北京民俗学会于 2008 年 5 月共同举办。）

2007 年陶然亭公园第二届纪念爱国主义诗人屈原暨端午品诗活动主持辞

时间：2007 年 6 月 19 日上午

一、活动开始

主持人：

各位领导、各位来宾：

由陶然亭公园主办，北京民间文艺家协会、北京诗词学会、宣武区文联和陶然亭街道办事处协办的 2007 年陶然亭公园第二届"纪念爱国主义诗人屈原暨端午品诗活动"现在开始。

（祈奏《中和韶乐·万平之章》）

出席今天活动的有各界领导以及诗词界、民间艺术、民俗界的专家、艺术家和诗人，让我们以热烈的掌声，对他们的光临表示欢迎！

首先，请陶然亭公园管理处领导、园长致辞。

（园长致辞）

主持人：园长的致辞表明了我们举办纪念屈原和端午品诗活动的意义，以及不断努力把这一活动坚持下去，打造成民俗文化品牌的决心。

下面请北京市文联党组张副书记讲话。

（张副书记讲话）

主持人：此次活动得到了北京民间文艺家协会的大力支持，借此机会向文联和民协的领导表示衷心的感谢！

（北京诗词学会、宣武区文联、陶然亭街道的代表们分别讲话）

主持人：各位领导、各位来宾，接下来进行的，是今天活动的第二项内容：爱国主义诗人屈原凭吊活动。请大家随引导员前往独醒亭景区，凭吊仪式将在那里举行。

二、纪念爱国主义诗人屈原凭吊仪式

主持人：各位领导、各位来宾，现在我们所在的是华夏名亭园中的独醒亭景区。"独醒"一词源于屈原的诗句"众人皆醉我独醒"，表达了诗人忧国忧民的爱国情怀。

在独醒亭对面是随形雕成的屈原侧面石像，石像前是一泓象征汨罗江的池水，周围是绿树鲜花，表达了后人对屈原的无比崇敬之情。在这里凭吊屈原有着特别重要的含义。

今天的凭吊仪式共有四项内容。

首先进行第一项仪程：祈奏《中和韶乐·祈平之章》。此曲根据孔子整理的金声玉振改编而成，使用的编钟、编磬、建鼓等都是传统乐器，演奏之法也是古代雅乐形式，借此表达对屈原在天之灵的追思和敬意。

（此曲近一分钟）

主持人：一曲《中和韶乐·祈平之章》把我们带回到两千多年前的春秋战国，仿佛又见到了在汨罗江边吟思的三闾大夫。

接下来进行第二项仪程：由主办单位和协办单位代表向屈原像敬献花篮。

首先请主办单位陶然亭公园管理处的代表献花篮。

下面请北京民间文艺家协会和北京诗词学会的代表敬献花篮。

接下来，请宣武区文联、陶然亭街道办事处的代表敬献花篮。

（每个花篮由两名礼仪小姐抬着，后面是献花的代表礼仪小姐把花篮放下，转身面对众人，代表上前扶正挽带，三鞠躬后退出）

主持人：鲜花灿灿，情意绵绵。每朵鲜花、每片绿叶都饱含着我们对屈原的赞美和崇敬。

接下来进行第三项仪程：请北京民间文艺家协会理事、民俗工作委员会副主任高巍先生诵读凭吊屈原的祭文。

（高巍上场，《吉祥呈韵》乐曲随之响起，高巍向来宾行鞠躬礼，然后燃香三炷，向屈原石像三鞠躬。两名礼仪小姐分左右展开祭文，高巍随之诵读。）

主持人： 在第一届纪念屈原及端午节活动开幕式上，就由高巍先生诵读了祭文，与之相比，今天的祭文更具有了时代感，表达了一代新人继承屈原之志，弘扬民族优秀传统的坚定信心。

接下来进行凭吊仪式的最后一项仪程：献乐献歌。

首先献上的是中和韶乐中经典乐曲《楚离》，这是描写屈原《离骚》诗意的乐曲，表现了屈原"行吟泽畔"忧国忧民的高尚情怀。

接下来的是献歌《有瞽》。这是一首古代祭祀祖先的著名乐曲，根据《诗经·周颂》改编，展示了在宗庙中各种鼓乐的齐奏，乐声和谐肃静，深切缅怀先贤，演出了真挚的情感。

主持人： 今天活动的第二项内容——纪念爱国主义诗人屈原的凭吊仪式到此结束，请领导和嘉宾随引导员前往多功能厅，继续参加下面的活动。

敬悼屈原

天列银河，星移斗转，端午之期又至。陶然之滨，独醒亭畔，敬悼屈原，心如潮涌。

屈子当年，献身社稷，娴于辞令，长于治乱，人尊三闾大夫。走列国巧结同盟，入朝廷辅帝王于肱股。怎奈怀王昏恶，不辨忠奸，贤愚颠倒，纵内妾，佞刁人，以至兵挫地削，亡失云郡，荒荒手如弃犬。

屈子信而被疑，忠而被谤，虽流放于汨罗，仍眷顾于乡楚，愤而作《离骚》，斥魍魅，叹昏君，忠言之声磊磊，忠心之色艳艳。明道德之广崇，治世乱之条贯，其志之洁，品扬自芳，其心之诚，昭昭自现。蜕浊秽之蝉，濯淖泥之足，浮游尘埃外，不获世滋垢，"举世皆浊我独清，众人皆醉我独醒"，以皓皓之白，怀瑾握瑜，自令见放，竭尽忠智，正首直引。

屈子虽逝，然踏其踵迹者代代有人。楚有宋玉、唐勒、景善，汉有贾生，唐有李、杜，近有一多……无不尊令《离骚》，投书以吊，屈子精神如火薪传，绵绵不绝，虽遇狂风而不息，纵有雷雨犹见星火。今悼屈子，念其轻去就，忧国君，拳拳爱国志，昭昭报国心，如天地之长长，与日月共朝夕。每念于此，不禁心与海阔，情与浪高。鼓我心中志，励我报国心，人无贵贱，地无南北，齐心奋斗，振兴中华，看我中华巨龙腾飞世界之雄姿！

呜呼，尚飨。

在 2007 年陶然亭公园第二届纪念爱国主义诗人屈原暨端午节品诗活动上的致辞

尊敬的各位领导、各位来宾,尊敬的各位艺术家、文学家和诗人朋友,女士们、先生们:

大家早上好!

2007 年陶然亭公园第二届纪念爱国主义诗人屈原暨端午品诗活动开幕了!这是继去年成功举办了端午节纪念屈原系列活动以后,进行的又一次重要的民俗活动。我代表此次活动的主办、协办单位,以及我个人,向为此项活动付出了辛勤努力的各位同志表示衷心的感谢!向出席今天活动的各位领导和来宾表示崇高的敬意和热烈的欢迎!

端午节纪念屈原,千百年来已成为我们重要的民族传统。2006 年,第一批国家级非物质文化遗产名录公布,屈原故里端午习俗、汨罗江畔端午习俗,以及与此相关的西塞神舟会榜上有名。这标志着端午节和纪念屈原已成为我们重要的精神财富。

在陶然亭公园的华夏名亭园内专门设计了独醒亭,成为凭吊屈原、回忆传统的重要园地。通过游览,群众不但欣赏了湖光山色,而且在这里受到了爱国主义教育。今后,我们将对这一资源深入挖掘,充分发挥其重要作用。作为这方面的有益尝试,今年端午节期间,我们组织了端午品诗活动,向游客征集以弘扬爱国主义和传承民族优秀传统为主题的诗歌作品,并由群众从中选出最喜爱的作品。此次活动开展两个月以来,受到游客的广泛欢迎。目前已征集到 169 位游客报选的 450 首作品,群众的评选结果也将于今天公布。

各位领导、各位嘉宾,端午节以及其他民俗传统节日已成为我们民族文化的生动载体,它积淀着民族的智慧,表达着民族的情感,凝聚着民族的精神,是建设社会主义先进文化的重要来源。

党的十六大指出，要大力发展文化产业，这是在市场经济条件下，发展社会主义文化，满足人民群众日益增长的精神需求，繁荣文化生活的重要途径。我们将本着十六大精神，以文化创意产业的发展新理念，充分挖掘以爱国主义为核心的端午文化的深厚内涵，打造出"陶然亭纪念屈原，欢度端午"这块民俗文化的新品牌，让民族的优秀传统发扬光大。同时，又融入时代的元素，满足当今的情感需求，把陶然亭建设成爱国主义教育的重要基地和文化产业园地。

为此，还需要社会各界，尤其是文化艺术、民俗和学术界的大力支持和指导，为繁荣社会主义文化，构建和谐社会而共同努力！

端午即景

（吟诵调）

高巍填词

中速稍慢，节奏较自由

五月榴花映眼红，绿杨带雨露华浓。五色新丝缠角粽，羽扇轻摇送爽风。

正是洛兰时节动，菖蒲美酒清与供。叶底幽幽香气盛，情禁纷窗正舞龙。

注：演唱时可分部，或男女对唱，变化花样以丰富表现。

2005 年端午节前夕

中元节

2007 年天寿园中元节追思先人盛典仪式 策划方案

一、宗旨

利用传统节日弘扬民族文化优秀传统，慎终追远，寄托对先人的思念。

二、活动安排

（一）时间：2007 年 8 月 27 日（农历七月十五日）16:30—22:00

（二）地点：天寿陵园（昌平区南口）

（三）主要内容

1. 16:30 前来宾签到。

2. 16:30，祈奏《祈平乐章》；主祭人、陪祭人、来宾代表到祭坛，呈弧形面向北站定。

3. 宣布祭奠仪式开始。

4. 请先人牌位及小牌位，五供，同时鸣放礼炮，奏《祈平乐章》。

5. 请主祭人燃烛上香，三鞠躬；

请陪祭人上香，三鞠躬；

请来宾代表上香，三鞠躬。

6. 请主祭人诵读祭文。

7. 祈奏《乐瞀》（或合唱）。

8. 放飞氢气球，上载由全体来宾签名、写有祝愿语的缎带。同时燃放鞭炮，放喷花。

9. 焚表（送疏）。

10. 告知来宾下面的活动安排。

11. 在大殿前祭篷内，请和平寺僧人举行法会，超度亡人；未参此项活动者可前往先人墓地凭吊或在园内参观。与此同时，法船、包袱等已移至园内东侧湖内。

12. 下午6:00，在湖畔举行烧法船、放荷灯仪式。此活动持续约一小时，内容包括由民俗泰斗常人春先生介绍在北京举办中元节、烧法船活动的情况及其民俗意义，诵赞词，由来宾代表点燃法船，僧人诵经，奏梵乐等。

13. 由天寿园领导向来宾介绍天寿园为客户提供的各项活动以及陵园发展规划等情况。

14. 晚宴开始。

15. 主祭人首先提议：为祝福天寿园安息的各位亡人，为来宾的美好未来，为全社会的和谐发展干三杯。

16. 表演小合唱、舞蹈、戏曲节目、猜灯谜（有奖）。

17. 晚9:15开始燃放烟花，半小时后停止，晚宴结束。

三、场地布置

大殿前搭祭棚，内设来宾接待处，备饮水、座椅。来宾签到后送茉莉花作为标志。选购牌位、包袱及各项服务、用品。

祭棚前搭有牌林，上缀白黄纸花，左右楹栏，上方蓝布横幅，上书活动主题。

祭棚内，正面是巨匾，上书"慎终追远"，黑底金字。下设巨型牌位，上书"天寿园恩享冥福先人之灵位"，下摆供案，上设五供、小牌位，下摆鲜花。祭棚中间为一巨型法船，供盛包袱用。

殿后祭坛布置为：白玉栏杆上挽黄黑两色布带，石柱上插黄旗上书黑色"奠"字，坛顶竖巨幅幡旗一面。坛南北各搭摄影架一座。

祭坛之上靠北为一供桌，后为牌位桌、牌位。

正祭坛地面为蓝色地毯铺就。

全体与会人员着正装，禁穿短袖衬衫、短裤、露脚凉鞋等。

准备样式各异、价钱不同的包袱、荷灯。

湖畔拉有横幅，标明活动主题，水面设平台，以供焚化法船，另备一小船摆渡。

安排全程多角度录像，活动后整理成完整录像供电视台播放，并在园内出售。

四、经济核算

（一）由于首次举办，必要的设备会花费较多，但这次购置后可多次使用，以后再举办就会少支付或不支付费用；

（二）各界来宾酌情收取费用，另外还有各项服务（如法会）或商品出售，这部分可自主定价，取得一定的收入；

（三）除上述收入外，前期投入在四万元左右（未包括邀请记者的费用）。

五、宣传

提前一周举行新闻发布会，或在有关媒体公布消息，欢迎客户或社会来宾参加。同时邀请有关媒体记者与会报道。

今后追踪报道成果，征集整理，出版光盘。

2007 年天寿园中元节活动解说词

主持人：各位来宾、各位朋友，由天寿陵园和北京民俗学会共同举办的"2007年天寿园中元节追思先人盛典仪式"现在开始。

首先举行第一项仪程：祈奏《吉祥呈韵》，升幡。幡是一种长形的旗子，垂直悬挂，在古代许多重要的仪式上使用。今天的升幡仪式，在这高高的祭台上举行，在空中飘荡，是向我们在天国的先人发出召唤，诚请他们在传统的中元节到来之际，与我们在这里相聚。

各位来宾、各位朋友，此刻，天上的先人仿佛已经听到了我们的召唤，天国的大门正徐徐打开。大家请看，在我们身后，承载我们先人牌位的礼仪队伍正向我们走来。

祈奏《大唐祭祀歌》。各位来宾、各位朋友，《大唐祭祀歌》是由唐朝的乐官根据皇帝的旨意制定的雅乐，于贞观六年（632 年），由宰相魏征作词，是一首有着千年历史的古歌。古歌奏响八音雅乐，献上隆重的祭品，献给我们最思念的人。

与此同时，我们还听到了鸣响的礼炮，礼炮共鸣 21 次，以这最高的礼仪向我们最尊敬的人致以最高的敬意。亲爱的人啊，您在天国还好吗？

各位来宾、各位朋友，灵位已经请来，包括天寿园恩享冥福的先人之灵位，和来宾恭请的家中长辈、平辈或晚辈亡人之灵位。无论是否入驻天寿园，我们要和他们在这传统的节日相聚，表达我们对他们深深的祝福。

下面请主祭人、天寿陵园总经理顾锡荣先生燃烛，上香，致礼，三鞠躬。

请陪祭人上香，致礼，三鞠躬。

请来宾代表上香，致礼，三鞠躬。

请主祭人诵读祭文。

下面进行另一项仪程，向我们的先人献上祭奠合唱曲《周颂》。

合唱曲《周颂》比《大唐祭祀歌》历史更为悠久，是周朝歌颂先人的乐曲，歌词来自《诗经》。歌曲描写众多的盲人乐师聚集在一起，摆设好乐器，钟鼓齐鸣，乐声和谐，敬请先人列祖倾听，表达对他们的思念。

各位来宾、各位朋友，接下来要进行的是今天公祭仪式的最后一项仪程，放飞氢气球。今天放飞的氢气球不同一般，它搭载的缎带上有我们来宾的签名和美好的祝愿，送给我们逝去的亲人，祝愿他们在天国也和我们在地上一样，能够和谐，幸福，请他们牢牢地记住我们。

现在，我们邀请在场的小朋友和工作人员一起放飞气球。

好，准备，让我们大家一起喊口号，10、9、8、7、6、5、4、3、2、1，放手。

燃鞭，葬花。

各位来宾、各位朋友，承载着我们美好祝愿的气球正在冉冉升起，相信我们故去的亲友一定会见到。让我们衷心地祝福他们，并相约明年中元节再会，再会。

各位来宾、各位朋友，接下来将在下面的大殿中举行超度亡灵的法事活动，大家自由参加。不参加的可在工作人员的引导下在园内参观，40分钟后在大殿前会合，进行下一项仪程。

祭文

唯天运丁亥中元，燕郊天寿陵园、北京民俗学会、老北京网，志心发愿，叩请和平寺大德僧众如法凛遵沙门科范祈建盂兰盆会。谨以请酌庶满之奠致祭于恩享冥福安息园内宗亲之灵曰：

先祖有德，感昭天地。天授冥福，良因无际。叹我神州伦常有序。孝亲一统，永传不逾。菡萏香馨，思时有祭。愿我先人，乘大愿船，游大觉海，同登净域，方外逍遥，荣膺善利。呜呼哀哉，伏惟尚飨。

（此祭文为常人春先生所作。）

2007年天寿园中元节追思先人盛典祭文

天运丁亥，中元之期，谨以清酌庶馐之奠，致祭于天寿陵园恩享冥福之先人，并各位来宾之先人之魂灵。

先祖有德，感昭天地，得享冥福，良因无限。唯此秋来，清风拂面，天气宜人，遥望皓皓蓝天，莽莽青山，葱葱树林，自觉天门洞开，逝者还来，秋月挂长空，明亮此夜悬，恰似天地相会，思君之际泪如泉涌。相别有歧路，相映心连心。

如闻先君笑靥，想知乌鹊绕树似曾寻到栖息的高枝，更忆亲人亲情，仿佛双去双来如同画梁比翼飞燕。只惜彼时已成永诀，惟见今日飞萤，寂寞掩高空。

远去的先人，可曾睹见今日的更新？遥远的去路，一定留下眷眷的思念。看君度空飞，千里来相送，来去虽无迹，叶叶都含情。日落的山林，为您响起风声，辽阔的苍天，因我饱含情。虽去天国无所见，却能夜夜忆君容，祈愿仙人奏欢曲，唤起天国依依心。

七月中元今又至，溯往平生旧景在。谁谓念愁君不见，更教明月照流黄。菡萏香馨久，思君念更长。年年有此期，节节来相见。乘大愿船，游大觉海，同登净域，如天河搭起我们永驻的通衢。

呜呼！伏惟尚飨。

第四篇

传统节日发展与传统文化

文化的更新与发展只有通过具体的文化载体才能够实现。传统节日作为折射传统文化的一面镜子，在弘扬传统文化方面具有独到的优势。因此，传统节日的生存现状和发展方式、方向等就成为需要严肃探讨的问题。在日益现代化的社会环境下，传统节日应该如何持续生存和健康发展呢？如何运用传统节日来弘扬传统文化呢？

文化再讨论——
为什么要用传统节日弘扬传统文化

文化的相对独立性

文化，虽然是个很难说清的问题，但是一般来说可看成一个民族的生活方式，主要是精神生活方面的事，如思想、学术、宗教、艺术之类。每个民族都有大致相同的精神生活内容，但是"方式"却各有不同。

经济基础决定上层建筑，上层建筑依靠于经济基础。不能否认这种认识的正确性，但是这种认识也容易走进一个误区，就是把主要甚至全部的精力都放在经济发展上，而忽视了文化软实力的建设。在市场经济环境下，更加需要警惕这种偏颇。事实上，文化在被经济影响的同时，其自身也有自成一体的规律。也就是说，文化有自身发展的独立性，甚至很多时候能够对社会发展起到重大的影响。恩格斯曾对马克思指出的经济基础决定上层建筑的观点进行了修正。这表明，恩格斯看到了，在许多情况下，上层建筑中的某些成分（如政治结构、宗教观念、文化传统等）也在历史发展中发生重大作用，基本可以"决定"这些发展的"形式"。

当然，文化等精神的力量在社会发展中的作用，不是一朝一夕就能够看到的，不像经济对社会的影响具有立竿见影的效果，往往要在一个较长的时期中才能看出来。就好比一个人，一夜暴富可以让这个人从一穷二白变成千万富翁，立即过上锦衣玉食的生活；但是一个目不识丁的人若想成为一个博学多才的人，一个知识浅薄的人想要成为一个精神贵族，却需要漫长的岁月雕琢，需要学识和修养的点滴积累。当然，对于一个完整的人来说，物质的增加和精神的成长，二者是缺一不可的。社会的发展，同样需要物质基础和上层建筑的并驾齐驱。

　　肯定文化的相对独立性，克服浅薄的功利意识和物质崇拜，这是一切文明社会的共同要求。西方近代社会重视人文或通识教育，至少可上溯至文艺复兴时代，至今未断。美国学者一直强调文学、哲学的修养在大学教育中的重要性。中国教育也特别重视人文教养。综合平衡的社会秩序，离不开文化的基础。长期的潜移默化或价值内化，会形成一种道德或伦理的规范，这种规范合乎人性和人情，有助于社会的稳定与和谐。

　　文化在社会发展中不可或缺。回望中国历史，在认识到封建社会的糟粕之余，也不能不认识到古典社会的传统文化精神之美。儒家的长期教化，形成了中国历史上延绵久远的礼制之美。中国古代社会的经济发展，有兴有衰，有高潮亦有低谷，但文化的这种相对独立性使它自身的精神一脉相承，使中国始终都有一个持续不断的大传统。文化也是社会发展的动力，"五四"时期，在中国社会的转折时期，新文化运动促成了中国历史上又一个思想大繁荣的时期，在很大程度上促进了中国的现代化进程。当下的中国，也越来越强调文化软实力的重要性，中国社会的发展，中国地位的提高，影响力的提升，都离不开文化的建设。

　　我们既然意识到了文化的独立性，认识到了提高文化软实力在社会发展中的重要意义，那么，应该如何提高我们的文化软实力呢？当然首先是从传统中去寻求。对于一个民族来说，文化软实力的建设必然是从自己的民族之根中去寻找能量，从历史的深处去挖掘自身的精神本源。尤其是在这样一个全球化的时代，在民族之间的界限越来越模糊，文化的融合越来越充分的时代，更需要坚守自己文化的独特性，把文化传统转化为民族发展的内在动力。关于文化发展，历史上太多的仁人志士都做过努力，但也走过弯路，也曾有弃旧从新的思潮。当然，在现代化的进程中，有些"旧"是需要辞的，有些"新"也是需要去积极主动地"迎"的。但是，新旧之间并非简单的对立关系，而是一种自然的过渡。如何从旧过渡到新，如何在迎新的同时保留旧中最核心的东西，这需要我们严肃而认真地思考。

　　总之，重视文化自身发展的规律，重视文化对社会发展的重要作用，在此基础上，才是文化的传承和更新问题。

中国文化的更新与走出去

　　社会的发展，必然包含文化的发展，而文化的发展需要源头活水，即在维持自身特质的基础上需要时时更新，这样才能葆有永久的活力。

关于文化的发展，在 20 世纪 70 年代，林毓生曾经提出过"创造性转化"的观点。这种观点认为，要对中国文化中的符号和价值系统加以改造，并在变迁中保持原有的认同。这当中，外来的东西会发生影响，但并非简单移植。关键在于：一，必须是创造过去没有的，而不是像以往，在复古、反古、西化、反西化或拼盘式折中中循环，展不开视野，拓不出新境。二，实现基于对自身传统和外来精华的有机结合，要了解自己，也要了解别人，而且知道这当中什么是好的，是需要的，什么是不好的，是需要摒弃的。在二者的结合中产生新的东西，实现对传统的有机过渡。三，这一过程艰苦而漫长。为此，要建立一套制度，以保证这一过程长期进行下去。对林氏的观点进行总结，不难发现，文化的发展，必然还是在自身文化传统上的发展。无论采取何种方式吸收外来的优秀文化，自身的文化传统是首要前提，是始终需要坚守的东西。

林毓生的"创造性转化"的观点，是对文化的更新和发展提出了宏观的思路，但若对文化的更新和发展提出一个纵向的、动态的发展方式的话，可以概括为四个字：启、承、转、合。

启，即当一种文化遭遇到外来文化影响，或者一种文化需要寻求外来文化的某种资源来强化自己时，文化的发展即发生了。世界上没有一种文化是完全隔绝的，在社会整体中，或多或少都会受到其他文化的影响。只不过，当一种文化面临危机时，主动借鉴外来文化的可能性更大，甚至会以开放的心胸去接纳。承，在前面提出的适当切入点上，外来文化与本地文化传统衔接，共振，进而转化。二者的契合点何在？佛教于中国的两汉时期传入，借用当时流行的老庄玄学，特别是其中的"无"来解释佛教的"空"，使老庄思想成为印度佛教进入中国的媒介。在古罗马，基督教信仰与柏拉图的宇宙观、斯多葛派的伦理观等巧妙结合。这种文化的融合当中，不必担心客体或主体文化的消融、变质。否则，纵然保持了自身的完整，却因未能有机转化，融入原有文化，而最终失去生长的土壤。转，转化，其关键在于在承认原有文化精髓的基础上进行创新。例如，在宋代，新儒学是受佛教思想的影响，促使儒学发生转化的结果。合，即整合、契合，即两种文化经过冲突、调适，最终达到新的稳定状态。

无论是文化的"创造性转化"，还是文化"启、承、转、合"的动态性发展，都是在描述一种文化共时和历时的发展问题。社会是向前的，文化也不会是静止不动的。从共时来看，一种文化在其发展过程中势必会遭遇到其他文化的影响，因此文化之间的互动自然难免；从历时来看，一种文化，就其自身的纵向发展而言，也要经历一个从幼年到成熟的过程。总而言之，文化的动态发展是在源头和活水的共同作用下进行的，即自身精髓和外来影响的双重作用。

中国文化的更新与发展，自然也遵循这一原则。在中国现代化的进程中，传统的文化因素根深蒂固，但同时也在不同时期遭遇到外来文化的不同程度的影响。外来文化资源被吸纳到中国传统文化中，在动态发展中，中国文化进行着自我更新和发展。然而，无论外来文化在多大程度上影响本土文化，它始终是客体，这意味着我们应该时刻认识到如何在文化的发展中保持自己文化的民族性和独特性。

说到文化的民族性和独特性，自然涉及我们对自身文化的认知态度。中国文化的发展，需要我们对中国文化进行系统的了解。唯有系统地了解之后，才会在文化发展中处理好本土文化和外来文化的关系。无论在历史上，还是在当下社会中，不乏对中国文化一无所知，或者知之甚少，从而对其存有偏见、误解的人。我们要坚决反对用浅薄、无知的眼光去解释传统文化，而且也要反对简单地用西方理论去套用或评价传统文化。相反，要怀着一种对祖先应有的尊敬，静下心来去认真感悟传统文化中的宝贵内容，了解其精神实质，尤其是其认识世界和解释世界的思维方法，从中感受到先贤们的智慧和传统文化的魅力。进而结合当今实际，去更新这个传统，广泛汲取多方面的有益东西，不断充实和完善传统，使之具有更丰富的现代内容。

文化的更新离不开对文化传统的正确对待，文化走出去同样也离不开对文化传统的认同。以移民美国的犹太人为例。犹太人明白，移美后的立足，不仅需要个人的努力，更需要集体的支持。而深厚的宗教传统和密切的家族关系正好有利于犹太人产生强烈的文化认同。这种共识体现为一种团结合作的精神，这种文化的力量远远大于国家的力量。以致犹太民族亡国两千年之后，不但能够重新恢复自己的国家，并在复杂的地缘环境之中崛起。移居美国的犹太人，在美国这样一个可以包容任何民族的大熔炉中，产生了与他们的人口不成比例的强大而深远的影响，造成了一个民族的文化神话。所以，我们的文化若要走出去，也应该有这种对自身民族文化的强烈认同，对自身优秀传统文化的了解、熟知和自信。

以上讨论了文化的相对独立性与文化的更新和走出去问题，前者解释了文化软实力建设的重要性，后者提出了在文化更新和发展中应该坚守和认同优秀传统文化。换句话说，文化的发展是社会发展的重要动力，传统文化又是文化自身发展的重要前提。所以，对传统文化的认知和态度，决定着一个民族如何发展和向何处发展。传统文化的重要性自不待言，我们应该坚持和弘扬优秀传统文化。而前文已提到，传统节日是折射传统文化的一面镜子，是传统文化的典型代表和具体体现。因此，传统节日可以成为弘扬传统文化的一条正确通道。

何谓优秀传统文化

——以年节风俗为例

传统文化并不是全然可贵的，其中亦有糟粕，所以，当我们在谈论弘扬传统文化时，所指的必然是优秀传统文化。这话听着很对，可一遇到具体问题时又出现了麻烦——何谓优秀传统文化？

事实表明，任何传统的产生和发展，都以特定的社会经济文化为背景，受其制约。因此，我们在鉴别传统的价值时，切勿离开具体的环境。

以北京过年期间的大事——祭灶（过小年和过除夕）为例。祭灶属民间五大祭祀之一，已有两千多年的历史。传说灶王是玉皇大帝派到人间监察善恶之神，于腊月二十四上天汇报。为此，民间在腊月二十三晚上给他送行，用麦芽糖做成形状不同的关东糖、糖瓜，扔到灶中，让灶王食后多向玉帝说好话。

民间的祭灶活动颇为庄重。不仅要为灶王设立专门的牌位，而且牌位前还要供上敬神的钱粮（包括纸叠的元宝、黄表纸折成的"黄钱"和糙草纸剁的"千张"）和香炉、蜡扦、香筒、花瓶等供器。到了亥时（晚上十点），全家人（女眷回避）在男性家长的带领下，将灶王龛上的灶王像取下来，放到钱粮盆中焚烧，意为"送神"。再由厨役从灶中夹出一红煤球，在院内点燃鞭炮，祭灶礼成。祭灶仪式虽然源于古代，但近代以来越来越成为儒家伦理教化的载体，目的就是强化男性家长在家族中的主导地位。

论起过年期间的热闹，不是大年初一，也不是正月十五，而是除夕之夜。此时阖家团聚，欢度一年中最后一个夜晚。此时，首先要举行祭祖仪式，这是过年期间最重要的一项内容。届时，家庭全体成员都要穿戴整齐，在家中最高长辈的带领下进行。有钱的人家在家里设有专门的祠堂或家庙，也有的就在四合院中的正房里祭祖。供桌中央摆放着祖宗的牌位，前面的蜜供、月饼、干鲜果品、年糕、年饭、蒸食、炒菜，以及香烛、蜡扦、"聚宝树""松柏树"等一应俱全，摆放有序。

祭祖开始，由主祭人拈起三炷香，在右手边的蜡烛上点燃，然后目视祖先牌位，行注目礼。少顷，将香插入香炉内，在拜垫上三叩首，接着家庭其他成员依次给祖先磕头。全部叩拜完毕后，祭祖仪式结束，开始吃年夜饭。

年夜饭、祭祖，其主题都是为了维持家庭的凝聚力。在传统观念中，家就是缩小的国，国就是扩大的家。强调家庭的凝聚力，也就是在暗含着家族成员对家长的服从，这也正是国家统治的基础。这表明，老北京过年习俗在清末的最后定型，是与儒家思想在人们意识中的牢固树立相适应的，而且二者达到水乳交融的程度。

在封建社会末期，传统文化中一些糟粕也久经沉淀，不适应社会的发展。所以，"五四"运动喊出了"打倒孔家店"的口号。这正是传统过年风俗最终式微的社会时代环境。

然而，当我们今天站在新的基点上，再来审视强调个体与整体的和谐发展的儒家伦理时，发现它的历久弥新之处。近年来，当我们强调尊重知识，尊重人才，提倡个性解放，实现个人价值的同时，恰恰又出现了另一种偏颇：片面强调个人利益，甚至将其置于整体利益、社会利益之上，以致物欲横流，社会上弥漫着一片浮躁之气。在此情况下，强调传统、强调集体与个人关系的和谐，就显得十分必要和迫切。这正是我们今天重温传统的意义所在。

近代人文主义精神的提倡，导致了对人的重要性的过度强调。比如，片面强调人对自然的征服，从而导致了生态环境的破坏。正是在这种情况下，西方的有识之士才将目光转向了东方，希望从中国的人文传统中寻求解救的办法。正是在这个意义上，有人说21世纪是中国的世纪，是中国文化的世纪。东方的人文传统与当代的文化相结合，才是我们认识世界，走向未来的唯一正确之路。

传统节日中的孝文化

一

几千年的农耕生活，使世世代代的中国人无数次地经历了春种、夏耕、秋收、冬藏的轮回，这样的因果关系强化了我们与祖先的亲情，形成了慎终追远的传统。这种果实对种子的感恩，扩大化为根深蒂固的家国情怀。

这种情怀和传统，深深地扎根于中华民族的血脉当中，同时也丰富了传统节日的文化内涵。从新春伊始的春节，到年根儿的冬至，几乎没有一个节日不让我们想起自己的祖先，对他们的感恩和祝福，构成了节日习俗的主要内容。

这种情怀及习俗，构成了具有民族特色的孝文化。"孝"字由上、下两部分构成。上半部象征长辈，下半部为"子"，象征晚辈。"老"在上，"子"在下，把老人（长辈）置于在上的地位，正好形象地体现了孝文化的本质。

《本草纲目·禽部》就有记载，小乌鸦长大以后，老乌鸦不能飞了，不能自己找食物了，小乌鸦会反过来找食物喂养它的母亲。这就是人们常说的"乌鸦反哺"。乌鸦反哺的故事经一代代的口授心传，已为许多人知晓。在某种程度上，萦绕在人们心头的"反哺情结"至今仍是维系家庭及社会走向和谐、温馨和安宁的重要力量。例如在近代有河南坠子《报母恩》，用曲艺的形式唱出了母亲养儿的艰辛，教育孩子报答母亲的恩情。

赡养父母是孝文化的基本要求。这在物质资源长期匮乏的年代，显得尤其重要，是维系生命的根本保障。即使是在今天，对于丧失劳动能力的老年人，儿女赡养与否也会成为是否尽孝的起码标准。

其次，孝还要求儿女对长辈尊重。《论语》曾指出，人们可以养狗、养马，但如果仅仅尽到赡养义务，而对长辈缺乏尊重，那么养狗养马与赡养长辈还有区别吗？而且，赡养还相对容易一些，真做到尊重长辈则更难。"养可能也，敬为难；敬可能也，安为难；安可能也，久为难；久可能也，卒为难。"（《大戴礼记·曾子大孝》）

那么，怎样做到尊敬长辈呢？俗话说，不养儿不知父母恩。当为人父为人母以后，照顾、养育儿女时的付出，会让人们倍感父母当年养育我们的不易。有人说，我没儿女，所以也就没有这方面的体会。其实这无妨，当你伺候年老体弱的父母之际，对父母当年养育你的艰难，自然有了体验的机会。从十月怀胎，到把一个襁褓中的婴儿养育成人，娶妻生子，当中的艰难只会比你为父母付出的更多。而你对父母的付出，只是父母为你付出的数分之一。这种换位思考的结果，自然可以让你产生更多的联想，体会也会更深。

孝就是体贴关爱，例如，子路百里负米养亲和"扇枕温衾"，都是从生活细节上关心体贴父母，到现在都是值得提倡的，现在的年轻人也可以效仿这些孝的行为，而且是能够做到的。

再次，孝往往和顺联系，俗称孝顺。在孝的基础上再做到顺，顺从长辈的心愿，让他们心中愉快，这也是孝的应有内容。相比之下，顺比孝会更难一些。在中国古代，孝就是"顺"，无条件的服从，例如卧冰求鲤和哭竹生笋的故事，可以说是父母提出了一些比较苛刻的难以满足的要求，但是子女呢，不进行分辨就无条件地答应。在父母的晚年，生理条件的迅速退化，有时使父母变得像个儿童一样不可理喻，此时儿女只能像哄小孩儿一样，所以这时的顺就变得格外不易。为此，就要多想些办法，不气馁，同时还要让老人高兴。因为这样，他们才能心情愉快地生活下去。

对父母要尊重，但是不是无条件地服从，现在的年轻人更强调和父母之间平等互动的关系。我们传统讲究养儿防老，二十四孝的故事中也有很多都是子女侍奉父母的例子，但是我们的社会在不断发展，似乎现在养儿并不是防老了，比如现在出现的啃老族，就是指那些虽已成年，但没有工作，靠着父母生活的年轻人。有人概括了啃老族的十大特点是：一直无业，二老啃光，三餐饱食，四肢无力，五官端正，六亲不亲，七分任性，八方逍遥，九（久）坐不动，十分无用。除了啃老族，还有就是现代人中有不少患上了"家庭冷漠症"。家住湖南的一名大四学生，5年都不主动和父母说话，父母找他说话，他的回答不会超过 5 个字。有调查显示：中学中有 61% 的人认为自己与父母存在代沟，82% 的人不喜欢父母的啰唆。

第四，在长辈过世之际，妥善处理善后之事，也被认为是孝的表现。

第五，孝敬先人，还要注意学习和继承他们良好的家风家教，学习他们的好品格，形成家庭的传统。

最后，把这种对家中长辈的孝，与对国家、民族的忠自觉结合，忠孝一体。孔子把这一点看作君子的根本属性，"忠孝乃人伦之本"。这对于统治者来说，还是一种必备的素养。爱自己的亲人就不会厌恶他人；尊敬自己的亲人才不会怠慢他人；以亲爱恭敬之心尽力服侍长辈，也就有可能将德行、教化施之于百姓，使天下百姓遵从效法。

二

在中国的传统节日当中，像春天的清明，夏天的中元，秋天的重阳，冬天的寒衣节，几乎都是以敬老爱老为主题，成为孝文化的民俗体现。比如像中元节，本是源于道教的节日，也被民间调整为"孝亲节"。而佛教盂兰盆会的说法，又符合中国人因果关系的理念，强化了慎终追远的传统。

2010 年中秋节前夕，《北京晨报》等单位举办了"造福健康，孝感天下——全国十大孝感瞬间征集评选活动"，在中秋团圆之际畅谈孝文化，表达了对孝的理解和期盼。

中秋作为中国传统的节日，蕴含着强大的"思亲""思乡"情结。在这一天，无论身在何方，游子都心系家的方向，企盼合家团圆。而"团圆"与中国传统孝文化中的"父母在，不远游"也有异曲同工之处。父母健在的时候，儿女陪在父母身边也不失为一种"孝"。我们的近邻韩国则干脆把中秋节的英文名叫作"感恩节"，其中自然蕴含了"向父母感恩"的含义。

孝文化是我们民族最优秀的传统之一，值得我们世世代代加以传承。古代人讲"孝"只停留在"养父母身"的阶段，那时候经济不发达，有时候连吃饱穿暖都很难做到，因此儿女对父母的"孝"主要还是满足他们的物质需求。随着社会的进步，经济的发展，"养父母身"已经比较容易做到了，但这也只做到了"孝顺"二字里"孝"

的层面。至于"顺",现在一些年轻人不容易做到。《礼记》里有这样几句话："父母有过,下气怡色,柔声以谏。谏若不入,起敬起孝,说则复谏。"意思就是说父母有过错的时候,儿女应该把姿态放低一点,轻声柔气地去劝说、解释。即使父母火气很大,听不进去,也要保持一种尊敬的态度。等到父母心平气和了,再去解释。现在科技发达,社会发展也很快,老年人难免对一些新鲜的想法和事物接受得较慢,提出的建议在年轻人看来会显得"过时",子女和父母顶撞,甚至对父母发脾气的现象时有发生。

每一个家庭就像肌体当中的一个细胞,如果每个家庭都能做到"父慈子孝",家庭和睦,单个细胞是健康和谐的,那么整个社会就会和谐。

资料表明,中国65岁以上的人口已经占到全国人口的7%,按照世界标准,中国已经进入老龄化社会。现在的家庭一般都是两个年轻人要赡养四位老人,确实是一种负担。现在生存压力这么大,竞争残酷,年轻人能分给父母的时间越来越少,但越是这样,越应该强调孝道。在北京,差不多每五个人中就有两位老人。敬老、爱老、养老越来越成为一个必须引起足够关注的社会问题。

敬老爱老是中华民族的优秀传统,在传统节日当中,有很多这方面的习俗,每一次欢度这些传统节日,就是在弘扬这些优良传统。宣传这方面的节日习俗,应该成为节日的组织者、参与者,乃至宣传者、经营者的共识。"老吾老以及人之老",谁家都有老人,谁都有老的时候,关爱老人可以让我们的社会更加充满关爱和温暖。

运用传统节日弘扬民族文化优秀传统

一、传统节日的历史文化价值

传统节日是我们的祖先适应天时和物候的周期转换，在社会生活中约定俗成，具有特定风俗活动的固定时日。传统节日的形成与发展，经历了漫长的发展过程，显示出自然规律对人类生活的制约及人对自然的适应与把握。这种民俗活动年年重复，代代相传。

传统节日在发展过程中，不断强化着人们在这些生活节点上对人寿年丰的祈盼。以后，有神话传说融入其中；历代统治不断将占社会主导地位的文化渗透其中，利用传统节日作为维持统治的有效手段；尤其是道教、佛教及各种民间信仰也不断融和；一些历史人物被赋予了永恒的纪念意义，从而与传统节日紧密结合；各民族的文化交流对其也起到了重要的推动作用。由此形成了传统节日———一整套体现中华民族共同理想，一致遵循和享用的文化通则和符号系统。

可见，节日风俗的形成是一种历史的积淀，渗入了历代生活的细节，表现出民众心理、审美情趣和价值观念。所以，它是古代人民生活的活化石，是由民众集体创造的文化产品。

传统节日的文化价值体现在三个方面。

首先，传统节日是民族传统的多彩画卷。

节日文化是适应自然节律，调节生活张弛的杠杆。一年中，一个又一个接踵而至的年节，既让人感到规整有序的周期性，又让人感到时光的流逝。因此，年有"年关"、节有"关节""调节"的深切意蕴。传统节日让人们在这些节点上喘一口气，尽力快乐一下，然后提起精神，增进生产效益。

其次，传统节日是民族优秀文化的重要载体。

正是由于传统节日源于民众生活，由民众所创造，表达民众的诉求；同时，又由于传统节日在千百年来的发展中不断丰富内容，吸引着广大民众的参与，因此成为民众喜闻乐见的盛会，具足娱乐礼仪的佳节良辰。传统节日是民族文化精神在日常生活中的凸显，团圆、祥和、平安、欢乐等成为传统节日的核心内涵和永恒主题。

通过年节文化了解民族传统的深刻和丰富，显得更直接、更准确、更生动。每一次过节，每过一个节都是对民族文化记忆的复苏，对于民族文化根的回忆。

最后，传统节日是民族精神的生动写照。

由于传统节日代表了民众的共同理想，同时，占社会主导地位思想的不断融入和引导，从而使得体现民族精神的理想和学说都渗透到了节日文化当中，由于传统节日的巨大凝聚力，使得寻根、爱祖国爱家乡、安定团圆的意识和情结在中国民众的心中格外强烈。传统节日蕴含的基本价值观念凝结着中华民族的民族精神和民族情感，承载着中华民族的文化血脉和思想精华，千百年来一脉相承，构成了中华民族的精神内涵。

二、欢度中国传统节日是最高尚的娱乐

事实反复证实，一个国家、一个民族要想自立于世界民族之林，就必须扩大本民族文化的影响力、覆盖力和感召力——这正是所谓的"软实力"。传统节日以其悠久的历史、丰厚的文化，成为保持人们文化认同感的最坚实的阵地。它有助于满足民众日常的、更深沉的情感需求和心理渴望。它是在市场经济条件下，不断满足人民群众日益增长的精神文化需求的有效方式。

三、更新观念，创新体制，实现传统节日与现代的和谐相生

2006年春节期间的社会调查显示，过春节时有40%的人仅仅是走亲访友，吃吃喝喝，因此，很多人认为年味越来越淡。有人说，春节更像一个长假，就是找个理由多消费，春节和"五一""十一"长假没什么区别。与此同时，年轻人普遍喜欢过洋节，中国社会调查事务所的一份调查显示，53.6%的年轻人是为了寻求快乐才喜欢上了洋节；57.1%的男性认为中国传统节日不如洋节那么轻松自在、注重精神交流。

"洋"节盛"土"节衰的严酷现实，折射出传统文化的冷遇和尴尬。台湾学者

龙应台提出，传统与现代的结合，要做好"接轨工作"。让外面的火车开进来，自己的火车开出去。

应该看到，传统节日必须适应当前的需要，在发扬追求平安、吉祥、团圆根本主题的同时，挖掘传统节日的新内涵，寻求新的载体。要增添轻松、浪漫的内容，成为欢快、娱乐的日子。节日文化的发展史表明节日文化在内涵、外延上从来都没有固定的、一成不变的模式，而是随着社会的发展而不断更新内容，变换形式，从而保持旺盛的生命力。为此，就要设法让人们在现代化都市中，重新找到人性的温暖，重新找到幸福和快乐。

（一）传统年节中的祭祀和仪典是必备的文化要素

传统节日的主要内容之一，就是祭祀和仪典，是其必备的文化要素。最典型的就是春节，春节就是由一系列大大小小的庆典、祭祀构成的。而今天年味之所以被冲淡，与上述风俗逐渐淡出有直接的关系。抽去祭祀这一核心内容，吃也好，玩也罢，都淡化了文化内涵，"过节"由精神层次需求的衍生物，变成了纯粹满足口腹之需的生理体验。

所以，恢复传统节日就离不开祭祀。对于这一点，简单地给它扣上"封建迷信"的帽子而加以否定，无益于问题的解决。讲究"天人合一"是我们的民族传统，它强调的是人与人、人与自然的和谐，只有做到这一点，才谈得上平安、吉祥。而祭祀正是表达这一祈求的重要形式。可见，对祭祀这个问题，在引导、变革中实现更新，才是可取的办法。传统节日的文化内涵因此才得以延续，同时挖掘出更新的主题。

（二）将传统节日列为法定假日的意义

将传统年节规定为法定假日，其最大意义就在于，以国家认可的形式，确立这些传统节日在我们生活中的重要地位。同时，以更多的时间为这些传统节日重新找回、恢复那些曾经意蕴丰厚的传统文化内涵，寻觅对传统文化的记忆。

香港、澳门早在多年前就已经将春节、清明节、端午节、中秋节和重阳节五大传统节日都规定为法定假日。如有可能，一定要提前放假，给人们酝酿情绪、年前准备的时间，以增强传统年节的吸引力和参与感。与此同时，政府部门还要有计划地组织系列的节日活动内容，增强民众过节的热烈气氛。实现传统节日由家族式的封闭向社会性的开放转变，成为公众娱乐的形式。

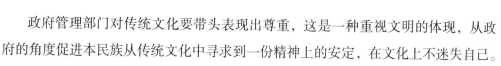

政府管理部门对传统文化要带头表现出尊重，这是一种重视文明的体现，从政府的角度促进本民族从传统文化中寻求到一份精神上的安定，在文化上不迷失自己。毫无疑问，这种立法保护的形式，尤其重要和迫切。

（三）传承和弘扬节日文化离不开市场

首先，作为商家，要重视传统节日的文化内涵，把出售年节食品作为弘扬民族文化的崇高使命来完成。

应节用品的最大特点就是祝福的真挚情意，它可以温暖消费者的心田，为其带来身心的愉悦。节日商品营销要突出和深挖主题，围绕主题和所售商品特点展开活动，调动起消费者内心的购买欲望。

策划节日活动，可借鉴"洋节"的先进经验，西方节日往往主题鲜明，指向鲜活，表现形式奔放、热情，直抒胸臆。

四、把传统节日打造成世界文化品牌

中国的传统节日，要想在传承中更新，必须经过世界潮流的检验，适应国际环境，整合自己，健全自己，发展自己。像春节，本为中国最重要的传统节日，也受到世界各国人民普遍的喜爱。美国《匹兹堡新闻邮报》的一篇文章中就说："中国人的春节相当于我们的感恩节、圣诞节、新年、生日和复活节的总和。"

美国前总统布什曾连续几年向世界华人祝贺春节。伦敦等城市还将春节规定为法定假日。这表明，中国春节这个特有的古老节日继承着传统的同时，也在打动着世界，春节的活动在海外会一年比一年火爆。中国的春节正深刻地影响着世界。

中国传统节日受到海内外各界的欢迎，一方面反映出中国国际地位的提高，中国文化受到了重视；另一方面，中国节日丰富的内容，具有娱乐的色彩，也为世界各国人民提供了愉悦身心的机会。而追求和平、吉祥、平安的主题，更是全人类的共同目标。

试论非物质文化遗产的产业开发

一、非物质文化遗产产业开发是其保护与传承的重要形式

非物质文化遗产首先是活态的，在现实生活中客观存在，其次是它具有积极的价值。这表明，非物质文化遗产本身就应该与现实生活有紧密、内在的联系。在市场经济条件下，非物质文化遗产的价值只有通过具体的产品和服务，进而走向市场，在相互交换的过程当中加以实现。苑利在《非物质文化遗产学》一书中说："通观世界各国文化遗产保护史就会发现，许多国家的文化遗产保护工作都是从商业运作、旅游开发开始的。"

诚然，强调将产业开发作为非物质文化遗产保护与传承的重要形式，并非表明这是唯一形式。即便就开发形式来说，也必须以保护为前提，而非一味地只按经济规律运作，忽视非物质文化遗产保护本身的规律性。

非物质文化遗产保护工作的开展，不仅标志着文化遗产的保护由物质层次深入到精神层次；同时，也打破了物质文化遗产"不可再生"的特性，使文化传统的不断创新成为可能。所谓创新，就是尽可能地在不影响非物质文化遗产正常传承的前提下，对这类文化遗产实施有限度的商业化经营。这不仅承袭了固有的传统，而且有利于非物质文化遗产保护的良性循环。

非物质文化遗产产业开发，就是通过借鉴商品流通的一般规律，结合非物质文化遗产的自身特点，将其推向市场，让凝聚着无形智慧和高超技艺的有形化产品和服务广泛流通，从而保护和传承。

应该看到，非物质的文化很多，而能作为非物质文化遗产的，一定是其中的精华部分，即俗称的"绝活儿"或绝技。

非物质文化遗产不同于一般商品，对其产业开发也具有独特性，即开发的形式

不仅是一般性的商业运作，更应侧重对其文化内涵和科学价值的弘扬，这才是非物质文化遗产产业开发的独特价值所在。

非物质文化遗产产业开发的意义，可以包括这样几方面。

1. 在合理经营中更好地实现保护。

保护非物质文化遗产目前存在两种主要倾向：一方面，固有资源由于主客观原因导致开发利用严重不足，以致难以为继，后继无人，随着时光流逝而自然消失；另一方面，片面追求经济利益的"毁灭式"开发，破坏了非物质文化遗产本来的面目，违背了保护规律。

因此，应该在"保护为主，抢救第一"和"有效保护，合理利用"的原则指导下，实现非物质文化遗产的可持续发展，充分体现非物质文化遗产的价值，让更多的人见证和领略文化遗产的无穷魅力。

2. 有效开发，合理利用非物质文化遗产资源，有利于增加产品和服务的文化内涵，扩大吸引力，同时，更好地实现文化传播和教化作用。

3. 非物质文化遗产的开发，有利于提高经济效益，扩大地方影响力。这个作用体现在三个方面：一是提供更多的观赏、体验和娱乐的机会，从而带来直接的经济收入；二是以丰厚的文化内涵为基础，打造丰富多彩的衍生产品，从而扩大收入来源；三是示范带动效应，推动相关行业和领域的发展，带动区域经济的整体发展。

二、非物质文化遗产产业开发必须遵循的原则

（一）注意保持地方和传统特色，着重技艺的历史传承

产业开发的目的首先是为了更好地保护非物质文化遗产，其次才是增加经济效益。所以，非物质文化遗产在产业开发的过程中，不能因为片面追求经济效益，而改变固有的工艺和流程，或者是对非物质文化遗产实施无序开发，造成品质、结构的破坏，其结果只能带来其吸引力和影响力的下降，影响到非物质文化遗产本身。

（二）挖掘历史文化内涵和存在背景，促使其焕发出生机，更好地走向市场

非物质文化遗产的价值，包括历史价值、文化价值、科学价值等方面。对于广大群众来说，并不是先了解了它们的价值以后再去走近它们，体验或进行消费。相反，他们往往是先在享用产品和服务的过程中受益，产生兴趣后再进一步了解深入

的。如何实现这一过程？通过市场，提供交流的机会和适销对路的商品和服务，就成为必经的途径。而商品的宣传推广过程，也正是与消费者的沟通过程。这当中，丰厚的文化底蕴和独特、精湛的技艺就成为重要的基础，也是最能吸引消费者的重要情感纽带。在北京，小到每支一元的红果冰棍，大到几百万元的单元房，"怀旧"牌往往成为商家吸引顾客、扩大营销的百试不爽的"灵丹"。因为怀旧，不光是对往昔生活的忆念，更是对亲情的重温，对昔日美好生活的眷恋。内联升布鞋凭借光辉的历史传承，独特、精湛的技艺，不仅获得老北京人的青睐，而且成为外地、外国人感受北京文化的窗口，这是打"怀旧"牌较典型的成功案例。

三、非物质文化遗产产业开发的现状

（一）许多非物质文化遗产项目或难以走入市场，或因价格偏低，收入微薄，致使其后继无人，一些传统技艺面临灭绝。比如北京的民间香会，小车会、高跷会、舞狮会等，以往以朝顶进香、酬神表演为主，依靠主办人或社会力量资助。如今面对市场缺乏竞争力，内容老旧，难以迎合年轻人的兴趣。还有捏面人手艺，其作品不过是小孩手中的玩意儿，难以提高售价，但过低的价格导致手艺人生活难以为继。再加上现在树脂模型等大批量产品成本低廉，价格较低，对手工面人造成巨大威胁。

（二）造成上述原因的主观因素还是经营方式和观念落后，难以形成强大的竞争力。许多非物质文化遗产项目属独门绝技，口传心授，而且继承人分散民间，普遍文化水平不高，缺少系统的学习和训练。观念的落后使其创新能力不足，难以跟上时代。加上缺少相关的法律规定和管理手段，缺少专业的经营性人才以及必要的经费支撑，再加上新的生产方式造就同类替代产品，其独特性和稀缺性受到严重影响，导致竞争力不足。比如，京城的一些"老字号"在1949年以后改为国营，所有权改变，经营者缺乏参与市场竞争的积极性，一旦走入市场，面对大量的竞争对手就显得观念落后，经营手法简单，难以适应环境，造成了落后的局面，风光不再。

（三）传统工艺行业往往重技艺轻营销，品牌影响力不大。当人们提到景德镇瓷器时，往往首先关注的是地域而不是品牌，以至于认为只要是景德镇生产的都算景德镇瓷器，人们很难指出印象较深的景德镇瓷器的具体品牌，鱼龙混杂，好坏难辨，让一些低劣产品钻了空子。

由于大部分非物质文化遗产项目散落民间，加上政府保护和支持力度不足，因此导致非物质文化遗产的价值难以为全社会所认同，在经营过程中往往出现资金方面的制约。

四、非物质文化遗产产业开发的指导思想及战略重点

（一）非物质文化遗产产业开发的指导思想

1. 确立一个"政府指导，社会关注，企业得利"的营销主题，这个主题在本质上体现了非物质文化遗产保护和产业开发的有机结合，同时力争产生市场和消费者的兴趣点。营销主题的确立，也意味着确立相应开发的产品与服务。毕竟，不是所有文化遗产项目都适合产业开发。比如，民间文学就缺少商品开发的条件，而要让这部分非物质文化遗产进入流通领域，则要实现一个转化，即出版、展演等形式。多年来出版的民间故事集、民间美术作品、各类动画片等进入市场就体现了这一特点。为此，要在选好开发重点的基础上，确定营销主题，以此作为开发的方向。

2. 针对特定市场，合理配置资源，进行营销。每一种产品或服务都具有特定的受众，由此形成特定的市场，因此选准市场是成功营销的重要前提。为此，要特别下力气开发潜在市场，甚至逆向思维，在人们认为最不可能成功的地方着手市场开发，这就是俗话说的"把梳子卖给和尚"。而这里营销应该是一个过程，不可能一蹴而就。就像农民种地，要春种、夏耕、秋收一番轮回。不同的是，营销可以加速这个过程，尽早实现目标，其前提就是合理配置资源。

3. 贯彻大营销理念，形成产业营销、产品营销、区域联销、主体营销体系。这一体系的形成，有利于最大效益的规模化经营，并且将营销贯彻在每一个环节，同时调动社会各方面的力量投入营销，以营销促保护，以保护带营销，二者有机互动，良性循环。

4. 建立长期营销战略，创新非物质文化遗产产业化运作途径，通过各种手段促进和提高运作水平。

（二）非物质文化遗产产业开发的战略重点

1. 加大保护力度，尽力扭转因保护不利造成的被遗弃、失传和破坏的状况。首先是搞好普查，摸清家底，了解非物质文化遗产的整体状况、存在种类、濒危程度

等内容。与此同时，逐步按照《非物质文化遗产保护法》的立法精神和具体要求，制定相关的实施细则，使之有法可依，增加落实的实际效果。保护好非物质文化遗产，才有可能为开发提供必要的前提。

2.提供产业化运营的外部环境，促进非物质文化遗产产业开发。能否形成非物质文化遗产产业开发的产业链，有赖于政府和相关部门提供的服务。要按照非物质文化遗产规律和产业开发的特点，有计划地逐步开发，提高产品附加值，真正走向市场，更好地提供适销对路的产品和服务。

在公共技术服务、人才培养、对外宣传推广、品牌打造等方面提供开发服务的平台，促进非物质文化遗产的开发。同时，注重产品和服务文化内涵的开发，努力提高核心竞争力，建立健全知识产权保护体系，为产业开发创造良好的外部环境。

五、关于非物质文化遗产产业开发的几点思考

（一）明确产业开发的重点和途径。要选择特定的资源（即开发前景广阔，有利于获得较好社会效益和经济效益的资源）作为开发的重点。有些项目开发出来以后，为了更好地扩大经营，可以采取招投标的方式，由相关企业以特许经营的方式进行经营，原则上只应对属于自己的有限资源进行深度开发和有效利用，实现利益的扩大化，来促进非物质文化遗产的产业开发。

（二）要善于把非物质文化遗产的资源优势转化为产业优势。非物质文化遗产产生于不同的地域环境，不同区域间的非物质文化遗产项目各具特色。这种不同特色在进行区域比较时十分明显。因此，产业开发要围绕这些特色展开。这些区域项目如何确定？要在相互比较、鉴别中加以实现，从而形成鲜明的特色，避免同质化倾向。既要形成自己的特色，又要保护产品的相关性。

（三）在区域优势、自身特色确定以后，就要做好开发。通过旅游等行业，实现非物质文化遗产的产业开发。特色产品和服务是旅游兴旺的基础，由此才能对游客产生吸引力。面对竞争激烈的旅游市场，要努力增加产品和服务的文化内涵，使其对游客产生无穷的吸引力；同时也要挖掘不同产品和服务的内在差异，满足消费者的消费需求，扩大市场。

作为旅游资源的非物质文化遗产资源可分为这样几类：观赏类、参与类、体验类、深层类和辅助类。

民间音乐、传统戏曲、民间舞蹈、传统美术等，是以观赏为主的非物质文化遗产，对其开发主要是通过举办演出、展览、广场活动等方式，而这些活动本身还有利于项目的宣传和保护。

民俗活动、节日庆典、娱乐游戏等非物质文化遗产项目则以参与、体验为主，使群众在参与的过程当中感受到其特有的魅力。而对于技艺类、饮食文化等类别，也需要在参与的过程中增加游客的感受和体验。庙会则是定期举办的体会和展示活动，有利于游客具体而细微地感受非物质文化遗产项目的深刻内涵。这种对文化空间的差异性营造，有利于形成区域文化特色，提升区域形象，推动旅游业的发展，丰富当地文化生活，增强竞争力。

（四）努力打造非物质文化遗产的品牌，为市场化运作提供支撑。非物质文化遗产的产业价值只有通过产品和服务才能加以体现，而产品和服务必须通过商标注册才能成为品牌。因此，要格外注重非物质文化遗产品牌的商标注册，只有这样才能使其在尽可能广的范围内传播，并在传播的过程中得到法律的保护，维护其合法权益，这有利于防止由于滥用、滥注册非物质文化遗产名称，从而影响其知名度和经济价值的现象。北京同仁堂、王致和等知名企业就曾被人抢先在国外注册成商标，从而对其品牌造成严重威胁。对于那些不适于作为商标注册的非物质文化遗产，也应对其相关产品、服务进行知识产权保护和开发。

（五）延长产业链，形成经营网络。非物质文化遗产的产业开发，就是将其中只有经济价值和使用价值的部分作为产品进行开发，使之形成市场，具有产业规模效益。非物质文化遗产项目往往因其丰厚的文化底蕴和独特的工艺而成为价值长久的商品，这些商品的使用价值和经济价值延续至今。与以往不同的是，今天作为产业开发的这些非物质文化遗产项目，走向市场的前提就是要实现传统元素与时代要求的圆满结合，提高工艺，以适应当今消费者的需求，这也正是创新和发展的具体体现。

自 2006 年开展非物质文化遗产申评以来，"非物质文化遗产"成了一块金字招牌，各地区各行业纷纷鹊起，一时间"申遗"成为热潮，至今不衰。中国的非物质文化遗产产业开发就在这样的大背景下起步了，我们有责任为它的美好未来共同奋斗。毕竟，非物质文化遗产是祖先留给我们的宝贵财富，保护它就是保护民族的根，产业开发得好，才更有利于保护。

非物质文化遗产语境下的
传统节日的保护与传承

一、传统节日的非物质文化遗产保护价值

2003 年，联合国教科文组织第 32 届大会通过的《保护非物质文化遗产公约》中首次提出对传统节日的保护。随后开始的中国民族民间文化保护工程也将传统节日的保护列为其中的重要内容。

2005 年，中央宣传部等五大部委联合发出《关于运用传统节日弘扬民族文化的优秀传统的意见》（以下简称《意见》），首次对传统节日给予了极高的评价："中国的传统节日凝结着中华民族的民族精神和民族情感，承载着中华民族的文化血脉和思想精华，是维系国家统一、民族团结和社会和谐的重要精神纽带，是建议社会主义先进文化的宝贵资源。"

这一评价体现了党和政府对新时期文化建设的重视。事实上，对传统节日的这一高度概括和评价，无疑具有十分重要的指导意义。

《意见》指出："充分运用民族传统节日，大力弘扬民族文化的优秀传统，对于推动形成团结互助，融洽相处的人际关系和平等友爱、温馨和谐的社会环境，对于进一步增强中华民族的凝聚力和认同感，推动祖国统一和民族振兴，对于不断发展壮大中华文化，维护国家文化利益和文化安全，具有重要意义。"

由此可见，在今天过好传统节日，已经不仅仅是满足人民群众文化生活，或者"文化搭台经济唱戏"的需要，而是具有全面深远的意义。而非物质文化遗产的保护，又给我们认识传统节日的重要价值提供了新的视角，对其保护也迫在眉睫。

传统节日的非物质文化遗产保护价值，主要体现在五个方面。一是历史价值，即传统节日在帮助人们了解历史上具有独特价值。传统节日的产生，以及它在不同

历史时期的特定形态，与当时的社会、经济和科技发展环境相适应，它以动态形式传载着往昔历史过程中的文化要素。这有利于纠正后人对历史的一些偏谬认识，丰富历史文献的内容。二是文化价值，非物质文化遗产通过民间知识与经验，传承着独具特色的地域文化，体现了人类文化的多样性。生产生活知识类非物质文化遗产与民众生产生活息息相关，在帮助后人认识本民族的文化传统的同时，也为人类新文化的发展，保留了更多的资源。三是艺术价值，这主要体现在节日装饰、服饰、民间手工艺，以及庙会社火（香会）当中，反映了不同历史时期，不同地域的审美心理及其演变过程。这对于营造节日的喜庆、吉祥的氛围起到了十分重要的作用。四是科学价值，这反映在人类历史上所创造的科技成就，以及利用这些成就改变自身生存环境的过程中。传统节日与二十四节气密不可分，而后者正是中华先民长期观察天文的成果。它不仅形成了节日，而且反映了人类对天文的认识，是中国人对世界科技史的一大贡献。五是社会价值，即传统节日在沟通人际关系、推动社会发展方面的独特成就和作用。亲情沟通是中国传统节日的一大特色，祈求家庭和睦、社会和谐是传统节日的内涵之一，这是中华民族文化的精华，也是民族凝聚力的体现。所以，每过一次传统节日，就是对中华民族之根的一次回归，在此基础上形成的社会秩序、公共道德，至今仍有积极的作用。这也是家庭伦理、社会伦理教育的有效形式。以上五个方面的价值使得传统节日成为非物质文化遗产中具有重要作用的组成部分。

二、节日类非物质文化遗产的保护与利用

（一）保护

1. 保护主体与传承主体

在组成非物质文化遗产的几大类——民间文学类、表演艺术类、工艺美术类、生产生活知识与技能类、仪式类、节日类和文化空间类当中，节日类非物质文化遗产的传承主体具有其特殊性。也就是说，它不可能以个体传承的形式出现，因此，传承人也就不可能是个人，但它又不像皮影、苗族舞蹈等传承项目，可以由特定人群作为传承主体。所以，在确定节日类非物质文化遗产项目传承人时，既不可能是个人，也不可能是特定的群体。那么，如何确定节日类非物质文化遗产的传承人呢？

如果不设这类传承人，那么传统节日的传承工作又由谁来承担呢？

目前，入选前两批国家级非物质文化遗产名录的节日民俗，像春节、清明节、端午节、七夕节、中秋节、重阳节等，往往只有该项目的保护主体——各级政府，而没有设立专门的传承主体。

事实上，非物质文化遗产的保护主体和传承主体毕竟分担着不同的功能，否则也就不必分设。传承主体承担的是原汁原味地传承具体的非物质文化遗产项目。这一主体直接参与了非物质文化遗产的传承工作，并且愿意将所知的相关知识与技能传授给后人，他们是一个民族或地区优秀文化的活态载体，具有重要的历史价值。而保护主体则是指那些处于传承圈之外，虽与传承无直接关系，但是对非物质文化遗产传承起到重要推动作用的外部力量，包括政府、学界、商界和媒体等，由此构成了一个非物质文化遗产的保护主体。其中起主导作用的是政府。他们在非物质文化遗产保护工作中，分担着普查、申报、保护，以及参与决策、实施和宣传的工作。这有利于推动民间社会对非物质文化遗产的自主传承。尽管如此，也不能取代传承人的独特作用。由此造成了节日类非物质文化遗产在传承方面的重大难题：谁来具体负责此类非物质文化遗产的传承？有人认为，传承主体是全社会，所以社会上的每一个人都具有传承的责任。然而，并非社会上每一个成员都具备相关的知识和经验。而且按照有关规定，学者、理论研究人员也不可以作为非物质文化遗产的传承主体。

为解决这个问题，可以评选出一批具有一定传统节日知识的专家、实际工作者或学者，承担起整理、研究、实施、保护节日类非物质文化遗产的责任。而且他们毕竟相对于一般的社会群体来说，对节日类非物质文化遗产的了解更全面系统，可以在节日类非物质文化遗产的保护、传承等方面发挥关键性作用。由上述人员或相关团体（如民俗学会等）组成节日类非物质文化遗产项目的责任人或责任单位，可以多承担一些责任。在实践中，这些组织和个人也确实在发挥着这类作用，而且取得了一定实效。

2. 保护的原则

一是整体保护的原则。这首先是对节日内容的整体保护；其次是对传统节日生存空间的全方位保护。因为传统节日的产生和发展离不开特定的时间和空间，受自然环境和人文环境的影响较大。为此，要从保护环境着手，为节日类非物质文化遗产的保护创造一个合适的空间。

二是活态保护。受保护的节日类非物质文化遗产必须是流传至今的，已然失传的传统节日不在非物质文化遗产保护之列。与此同时，这些非物质文化遗产必须保留原有的风貌和内涵。尽管传统节日流传过程中都会发生变化，但它同时必然保留一些本源的东西，新增加的内容也要经过历史的抉择和考验，才能被确定为节日的内容而流传下来。

三是增强民众的参与度，提高传统节日的感召力和吸引力。传统节日的传承主体既然是全社会，那么，社会成员的广泛参与才能使传统节日传承下去。为此，必须提高社会广大成员的参与度。而参与的前提，就在于节日活动具有感染力、吸引力。这当中，切忌按照当今的审美观点和价值取向对传统节日进行取舍、分割和改造。与其投入巨资组织一场节日晚会，不如将这些钱分散到基层，让广大社会成员有机会在家门口参与到节日活动中来，充分发挥自己的聪明才智，调动起大家的参与热情，把基层节日活动搞得丰富多彩，特色鲜明。这体现了民间社会对节日类非物质文化遗产的自主传承，也体现了这类非物质文化遗产项目的传承特点。

3. 保护的方法与重点

以政府、学界、商界和媒体等组成的非物质文化遗产保护主体，在节日类非物质文化遗产保护工作中除了一般的保护方法，比如节日类非物质文化遗产的普查、建立非物质文化遗产名录，确定非物质文化遗产传承人，收藏与展示非物质文化遗产成果，建立非物质文化遗产资料库、数据库等以外，还必须针对节日类非物质文化遗产的自身特点，采取一些更有效的保护方法。这包括下述几点。

一是重点挖掘反映节日特点的传统食品制作技艺以及文化内涵。因为中国的传统节日往往都会在食品方面呈现出独有的特色，使之成为反映节日内涵的最生动、最直观的载体，以至于中国人习惯地将上元节称为"元宵节"，清明节称为"寒食节"（在北京具体表现为"寒食十三绝"特色小吃），端午节称为"粽子节"，中秋节称为"月饼节"……所以，了解了这些食品的制作技艺和文化内涵，为人们了解传统节日的本质、特点，感受它的无穷魅力创造了重要条件。

二是重视与节日主题有关的民间文学艺术，如传说、故事、民谣等。这些民间文学形式的口头传承记录着历史的信息，体现了节日的本质特征，同时也为今后的节日主题开发提供了重要的资源。像清明节关于介子推的传说，屈原、伍子胥、曹娥与端午节的关系，兔儿爷的传说等，都丰富了人们的想象，为了解传统节日提供了丰富的信息。

在农村，戏台往往就设在庙中或庙门对面。庙会期间上演的歌舞、戏曲，与庙宇中的祭祀仪式具有渊源关系，当初就是酬神仪式的组成部分。随着人们信仰观念的变化，如今的戏台才远离了庙堂。尽管如此，这些民间艺术与传统节日的有机联系仍然不可忽略。即便是在今天，庙会上的花会表演、戏曲演出仍然是最吸引人的项目。所以，在保护节日类非物质文化遗产的工作中，对这些民间文学艺术，不能不引起足够的关注。

三是注重节日中人们的衣着服饰以及环境装饰等内容。比如，端午节给小孩戴虎头帽，穿虎头鞋，盖五毒被，正是端午节驱疫避邪主题的体现，而挂红灯、贴春联则是新年来到的标志。由此营造出的喜庆、祥和的热烈气氛，让人们直观地感受到了传统年节的吸引力，使人们的心情愉悦起来，自觉投身到节日的民俗活动当中。

作为营造节日气氛的民间手工艺，像剪纸、门神画，以及舞动的雄狮、火龙等，更成为不可缺少的元素。其中涉及的领域包括彩扎业、搭棚业、油漆业、香烛业、印染业等。传统节日成为民间艺术展示的综合平台。

四是发掘传统节日中包含的民族理念、民族精神。像春节所强调的对家庭团聚的向往，中元节孕育的祖先崇拜情结，重阳节提倡敬老爱老，最终于1989年被定为全国的"老人节"。这有利于形成温馨和谐、平等友爱、团结互助、融洽相处的家庭和社会环境，净化我们的心灵，提升全社会的文明水平。

协调人与自然的关系，也是传统节日的功能之一。在对大自然表示出充分的尊重的同时，感恩大自然的赐予。同时，学会与其和谐相处，适应自然，更好地发挥主观能动性。土地崇拜、山神崇拜、"居家三大仙"在去掉迷信糟粕部分后，也有其文化渊源，它能体现自然伦理观中的积极内容，有利于营造人类与自然和谐相处的美好家园，使人与自然有机地融为一体。

为此，在申报和保护节日类非物质文化遗产的工作中，要在以上几方面有所侧重，提高对其非物质文化遗产价值的认识，发挥它们在精神文明和物质文明方面的重要作用。

（二）利用

非物质文化遗产的最大价值就在于它以活态的形式传承着历史。节日类非物质文化遗产也是一样，它成为千百年来一个民族的集体记忆，也是地域文化特色的展示平台，文化含量相当丰富。将这类文化资源挖掘出来，必将在今天发挥出巨大的积极作用。

因此，活用节日类非物质文化遗产资源，是对其保护的最佳方式。现在的问题是原有的节日文化资源被过度开发，一盒粽子卖到上千元，一盒月饼甚至要价上万，而开发出的产品往往大同小异，相似、雷同成风，缺少新意。因此，传统节日的原有生态被破坏，无法弘扬节日文化，也不会获得产业开发的预期效果。

所以，活用节日类非物质文化遗产的宝贵资源，首先要掌握他们的传承规律，其次是真正掌握他们的开发要点。尊重是必要的前提。

活用节日类非物质文化遗产，还必须先弄清楚传统节日的本质、起源、演变过程、发展规律等问题，对传统节日本身有一个全面而不是片面、完整而不是零碎、客观而不是主观的理解。许多号称是研究节日文化专家的人，对传统节日主观地进行解析，比如把清明节简单地说成扫墓、祭先人的日子，把端午节直接说成纪念屈原的节日，把重阳节理解为单一的"老人节"等。这意味着否定了民俗节日起源于民众生产生活的需要、与季节变化有关这一根本源头，而且忽略了中国传统节日"复合型"的特点。有的人还拿西方的理念来套中国的传统节日，称"七夕节"为情人节，重阳节为"父亲节"，严重扭曲了传统节日的本意，也淡化了传统节日的丰富内容。这些认识在理论上荒谬，在实践上有害，更不利于节日类非物质文化遗产的传承。这需要民俗学者们以严肃科学的态度来认识研究传统节日。

活用节日类非物质文化遗产，必须解决好理论认识和实际操作两个重要环节的问题。所谓理论认识，是指在解决上述认识问题的前提下，注重节日类非物质文化遗产内涵的发掘，加强对包括服饰、装潢、食品、仪式、表演等表现形式背后的文化底蕴的学习和了解，以及由此构成的节日文化主题，把握当下的弘扬重点。例如抗战期间将端午节定义为诗人节就是一个范例。但今天过端午节需要有不同的侧重点。这种对传统节日某一方面特质的强调，既是在传承传统节日，也有利于实现与时尚的有机结合。

其次是实践方面。一是强调春节、清明、端午和中秋四大节日在本地所呈现的独特形式；二是进一步挖掘反映本地风土民俗的特色节日，形成地区性的民俗旅游高潮。在一些边远地区和经济不发达地区，这类传统节日保留得尤其完整、丰富，对其进行挖掘、整理，打造成品牌，有利于推动当地的旅游业，造福一方。

在开发的形式上，可以根据需要和能力，采取单项开发、综合开发等多种形式。就政府来说，调动地区各方面的积极因素，策划地区性节日旅游项目，是带动地方经济的好办法。这种集文化、艺术、娱乐于一身的大型活动，形成文化、经济的强大吸引力，可以成为旅游的热点。就某一行业或企业来说，可以从事单项开发，在食品、装饰品、娱乐活动、仪式等方面进行开发，这些方面无不凝聚着地域文化和民族文化的精华，在社会上有相当的认知度，具有开发价值。而多方开发利用的结果，必然使传统节日的旅游形式显得丰富多彩，吸引着八方游客前来。

2008 年开始，春节、清明节、端午节和中秋节四大传统节日被公布为法定假日，这有利于人们有机会体验传统节日的文化内涵和丰富魅力，这也为节日类非物质文化遗产的保护利用提供了机会。几年来，人们对传统节日的认知率越来越高，参与的积极性也越来越大。传统节日的社会价值受到普遍的关注，发挥着越来越大的作用。节日类非物质文化遗产的保护在深度和广度上也正在不断深入和扩大，前景无限光明。

传统节日与"新民俗"建设

一

20 世纪二三十年代，当时的国民政府在"新生活运动"和"新文化运动"中曾数次提出废除传统节日的主张，但都以失败告终。①改革开放近 40 年来，随着人们观念的改变，对传统文化的认识也发生了巨大变化。1989 年，中央政府将重阳节明确规定为老人节，借此提倡敬老爱老的道德风尚。2005 年，中央宣传部等五部委联合提出《关于运用传统节日弘扬民族文化的优秀传统的意见》，对传统节日的本质、价值做了高度评价，并对开展传统节日的宣传和活动，提出了具体的指导意见。这标志着官方对传统文化的态度实现了转变，其中的一些观点甚至引领了学术界对传统节日的认识水平，成为今后很长一段时间里指导开展传统节日活动的依据。

从 2008 年开始，清明节、端午节和中秋节被明确为法定假日，加上已成为法定假日的春节，一年中已有四个传统节日成为法定假日，从而为广大群众利用这些传统节日体验传统文化提供了条件。

2003 年，中国加入了《保护非物质文化遗产国际公约》，于是国内的非物质文化遗产保护工作开始了普查和申报，传统节日作为其中的重要组成部分，受到各级政府和全社会的普通关注。特别是 2007 年，韩国端午祭申报世界级非物质文化遗产项目成功以后，国人保护非物质文化遗产的热情空前高涨，目前几个重要的传统节日均已成为国家级的非物质文化遗产项目。这标志着中国的传统节日保护工作已列入全球文化遗产保护的整体行动当中，从而对传统节日的保护提出了更高的要求。

2008 年以后，利用传统节日开展丰富多彩的民俗活动，在全社会蔚然成风。在北京，每当传统节日到来之际，《北京日报》都会详细列出全市各级各类的节日文

---

① 民俗专家常人春曾经回忆到，20 世纪 30 年代在北京西城区上小学时，有一次赶上端午节，规定上不让放假，师生照常上课，但许多学生逃学或提前回家，或干脆不来，学校都未予追究，结果不了了之。说明传统节日在广大民众中有着深厚的影响力和极大的重要性。

化活动的详细情况，引导广大群众参与其中。特别是由市文化局等单位组织的春节期间庙会、灯会和其他群众文化活动的评选，更是吸引了广大观众、媒体、研究机构和各级政府的关注，成为官方引导节日文化活动的重要举措。有关部门每年还会对开展的传统节日和文化遗产日活动进行评选，对于特色突出、举办比较成功者给予精神和物质的双重奖励，以此推动全市的传统节日活动。

不仅是官方组织了公益活动，商业企业、学校、社区和其他公共场所纷纷利用自身特色开展了形式多样、内容丰富的节日文化活动，成为假日里百姓体验和感受传统文化，开展精神文明教育的重要载体。

媒体在宣传传统节日文化当中功不可没。尤其是电视媒体，利用广大群众喜闻乐见的形式进行传统节日的宣传，在广大观众心中留下深刻的印象，深受好评。

综观近几年开展传统节日文化活动的经历，可以看出这样几个特点。

一是对传统节日的了解不断深入。刚开始时，媒体宣传的重点主要是挖掘传统，介绍传统节日的固有资源，说的大多是当年的往事，出面讲解的也多是上了年纪的老人。两三年后，这种局面有所改变。不仅讲解的人逐渐年轻化，而且讲解的内容也由简单的述旧，到对其文化内涵的阐释，这反映了受众对传统节日了解的需求不断提高，由知其然，进而要知其所以然。

二是由专家学者的讲解，到具体活动的策划、设计。广大群众今天已不再满足于在媒体上听别人讲传统节日的有关内容，更希望有机会去亲身体验节日的具体民俗活动。比如，端午节参与包粽子，春节一起包饺子等，在参与中感受传统节日的魅力。

三是传统节日活动开展的多元化、丰富化趋势。在每次公布的节日系列活动当中，不仅有电视台组织的晚会、诗会、歌舞表演等观赏类节目，更有在学校、社区、商场中举办的体验性项目。像西城区文委在历代帝王庙举行的过小年民俗活动自制灶王爷年画活动格外受到推崇。人们纷纷排队参与拓印年画，或自用或送人，从而增进了对灶王爷年画形式与内容上的了解，同时在参与的过程中体验到为过年做准备的乐趣。尤其是在社区开展的年节活动，往往结合区域资源，扩大民众的参与度，在营造年节喜庆气氛的同时，还增进了邻里感情，促进了社区的和谐。

一些商业企业的加入，以及公益与商业项目的结合，促进了年节民俗的商业化运作，为在市场经济条件下发展文化事业提供了经验。

就笔者自身体验来说，前几年参与的主要是对传统节日的研讨、介绍，之后主要对传统节日从理论上给予说明，深挖传统节日的本源及发展脉络，对节日主题进行深入的阐析。这几年则主要是在媒体上对不断出现的新民俗做介绍和谈认识，从而为广大群众深入了解传统节日提供参考。与此同时，各级各类的节日文化活动也越来越愿意听取专家的建议，从而使其内容更加专业化，并不断提高举办水平。这些新变化无疑向专业人士提出更高的要求，特别是在理论与实践、历史与现实、社会效益与经济效益的结合点上，探索当今条件下传承和弘扬传统节日文化的新途径。

因此，简单地掌握书本知识，或是单一的国际视野和产业运作经验已显不足，结合知识，通过产业开发推动传统节日发展的呼声日益提高。

二

传统节日从产生发展到如今，经历了漫长的历史。相对于它们所产生的年代，今天的环境已然发生了巨大的变化。所以，今天再去举办节日活动，必然与历史上有了根本的不同。其中的变化因素，可以包括这样几个主要方面。一是它们赖以生存的社会经济文化背景的改变。以往社会的主要经济活动是农业生产，绝大多数的人从事农业生产。因此，共同的生产生活方式必然带来民俗的趋同。然而，如今生产、生活方式的多元化，彻底改变了人们的生存方式，由此必然带来文化的多元化，而不是趋同性。

二是由于生产、生活方式的多元化，也促使人们的思想观念出现改变。比如，多子多福、早婚等观念受到挑战，丁克家庭、同居方式等已不少见，社会经济的发展，女子接受教育的机会大大增加，改变了男主外、女主内的传统。以前被传统观念否定的行为，如今成为一种生活方式。与此同时，新的诉求不断产生，工作生活压力致使许多青年人追求简单快捷的信息接受方式，文艺的教化功能让位于娱乐，甚至政治、宗教等以往被认为严肃的东西也被娱乐化。

诚然，这些变化虽然巨大，影响的深度、广度也不可估量。但是当我们反观节日传统时，却发现它们身上仍然拥有历久不衰的闪光点，成为支撑它们发扬光大的基础，这也正是传统节日历经千年流传至今的内在生命力。这些价值体现在以下四个方面：一、强调人作为自然的一部分，必须注重自然的变化规律，自觉地与之相适应，最终追求"天人合一"的化境。而不是人为地去改变自然，或是向大自然过分索取，以致受到大自然的惩罚。二、注重家族之间、朋友之间的情感沟通，相互支撑去感受关爱的温暖。这种情感的沟通贯穿在传统节日的习俗当中。三、面对大自然的变化，无论是有益还是有害，都坦然对待。尤其当灾难降临时，不但要敢于直面对待，坚决战胜，而且要把这一艰难的过程当成愉悦的活动，心中充满必胜的信心，同时充分感受由此带来的喜悦，在超越困难的努力中，感受生活的美好。四、传统节日还成为展示和体验文化传统的巨大平台，饮食文化、服饰文化、娱乐文化、民间手工技艺、表演技艺……众多的民间艺术形式无不在这一平台上得到展示，让广大民众充分领略到传统节日的文化魅力。

中宣部、中央文明办、教育部、民政部和文化部发出的《关于运用传统节日弘扬民族文化的优秀传统的意见》指出，中国的传统节日，凝聚着中华民族的民族精神和民族情感，承载着中华民族的文化血脉和思想精华，是维系国家统一、民族团结和社会和谐的重要精神纽带，是建设社会主义先进文化的宝贵资源。中央有关部门做出的这一重要评价，是对于民族文化，特别是民俗文化所做出的最全面、最高度的评价和赞誉，体现了党和政府对传统节日的高度重视，是对传统节日价值的充分肯定。这是在新的形势下，为了更好地弘扬和培育民族精神，传承中华民族的优秀传统，推动社会主义文化的繁荣所做出的重要举措。"这对于推动形成团结互助、融洽相处的人际关系和平等友爱、温馨和谐的社会环境，对于进一步增强中华民族的凝聚力和认同感、推进祖国统一和民族振兴，对于不断发展壮大中华文化、维护国家文化利益和文化安全"，都具有不可替代的重要意义。

正因为如此，传统节日已不再是吃点什么、玩点什么的个人小事，而具有了历史和时代的重要价值。为此，我们必须从观念到习俗实现一次历史的创新，站在历史和时代的高度，把传统节日的传承和弘扬作为一件大事来抓。为此，本文特别提出"新民俗"的概念，作为落实上述目标的实际举措。

（一）"新民俗"的概念、本质和特点

所谓"新民俗"，是相对于以往的旧民俗而言的。既然旧民俗赖以存在的精神和物质基础已然发生了巨大的变化，那么我们今天度过传统节日就不再是对固有传

统的简单重复，而是要在吸纳传统习俗有益元素的同时，结合当今的生活方式和人际交往方式，打造出适合当今需要的时代新民俗。这既是对民族传统的传承，又是新形势下的弘扬光大，为其注入时代的新元素。

因此，"新民俗"的本质在于创新，着眼当代，着眼未来。创新并不意味着割裂历史，否定传统。相反，我们应该对传统存在一份敬畏，一份感恩。因为它们积淀了世世代代中国人的智慧，体现了民族理念和民族精神。只是因为时代的变迁，需要我们为其注入时代的新元素，使其保持旺盛的生命力，借以延续我们的民族传统。

创新的前提是对传统价值的正确把握，并将其与当今的现实有机结合。其结果，会让当今的节日文化更具活力，更加符合时代的要求，给予人们更多的精神支撑。

（二）"新民俗"的主要内容

1.以美育扩充单一的宗教文化。以往的民俗往往以信仰为核心，以此凝聚力量。这些信仰的内容往往十分庞杂，彼此甚至观点矛盾、对立。而人们的信仰又只是出于实际的效用，是一种实用主义的态度，带有一定的盲目性。

如今的人们，文化水平普遍提高，再以神鬼之说去迷惑他们已不容易。以妙峰山庙会为例，每年庙会期间前往的人们中，抱有朝顶进香明确目的的往往不足20%，大部分人都是看热闹的，充满好奇。有些人甚至就是来旅游的。

在此情况下，通过丰富的艺术形式，对广大民众进行美的宣传，培养文明向上的社会风尚，丰富传统节日的内涵，以此代替以往单一的宗教意义，扩大传统节日、新民俗的受众群体就成为时代的要求。

《易经》强调"观乎天文，以察时变，观乎人文，以化成天下"。"人文"是指人伦社会规律，即社会生活中人与人之间纵横交织的关系，由此构成网络，具有纹理表象。治理国家的一个重要任务，就是对人文进行观察，使天下人均能遵从文明礼仪。在此，"人文"与"化成天下"紧密联系，"以文教化"就成为中国传统中对于"文化"的本质把握。然而，这种教化作用并非止于说教，形式单一、枯燥。相反，它往往是以丰富多彩的艺术形式加以体现。以往的广大民众正是通过听评书去了解历史的，从中感悟民族精神。因此，艺术所具有的这种直观的感性形象特征，正是在以美的形式来吸引公众，使其所表达的情感、意志，以及哲理等内容具有生动有趣的载体，顺畅地传达到广大观众心中，为其所接受。

以民间美术为例，正是以无与伦比、丰富多彩、神奇幻化的艺术形态，以及口传心授的传承方式，体现了传统价值，拥有最广泛的人群。即便是佛、道等宗教文化中有价值的部分，也可以作为民族文化的重要组成部分，融入到艺术审美的过程当中，对广大民众进行教化。可见，这些只是传承方式的一种转化而已。

2. 对于传统节日的文化主题，进行符合时代需要的新的阐释。人类学家指出文化的三种可变因素之一就是环境的变化，并视其为普遍原因。由于适应不同的环境，产生了千姿百态的文化类型。另外，文化界内观察文化特点的方式有所改变，也会导致社会解释文化的规范与价值的方式发生变化。时代的发展需要我们站在更高的层次上反观节日传统等旧民俗，在把握其核心价值的前提下，对其进行全新的阐释，进而注入新的文化内涵。

有些民俗学者在解析节日起源时，往往提出若干个甚至更多的所谓起源说，似乎这样才能说明节日文化内涵的丰富。他们往往忽略了民俗节日的一个本质特征，即与民众生产生活的内在紧密联系。这才是民俗节日产生的根本原因，至于诸多的传说，英雄人物的影响，统治者的提倡……都不过是在节日产生以后逐渐融入其中的，它们之间是源与流的关系，存在着本质区别。忽略这种区别，就会混淆视听，影响对节日本质的理解。而只有理解了节日的本质，我们才能更好地创新，在传统的基础上创新，而不是割断历史，让创新成无源之水，无本之木，从而丧失了生命力。

正本清源，认清节日主题只是基础，还应对现实情况进行明晰的把握，体现时代主旋律，创新民俗的内容和形式，这才是最重要的。

3. "新民俗"在操作层面，要求为广大民众参与节日活动创造条件。节日文化也好，其他民俗也好，都不是只供观看的表演，而是实际的生活。因此，只有参与其中，成为活动的主体，才能更好地产生吸引力和号召力，凝聚人心。这也是民俗的一个好传统。只是近年来在恢复民俗的过程中，广大民众往往成了观看者，而不是活动的参与者。比如联欢晚会，观众往往只能围在电视机前被动地观看，把活动的主体排斥在外，缺乏广泛的参与性。

"新民俗"要为广大民众参与民俗活动创造条件。石景山雕塑公园每年的春节庙会上，都会有"百姓秀大舞台"活动，为一般民众发挥艺术才华提供便利，受到广泛的欢迎，并为其他庙会效仿。

4."新民俗"的开展离不开市场。要通过产业开发，把"新民俗"推向市场，通过市场走进民众生活，打造相关的文化品牌，提供优质的产品和服务，满足广大民众对发展"新民俗"的企盼。这当中，市场化运作只是手段，不是目的，目的是为广大民众提供精神慰藉和物质享受。只是因为在市场条件下，这一服务和产品是通过市场交换的方式来实现的。这也是一种新的变化。走向市场，首先要适销对路，其次是物有所值，这就对文化产品的生产和服务提出了更高的要求。新民俗的打造也需要新品牌和特色服务。

"新民俗"的开发重点应该是传统节日，因其具有广泛的公共基础，为广大民众所喜爱。由打造"新民俗"所进行的传统节日创新活动，可以为其他民俗的创新提供借鉴，进而推动民俗传统的全面更新，使民俗能够跟上时代的步伐，反映时代的心声，成为先进文化中最具活力和影响力的组成部分。

第五篇

节日文化畅想

本篇收集了从事传统节日理论研究和实践过程中的一些随感、心得和有趣的经历，算是严肃讨论之余的小零碎。它们从一个个侧面，影透出一个民俗工作者的心迹和感悟的火花。

过小年儿，我们来祭奠老舍先生

2009 年 1 月 18 日是农历的腊月二十三，俗称过小年儿。打这天起，春节的序幕徐徐拉开。巧的是，这天也是老舍先生诞生的日子，而且是整数——110 周年。

当天黄昏，也就是老舍先生诞生的时刻。酉时，一场别开生面的民间祭奠仪式在东城的灯市口西街老舍故居丹柿小院内隆重举行。

在老舍先生诞辰 110 周年之际，各类纪念活动不少，有话剧《龙须沟》的演出，有关于老舍先生的学术研讨，报纸、电视上有相关的报道。然而，来自民间的祭奠活动，这恐怕是仅有的一次，它反映了老舍先生的著作在北京民众中的广泛影响，以及北京人对老舍先生的深切怀念。

老舍先生是百分之一百的平民作家。他出生于小胡同、大杂院，他对北京的了解有如了解他的十根手指头。他蘸着感情的墨汁，来写北京的风物、人情，那么温馨、亲切，透着一股执着的爱，展现了一幅幅老北京民众生活的多彩画卷。他的作品，描述了下层市民的悲欢离合，劳动者的痛苦呻吟。他经历了贫困艰辛的生活，对大杂院贫民的处境有着切身的体会。

老舍先生一生的创作，写得最多、最好的是北京大杂院中的人物和他们的生活。只有在这里，他才妙笔生花，娓娓道来，把最切身的感受倾诉出来。即便到了晚年，老舍先生成为著名作家以后，他的创作仍然带有明显的大杂院生活痕迹。它与生俱来，相伴始终，成为老舍先生的生命形态。

老舍先生发誓，要用平民能够欣赏的千字文形式进行创作。他费心尽力地去创作通俗作品：填词、快板、歌词、相声……他努力按照民间的形式进行创作，研究通俗文艺的推广和普及。难能可贵的是，老舍先生并没有停留在平民的视角和水平，而是在受到"五四"新文化运动的熏陶以后，产生了反封建奴性的尊严感和西方现代文明影响下的时代意识，从而站在时代的高度，以社会、历史和文化的视角，思考北京文化的本质和特色，由此产生理性的自觉，升华了朴素的平民意识。这些构成了老舍先生多彩斑斓的文学世界，尤其是当中的华彩乐章——京味文学。

老舍先生是京味文学的奠基人。他一生写了15部长篇小说，其中《大明湖》手稿被毁，剩下的12部完整的和两部未完成的著作中，有6部是以北京为地理背景的，即《老张的哲学》《赵子曰》《离婚》《骆驼祥子》《四世同堂》和《正红旗下》。在他的中、短篇小说中，虽然环境描写用笔不多，但有不少篇可以看出明显的北京背景。话剧方面，20世纪五六十年代创作的14部当中，12部以北京为地域背景，剩下两部（《西望长安》和《神拳》）也各有一幕发生在北京。可见，老舍的作品，大部分是写北京的。

无论身在故乡，还是漂泊外省、海外，老舍都在写北京，他的心始终在北京。

老舍先生爱北京，写北京，北京人也热爱老舍先生，怀念老舍先生。所以才有了来自民间，完全是自发的纪念老舍先生的祭奠仪式。

这天下午，有的人刚过两点就来到老舍故居，开始了准备工作。这场祭奠得到了老舍纪念馆的大力支持。他们打开展室的玻璃门，特别批准，把老舍先生的巨幅照片请了出来，供奉在庭院中。像前的供桌上，按照民间的习俗摆放着五供：一对花筒、一对蜡烛和一对香炉，后面是五碟糕点和五盘水果。为了强调它们是供品，上面还插上了供花、福禄寿三仙和和合二仙。供桌的最后一排，是五座宝塔形的蜜供，这是老北京祭灶之日必备的民俗用品，现已绝于市。没办法，只好由民俗专家亲自制作。蜜供中间摆放着一座木质牌位，上书"北京民间文化祖师舒舍予先生之灵位"。

祭奠仪式在民间文场的"打三参"响器声中开始。民间文场是老北京庙会上祭祀必备的演出，表演者是"西直门外五虎打路"的老少爷们。他们为了祭奠老舍先生不辞辛苦，不计报酬，有的怕道儿不熟，还提前来"踩气，以免误事"。

接着，由主祭人老舍纪念馆张文生馆长和老舍先生家属代表，民俗专家、民间工艺大师等陪祭人燃烛、上香。

伴随着古老的祭祀音乐，开始朗诵老舍先生自传体长篇小说《正红旗下》片段：

我是腊月二十三日酉时，今北京人欢送灶王爷上天的时刻降生的。从五六点钟起，已有了爆竹声。等到我出生的时候，花炮的光亮冲破了天空，一闪一闪，每家院子里都亮那么一阵，把灶王爷请到院中来，化为灰烬。灶王爷上了天，我落了地。这不由让人想到我不凡的身世，兴许是灶王爷身边的什么人物也说不定。

这段生动的记述，仿佛让人感到老舍先生重回人间，和人们一起庆祝他的生日呢。

主祭人在《祭文》中，对老舍先生为弘扬北京文化所做的贡献给予高度评价："一代文豪，千古奇英。京味文学，终始奠基。举扬国风，传艺养正。京师文化，得以昭明。讴歌盛世，赞颂贤明。堪称国殇，气贯长虹……"

舒乙先生代表老舍先生家属所致的答辞，回顾了老舍先生诞生之际的有趣细节。他对民间祭奠的方式尤其给予肯定，认为老舍先生活着的时候就特别喜爱民间的东西，过年过节都要按照早年的规矩。同时，又谈到老舍先生对生活的无限喜爱。他感谢北京民间这种祭奠老舍先生的独特方式，同时为能亲身参与其中而尤为感动。

在民间，祭奠先人的一项重要内容就是焚化为先人制作的"纸活"，包括日常生活用品和房屋等。为了祭奠老舍先生，民俗泰斗常人春带领弟子为老舍先生送来了一楼二库纸扎祭品，祝愿老舍先生在另一个世界有房（楼）住，有钱（金库和银库）花，为歌颂北京谱写出新的篇章。

祭奠仪式的末项内容是"散福"仪式，就是将供奉老舍先生的水果糕点散发给在场的来客，代表老舍先生向大家致以新年的祝福。在《百鸟朝凤》的优美乐曲声中，人们品尝着水果和糕点。在明亮的聚光灯照耀下，老舍先生的照片格外清晰，他抿着嘴，脸上露出笑意，仿佛在向在场人们说：我是多么地热爱咱们的北京啊。

最后还不能不说两件仪式进行中的小事。一位六十多岁的大妈，虽然与参加仪式的人们并不认识，但她听说这天要搞祭奠老舍先生的仪式，便主动前来，并捧来一束鲜花。当主持人请她当众上台向老舍先生遗像献花时，她表示只想默默地献上，不愿张扬。

还有一位日本的女学者，名叫高桥浩子，是一位"老舍迷"。她是专程赶在老舍先生纪念日来参加活动的。为此，她还准备了篇演讲："我有机会参加老舍先生诞辰 110 周年纪念活动，感到无比荣幸。在阅读老舍先生的作品时，我被深深地迷住了。每次看先生的作品，我都有新的发现。当前经济危机中发生的事情，让我想起《月牙儿》的结局。每当我心烦意乱的时候，先生的作品安慰了我，让我懂得日常生活中发生的小事是幸福的关键，普普通通的一天是珍贵的时光。我是一个普普通通的人，可是我想在自己的生活里实现老舍先生的爱生命、爱生活的精神！"只可惜，这篇演讲事后她才拿出来，所以未能在仪式上朗读。

不一样的兔儿爷

如果有人以《兔儿爷》这个题目，让我来写一篇散文，那么，我一定是先去查资料，或者走访做兔儿爷的艺人。然后把所获得的信息，按照逻辑关系排列一番，最后白纸黑字落实成文字。其大概顺序不外乎：什么叫兔儿爷，它是怎么来的，它什么样，它的用途是什么，都有哪些品种，老北京人与兔儿爷交往的逸事趣闻，关于兔儿爷的传说、俗语、顺口溜……

这样写出的文章固然完备，是一篇关于兔儿爷的知识读物。然而，这样的文章只能算文史作品，却不能算文学作品。因为作品中没有作者，没有作者的感受、想象和特殊的关系。这种纯客观的记述是在说事，而不是抒情，未必能给读者留下什么印象。况且，文史作品也只能这样写，谁写都一样，题材限制了作者的发挥，难以表达作者自己的感情。这可能就是文学作品与文史作品的差异所在。

老舍先生的《兔儿爷》一文是文学作品，是散文，不是文史作品。所以，如果抱着了解知识的态度来读这篇文章，失望的感觉会比较强烈。因为此文并不在意对兔儿爷的系统介绍，相反，它是作者在被迫远离家乡时，在中秋之际思念家乡的感怀之作。兔儿爷，在这里只是作者表达感怀的凭借，自然不该偏离主题去纯客观地向读者介绍兔儿爷。当然，这当中也会涉及对兔儿爷细节的描述和抒情，可有一样，这一定还是为"思乡"这个主题服务的。

老舍的散文《兔儿爷》一文写于1938年的中秋，此时的作者正在武汉而不是故乡北京。他是被迫逃离家乡的，因为"七七"事变，日本侵略者占领了北平。作者不愿做亡国奴，所以自然不会再在北平待下去，而选择了离开，并且加入到抗日救亡的洪流当中。

国破家散，孤身在外，这让作者在中秋节这个团圆的日子里感到格外的孤独难耐。对家乡、对亲人的思念促使他写下了这篇以兔儿爷为主题的思乡之作。

兔儿爷是老北京人过中秋节必备的民俗用品。往年一进入农历八月，街上就出现了卖兔儿爷的。他们往往都是京郊的农民，利用农闲的时间，就地取材制作兔儿爷，或摆摊或沿街叫卖出售兔儿爷，尤属摆摊的场面最为壮观。它由至少三层兔儿爷组成。最下面的一层是最小的，第二层稍大一些。顶上的一层兔儿爷最大，有的有七八十厘米高，颇为高大。它们拉开了老北京过中秋节的序幕。

电视剧《四世同堂》里的祁老太爷，虽然面临北平沦陷，家庭生活越来越拮据的困境，还要咬咬牙，买两个兔儿爷回家，给一对重孙儿女过节。在这里，兔儿爷简直成了老北京人过中秋节时谁也离不开的节日代表。

兔儿爷到了孩子们的手里，并不是一般的玩意儿。孩子往往学着大人的样子，放在小饭桌上，再把舍不得吃的月饼拿出来，摆在兔儿爷的旁边。细心的孩子还会找来毛豆，再预备上一碗水，为的是让兔儿爷喜欢，因为传说兔子喜欢吃毛豆。

等到这些都预备齐了，女孩子们就会跪在拜垫上，向着兔儿爷顶礼膜拜，行三跪九叩礼。也许他们并不一定知道这么做的意义，可既然大人就是这么做的，学习大人总不会有大错。何况有街坊四邻瞧见，免不了还会围观、品评一番，甚至夸孩子做事有模有样，将来能干大事。孩子们听见了夸奖，兴趣自然会更大。

提到孩子，作者的心中更加沉重，因为他的三个孩子正在沦陷的古都，大的不过三四岁，小的还在吃奶，他们都需要爸爸的照顾啊。这自然更增添了作者的思念。

"中秋又到了，北平的兔儿爷怎样呢？"作者把对家乡、亲人的思念集中到了兔儿爷身上。也许，它们仍然像往年一样，一排地摆在街头。可如今，它们提供的不再是老北京人过节的欢乐，而是在"为暴敌粉饰太平啊！"

在这里成为自己思念家乡、亲人凭借的兔儿爷，居然沦为为敌人服务的工具！这种强烈的对比，一下子在作者心里激起了万丈波涛，让他义愤填膺。

傀儡终究掩盖不了侵略者的罪恶。作者接着写道，根据友人来信中透露的信息，京城遭受了暴雨，这对于像龙须沟那样破房子中的百姓来说，无异于一场灭顶之灾。不光如此，物价也随之猛涨，一斤蔬菜卖到三吊钱，粗粮也卖到一毛多一斤。在这种民不聊生的情况下，纵然是在中秋节里，又有多少人还有闲心、闲钱去买兔儿爷呢。

此时的兔儿爷，在作者的眼里居然也发生了180度的大转变，一时竟真的成为暴敌粉饰太平的傀儡："他们的脸很体面，油光水滑的，只可惜鼻下有个三瓣子嘴，而头上有一对长耳朵。他们的身上也花花绿绿，足下登起粉底高靴，身腔里可是空空的，脊背有个泥团儿，为插旗伞之用；旗伞都是纸作的。他们多体面，多空虚，多没有心肝呢！他们唯一的好处似乎只在有两个泥膝，跪下很方便。"一个典型的傀儡形象，被生动准确地勾勒出来。于是作者断言：兔儿爷到了这一地步，不做汉奸也是废物。

兔儿爷既然是中秋节的重要民俗用品，那么它必然具有明确的时效性，过了中秋也就不再被人关注。何况，兔儿爷只是泥土塑成的玩具，极易摔碎。于是，作者替兔儿爷叹道："最聪明的傀儡（兔儿爷）也不过是些小土片呀！"兔儿爷的寿命无论如何过不去中秋。

由此，作者预言了日本侵略者的必然失败，同时也借此提醒同胞，千万不要学着兔儿爷的样儿，成了侵略者的附庸，丧失了民族尊严。那样，只会落个遗臭万年的结果。

《兔儿爷》总共才一千多字，却写得跌宕起伏，连描写带抒情。不仅讲述了兔儿爷的模样、分布情况、不同叫法，还提到了它在中秋之际的特殊寓意。但作者并未将此文写成一篇知识介绍，而是和着自己对家乡、亲人的思念，特别是对侵略者统治古都暴行的憎恨，以兔儿爷为描写对象，既对它深怀思乡之情，却又不愿它成为为敌人服务的傀儡。痛恨交加，爱恨同仇，文章充满了民族的义愤，家恨国仇。而这一切，正是以热爱家乡、热爱民族、热爱生活为出发点的。以至于这段侵略的历史在结束几十年后，今天读来，作者的激愤、深情仍然溢于言表，令人难以平静。

这也正是作者的高明之处，倘若只是去介绍兔儿爷，固然可以增进人们的知识，但要想让人读得热血沸腾、心情激动恐怕不易。文史作品，文学作品，不同的作用由此可见。而本文在写作技法方面，留给读者的启迪还在于，由于不是简单记述，所以可以依据不同的背景、感受去尽情地联想，发挥，因此为对兔儿爷的体悟、表达提供了广阔的空间。一千个人可以有一千种对兔儿爷的理解，这当然有利于文学作品的丰富。

2013 年"六一"儿童节，午后

分享女儿的快乐

提到贺年片，很多人认为源自西方，还有人引经据典，说贺卡于18世纪初在英国发明。其实，早在八百多年以前，中国就已经出现了贺年卡，只是不这么叫，而是叫"名刺"。

过年之际，很多交际广泛的官员士大夫都要去朋友家亲自拜年。但因为要拜的人太多，一时又来不及，于是发明了"名刺"，把主人的名字、官职印在一小纸片上，纸片较硬，与名片大小相似。但印制精良，有的还上了色，图案有红梅、桃花、竹子等，颇为高雅。名刺的背后还会印一些拜年的话，由家中的仆人投出去。这就应该算是最早的贺年片，出现在宋代。

如今，过年时送贺年片已成为大多数人的习惯，有的人还用电脑制作贺卡，显得更具新鲜感。

有一天，女儿发现我的书柜里有许多形式多样、五颜六色的贺年片，正巧新年快到了，她跟我要了一些，说是要送给同学。

礼尚往来。贺年片送出后很快有了回音，我帮她把这些挂在床前，两三米长的横线上挂了一串，有十多张，为新年的到来增添了喜气和活跃。过完年，我把她的这些贺年片摘下来，放到柜子里保留起来。在整理的过程中，我好奇地仔细看了一番，里面生动真切的内容使我又感动又好笑。

一张印有"网骆情缘"的贺卡放在最前头。底色为大红，上面画了好几个卡通小人儿，显得幼稚可笑。而且网络的"络"印成"骆"，兴许也是故意装的幼稚呢。有趣的是贺卡的下部插着三个签，顶部是三个分别为忧愁、喜悦和惊讶表情的小女孩。我随手抽出中间的一张，上面写着几行字：

"世界上有100个人爱你，

那其中一个是我；

世界上有 10 个人爱你，

那其中一个还是我；

世界上有一个人爱你，

那肯定是我；

世界上没有人爱你，

那就是我不在世界上。"

这本来应该算是一首情诗，可用在女儿这样的三年级小学生中间，对友情的表达似乎更加纯真、可信。

左边一个忧愁的小女孩头像下的文字是：

"你是多愁善感的乌鸦，

你是活蹦乱跳的青蛙，

你是出淤泥而不染的泥鳅，

你是我心中

火红火红的大虾。"

这显然是在用夸张的语言为朋友做宽心的比喻。

最右边表示惊讶的女孩头像下写的是一首古诗：

"人生得意须尽欢，

莫使金樽空对月。

天生我材必有用，

千金散尽还复来。"

虽然这几句古诗谁也不提谁，但主题十分明显，就是劝人在意外事件——无论是惊、是喜、是忧到来时，都要豁达、乐观，有信心去面对，努力放眼未来。

这三张内容不同的文字，任何时候看起来，都会让人感到温暖，感到来自朋友的真情。真感谢这张贺卡的设计者，也该感谢送给女儿这张贺卡的同学。

第三张贺卡是女儿的表姐兰雅梅寄来的，收到的时间最早：12 月 16 日。也许是这张贺卡激发了女儿给朋友也寄贺卡贺年的初衷。打开这张贺卡，纸叠的一块小人随即立起，第一个穿带星星红裙子的小女孩有点像女儿，她在用英文说："BEST WISHES！"再往后有坐在月亮上的公主，手拉手跳舞的红、黄、棕色头发的小女孩儿。表姐的祝词也因此而来："看到了吗？这么多朋友在对你微笑，都在祝福你健康、快乐！"这话说得挺有文采，自己的想法用画面上的小娃娃表达。这有点像唐代诗人写的边塞诗，明明将士想家了却不直说，偏说是家中的妻、母想他了，婉转但是明确地表达了这种感情，这算不算传统的"兴"的文学手法？

毕竟是三年级上学期的小学生，祝词中几乎无一例外地都有错别字，比如万事如意的"事"，大多写成"是"等等。不过这种不成熟也还有天真可爱的一面。比如，在祝愿的话中，除了一般的"学习进步""天天向上"之外，还有的直接预祝她当上少先队小队长，甚至大队长的。

一位刚从农村转来的小女孩，以羡慕的心情表达自己对女儿的祝愿："毛毛（女儿的小名），你唱的歌，可好听了，你就给我们唱完好吗，（？）谢谢你，高毛。高毛你的向（相）片，可好看了，你长的（得）那么好看，你的身上好白，你的脸也飞（非）长（常）白。"类似的语言如果用在成人之间，哪怕是同性成人之间，那也够肉麻的。然而，这个小女孩写下这些字时，其发自心中的真情又是多么难得。

还有的同学针对女儿的不足，写出了祝愿性的话："在新的一学期中学习更上一层楼。"这中间的期望、劝导，是好朋友、真朋友的关心，为人父母的人体会得更真切。所以，我决定要把这些贺年卡好好珍藏起来，若干年后她长大时再翻阅，一定会比我产生更多的感慨，更觉得友情、亲情的可贵。

2005 年 3 月 12 日上午

檀香案畔台灯下

新年断想——献给 2013 年的祝福

2012 年 12 月 31 日，我应邀在电台做一期节目，谈新年民俗。由于公元纪年的新年不同于传统的春节，所以并没有什么民俗内容可说。这一期节目做得不太圆满。

然而，新年作为新一年的开始，在时间上毕竟有标志性意义，与以往的任何一个日期都是不同的，所以理应引起我们对它的关注。更何况，它既然是一个新的节日，理应为它不断充实内容，进而产生新的民俗。这也正是我作为一个民俗工作者理应参与的一项分内事。

一

从电台做完节目出来，我的心中一直萦绕着几个问题：新年与春节的不同之处何在？新年对我们意味着什么？我们该怎样度过新年？

说实话，在我人生的 50 余个新年当中，留下美好回忆的时候并不多。从天气上说，这正是北方最冷的寒冬，数九寒天，天寒地冻，在许多没有暖气的地方，靠生火取暖是很麻烦的事，所以平房人家此时最难捱，许多人因此而生病躺在床上。人们还因此减少外出，在家里猫着。

前两天，一位饮食专家讲九九消寒图，也提到这个问题，说冬天寒冷难捱，所以发明了消寒图作为消遣，减少寒冷带给人的痛苦。此观点妥否当不论，至少证明冬天的寒冷是肯定的。

对于许多学生——从小学到中学到大学——来说，元旦这个时期也有难捱之处。此时往往面临期中考试，各门功课都要集中复习，然后去考试。这对学生来说，是一次心理、知识的双重考验。就像此时的天气一样，处在寒冷的境地。只有期末考试完成时才能真正放松，接着就过春节，大大地享受一番。相比之下，新年的感觉的确有点特殊。

中国的传统节日已存在了几千年，深入人心，也有内容，所以到今天深受欢迎。但是公元纪年进入中国不过百年，又未能与中国文化融合，在百姓心中只是作为一个符号，顶多算多一个礼拜天，别的并没什么。新年民俗在哪里？更多地是在商家，借此炒作自己。其次是官家，作为统计的一个节点。而对于广大百姓来说，实在难有发自内心的认同。

从去年起，北京在元旦之际举行大型的旅游宣传活动，而且活动不对外开放，百姓无缘参与。所以不像外国那样，有公共场所的狂欢，来迎接新年。20世纪80年代，新年到来之际，电台里会传来悠扬的钟声，然后是播音员亲切的新年祝贺。可现在这些早已消失，电台播音该结束就结束，该播广告还是广告……总之与往昔无异，一点过年的热烈气氛也没有。一时间，新年更成为商家的炒作之机，或官方搞旅游宣传的机会，与百姓生活似乎关系不大。

二

把新年称为元旦，即新的一年开始后迎来的第一次太阳升起，这是中国人的发明。只是中国的新年与公元纪年并非同日，原来作为传统新年的"元旦"之称，被挪到了公元纪年的1月1日。这虽然让元旦的本意有些变化，但似乎难以完全否定。好在传统的新年又称春节，与公元纪年的新年并未混淆。

中国传统的新年又称春节，因为它与一个传统节气——立春相适应，在天时上相符。因为立春后虽然处于冬天，但三九天那刀割一样的寒风有了些柔劲，不再那么生疼，无形中让人感到了春天的希望。这作为新的一年的开始是适宜的。但公元纪年的新年之际，寒冬正盛，新的气象尚无踪影，也就难以在人们心中产生新春的渴望。

听说公元纪年自1582年经罗马教廷修订后，因为属于比较科学的现代历法，所以才为越来越多的国家认可。像大英帝国，直到1752年，才开始把1月1日作为一年的开始。此前的很多年，他们一直把圣诞节作为岁首。法国比英国早几十年，于1693年采用。中国是在20世纪20年代末，民间才逐渐采用公元纪年。如今，公元、农历纪年并行，后者更受人重视。这种状况还不知道要延续多少年。

然而，中国官方公布采用公元纪年，它的意义实在重大。试想，如果像中国古代一样，采用"朝代＋年号"的办法，如清乾隆十五年，清嘉庆元年，二者之间究竟相差多少年？这要有专门的历史知识，或去查阅中国历史年表之后才能算出，其麻烦程度不难想象，而公元纪年可以比较容易地解决这一问题。

另外，中国像世界上大多数国家一样，采用公元纪年，也有利于中国融入世界，促进国际间的交流。这方面的意义对于中国来说格外重要。中国不再是孤立于世界大家庭之外的睡狮，而是主动参与国际合作，承担起国际责任的东方大国。可见，采用公元纪年是一种历史的趋势，中国理应顺势而为。

三

现在的问题是，我们应该怎样学习借鉴他人的经验，让更多的人认同并参与到迎接新年的活动中来，让更多的人感受到新年的新气象，对生活充满憧憬，并为之去自觉地奋斗。

媒体报道了世界各地的人们以不同方式挥去旧尘，以不同的方式寄望新年，准备同新年一起开始新生活的盛况。在美国，人们在 12 月 28 日这一天，把烦心事写成小纸条，扔到纽约时代广场上的专设垃圾筒内，然后再被碎纸机撕成碎片，以解脱烦恼，开始新的生活。在英国爱丁堡，人们手举火把举行了传统的迎新年活动。西班牙人则通过买彩票来体现辞旧迎新，希望讨个头彩。于是，全国四千多个彩票销售点，六千多个报刊亭、超市、酒吧等代销点成为人们希望改变命运的"圣地"。在巴西，居民把写有新年愿望的彩带系在教堂外的栅栏上，以表达送旧迎新的心愿。德国的康斯坦茨湖则是以冬泳的方式迎接新年，此活动已搞了 40 多年。浪漫的俄罗斯人扮成专送新年祝福的"严寒老人"和他的孙女"雪姑娘"，他们开着新年无轨电车到处跑。送新年礼物也成为很多人热衷的新年活动。内容包括钱包、酒类、化妆品、珠宝首饰等。近年，中国的生肖成为时尚用品的造型首选。最热闹的可能要属澳大利亚，悉尼已经准备了 7 吨重的烟花，要在全市各燃放点同时燃放，以此作为跨年庆典的重头戏。预计有百万人将参加庆典，世界 11 亿人观看电视转播。以红、黄、紫、品红作为主色调的缤纷焰火，表达的是"博爱"的主题，彰显宽以待人、心心相印的理念。

这些在公共场所举办的迎新年活动，近几年在中国内地也逐渐被借鉴。在上海，新年之夜举办了盛大的"上海新年倒计时"灯光秀活动，主题是"经典上海，魔力之都"，内容是对上海前百年历史、后百年发展的展现。离午夜零时还有20分钟，4D灯光秀正式开始。瞬间，五色缤纷的激光投影在外滩的大厦、楼宇间，时而化身人民广场地铁站的标牌，时而变身为黄浦江上航行的游轮、呼啸而过的火车。当迎接时刻只剩下半分钟时，2013张普通中国人的笑脸一张张出现在倒计时的墙上，表达上海人民对世界的新年问候。随着倒计时声的响起，黄浦江上升腾起璀璨的烟花。

类似的活动，还有武汉的迎新灯光焰火晚会，上百万市民通过观赏世界级的焰火表演来迎接新年。贵阳市组织了八千市民在筑城广场举行迎新仪式。后者虽然参加人数有限，但迎新仪式还是面向广大市民的。

相比之下，北京在颐和园举办的新年倒计时庆典则有些不同。据官方的说法，这是在向世界展示北京形象，推介北京旅游资源，令人感觉这是一场宣传。然而，近二千万北京人的新年祈盼如何表达呢？在此并未提起。这表明，北京主办的迎新年活动更多的是给外人看的，而不是为自家人表达心愿服务的。这与刚才提到的悉尼"博爱"主题的迎新年活动似乎有着根本性的差别。少数人的狂欢可花的却是大家的钱。据载，当晚的万寿山灯光闪烁，千米长廊宫灯悬挂，多彩的挥照灯和LED屏幕让传统建筑大放异彩。到了晚上8点，昆明湖上更呈现出一条灯光映照的"时光大道"。在颐和园东宫门、知春亭、长廊、仁寿殿、国花台、乐寿堂、排云殿等处都设置了冰雕艺术。有幸到场的人还得到了主办方发放的"小道具"：能发光的倒计时吉祥物、眼镜、主题标志围巾、帽子、多彩荧光棒等。读到这些报道，不免让人感到：真够炫，够酷的。遗憾的是，它与你我有什么关系呢？

从对以上新年活动的简单回顾可以看出，以新年为契机开展丰富多彩的"倒计时"庆典活动，已经成为世界上许多地方的共同做法。各地的风格也日益凸现，如纽约时代广场的新年倒计时活动已有近百年历史，水晶球配合灯光秀，在零点时降落，点燃烟花，每年有超过十亿人通过电视实况转播欣赏整个活动。巴黎埃菲尔铁塔上的灯光吸引了全世界无数人的目光。伦敦大本钟的新年倒计时活动利用大本钟的钟声与伦敦眼上布置的烟火交相辉映。这中间，服务对象是谁，活动出发点为何，已显得格外重要。

四

在过去的很多年里，中国人过新年更多地不是体现在这样的狂欢当中。唯一要做的事，就是摘下旧月份牌，换上新的，仅此而已。

20世纪70年代，曾有几次新年是我随父亲在单位度过的。当时父亲在王府井八面槽邮局主政，这不过是个芝麻绿豆大的官，可是上面千条线，下面万根针，来自直属机关、社会各界的要求、指示，都要通过父亲的身体力行来体现。赶上大师傅不在岗，父亲还要到食堂充当"伙头军"。

在新年之夜，正是邮发业务最忙的时间，父亲更不敢在家休息，要赶到单位去值班。我的新年特别活动就是跟父亲去值班。当晚，父亲安排我在投递员分拣邮件的大桌子上，怕我冷，还找来棉大衣压在被子上。然后，父亲和大伙一起去门头迎接送邮件的大卡车。只听大家议论："这可是今年最末一回喽！再干就是明年了。"我在父亲他们的忙碌中进入梦乡，度过了辞旧迎新的一夜。

第二天早上，父亲带我到东安市场北门的东来顺楼下吃早点。然后进入东安市场的大厅，来到新华书店的柜台前。我踮着脚挤进去选定二三本小人书，然后回身从父亲手里接过几毛钱递给营业员。这几本书让我的新年过得特别有意义，也在小朋友面前长了威风。

这一晃已是四十多年前的事了，父亲也已于去年的四月初妙峰山庙会开庙的那天晚上去世了。只是在我心中，这已成为我过新年不可忘怀的深刻记忆。父亲务实、肯干、不惜力、肯帮助人的作风，以及他对书的热爱，都成为良好的家风，随着一个又一个新年的到来，被不断地传承下去。

2013年1月2日上午于晴窗下

幡鼓齐动十三档　载歌载舞庆新春

——2011年（兔年）花会精华十三档重现京城

2011年新春，失传多年的"幡鼓齐动十三档"民间花会精华在厂甸庙会和圣泉山庙会重现，为春节增添了喜庆气氛，也让京城百姓集中感受到传统文化的魅力。

一、什么是花会

"花会"这个叫法是20世纪50年代开始的，早先叫"走会"或"过会"。它是传统的民间文艺组织。北京城乡都有各种的花会组织。每到庙会之际，"京师游手，扮作开路、中幡、杠箱、官儿、五虎棍、挎鼓、花钹、高跷、秧歌、什不闲、耍坛子、耍狮子之类，如遇城隍出巡及各庙会等，随地演唱，观者如堵"（清·富察敦崇《燕京岁时记》）。到了20世纪50年代，有人提出"走会"不够准确，而高跷、狮子、旱鸭、太平鼓等属于民间艺术之花，于是就把从事这些活动的民间文艺组织统称为"花会"。

民间花会的历史很悠久，早在春秋时期，宋国的艺人兰子为宋元公（公元前531—公元前517年）表演，其高跷腿子比人还高出一倍，不但能作"并趋并驰"的一般表演，而且还能同时挥舞七支宝剑。这表明当时的高跷表演水平已达到很高程度。这种高跷历代流传，后来成为庙会上过会或走会的重要表演内容之一。

民间花会在表演时大都有音乐伴奏，载歌载舞，声情并茂。其内容之丰富、种类之繁多，实在是琳琅满目，举不胜举。

至少从明代开始，北京已普遍组织起了民间花会。据东郊二闸的京都"二闸钢铃太狮老会"年近九十的一位老人介绍，他们这个会是从明朝正德年间就开始了。而首都博物馆征集到的一对太狮老会的狮子，据考证是明代晚期的。

到了清代，好大喜功、贪图热闹的乾隆皇帝十分支持民间花会的活动，民间花会由此达到高潮。慈禧当政时期，为了粉饰太平，满足个人的享乐之需，常在她过生日或举行喜庆活动时组织花会表演。传说在旧历四月妙峰山会时，有很多朝山的花会要从颐和园北宫门经过，边走边表演。慈禧有时就在北宫门的门楼上观看，哪一档会好，就调进颐和园或皇宫里去表演。现在还有一些民间花会组织仍保留着"龙旗""龙幌"，号称"万寿无疆老会"，这都是到颐和园或皇宫表演过，受到皇封的所谓"皇会"。北京受过皇封的民间花会很多，光丰台十八村的十八档会中就有四档皇会。

民间花会过去之所以叫"走会""过会"，主要是因为他们在行进中边走边练，只有在有人邀请时才停下来做成套路的表演。

民间花会又分成"文会"和"武会"两大类。武会中又分"会规以里"和"会规以外"的两种会。所谓"会规以里"是指经多年发展已约定俗成被公认的表演项目（行话叫"档"），共有十三档，将在下面详细介绍。除此以外的表演项目，统标为"会规以外的"项目。民间花会按成立的早晚不同，又分成"老会"和"圣会"。老会的历史悠久，会龄在二三十年以上，而新成立的会只能叫"圣会"。

"走会"的形式分"局会"和"香道会"二种。前者用途广泛，举凡商店开业、红白喜事、办满月、开市等，凡需要热闹的时候，都可以举办，而后者只有去朝山进香时才进行。

除每年四月初一至十五的妙峰山庙会以外，还有北京周围的大南顶、小南顶、中顶、丫髻山等庙会。届时，在密集的人群中锣鼓喧天，幡旗招展，万人空巷，热闹非凡。

与幡鼓齐动的十三档"武会"不同，"文会"是为表演和进香活动服务的组织。"文会"又分为"行香"与"坐香"两种，前者以流动形式为主，后者以固定形式为主。敬水献花老会是到寺庙去贡献茶水和鲜花，属流动形式。而粥茶老会则是搭棚设灶，煮粥沏茶，就地为过往的香客服务，所以属固定的形式。

当然，文会所负责的工作远非上述两项内容，几乎庙会期间的方方面面，都会留下他们的身影。

据1929年的统计，在安定门外地坛重整花会之际，全北京共有花会一百零八个，而丰台的草桥十八村就同时建有三十多个。市内花会最多的地区属白纸坊，同时拥有武会、文会和没有贺牌的会各三个。白纸坊地区还是花会历史最悠久的地区之一。成立于明朝嘉靖十三年（1534年）的挎鼓会，就是在燕王扫北，进北京时成立的。当时的助威战鼓声势浩大，响声震天，被称为"神胆"。

到了20世纪50年代，北京的花会，尤其是庙会上的花会仍然存在。在重大政治节日之际，各种花会也都出来表演，增加了热烈气氛。但自50年代中期开始，在极左思想的影响下，花会被视为旧社会的残渣余孽，逐渐走向衰落。尽管过去二十多年后，花会又开始复苏，但当年的老艺人大多都已故去，健在者也已年逾花甲，很难恢复往日的辉煌，尤其是一些高难动作和一些老艺人的绝技，如踩高跷走大绳、踩高跷上五层桌子、双石头表演的十三龙头等均已成为绝响。

尽管如此，民间花会深深地扎根于民众心中，在他们的精神文化生活中占有重要地位。因此，在进入21世纪的今天，民间花会仍然受到广泛欢迎，尤其成为春节期间人们欢度新春的娱乐方式。

二、民间花会有多少种，精品十三档有哪些主要内容

老北京庙会上的娱乐活动，融和了满、回、汉等民族的古老艺术。像驰名遐迩的太平鼓就是由满族历史上萨满教敲击的单环鼓演变而来的。海淀区西北旺的高跷会至今保留着九十多首清代以前流传下来的优美唱曲。北京地区的民间花会种类繁多，有民间歌舞类，像地秧歌、花钹大鼓、武吵子、旱船、小车、跑驴、竹马、舞龙、狮子等；有民间乐器类，像大鼓、文场、同乐会等；有武术杂技类，像五虎少林棍、开路、中幡等。如今，又挖掘出不少新的花会品种，具有浓郁的地方色彩，显示了北京地区特有的历史文化和人文气息。

北京地区的花会，经历了由宫廷到民间的发展过程。因为当初的花会是"随龙进京"的，最初是由皇家自己表演自己欣赏的，后来才散入民间。

民间花会的种类繁多，不同的花会要表演不同的内容，即便是同一会种，其表演内容也因继承、来源不一，而呈现出多彩的风格。

按照以往的规矩，会档共分十三种，称为"幡鼓齐动十三档"，其内容的产生，据说与娘娘庙中的各种设备有关，是由它们演变而来的。具体说，杠子会表演的杠子，是由娘娘庙山门上的门栓而来；石锁会的石锁，是由娘娘庙山门上的门墩而

来；太狮会的狮子，是由娘娘庙山门左右的石狮子而来；中幡是由山门两侧的旗杆而来……

花会十三档的具体名目为：

开路打先锋，五虎紧跟行。

门前摆设侠客木，中幡抖威风。

狮子蹲门分左右，双石门下行。

掷子石锁把门挡，杠子把门横。

花坛盛美酒，吵子音乐响连声。

杠箱来进供，天平称一称。

神胆来蹲底，幡鼓齐动庆太平。

这段歌词唱的就是十三档花会的排列顺序。现依此排来：1.耍钢叉（开路）；2.少林五虎棍；3.高跷（行话叫"侠客木"）；4.中幡；5.狮子；6.双石；7.掷子（又名"石锁"）；8.杠子；9.花坛（包括踢毽子）；10.吵子（唢呐等吹奏打击乐）；11.杠箱；12.天平（包括小车会、莲花落等）；13.神胆（八面大鼓）。

十三档花会，又称"十三堂花会"，"档"或"堂"都是指一个具体的表演项目，如"一档（堂）高跷"，"一档（堂）舞狮"，而不管这个项目里包括了几支同类型的表演队，纵然有十支高跷队，仍然叫"一档（堂）高跷"。只有十三个项目齐全了，才叫一个整会。如果只有八堂或六堂，则叫"半堂会"。

事实上，上述十三档的具体内容，在不同的历史时期，不同的地点，也曾有过不小的出入。此处仅依其定型时期的具体内容为主，同时兼顾各种形式的十三档，这就有些像"扬州八怪"，其确切人物有争议一样。

（一）开路

开路，又叫耍钢叉、滚钢叉或飞叉。过去忌讳说叉，因此会名都称"开路"。当庙会出会或走会时，在队伍前面表演，也就是逢山开路的意思。钢叉的叉柄有一米多长，固定在钢叉上的叉头可以转动，有的还拴上铃铛，转起来发出"哗棱哗棱"

的声响。走会时，通常五人一组，其装扮类似神话中的夜叉，脸上勾着脸谱，分成大鬼一个，小鬼四个，赤臂，上下一身黑色，腰周围一虎皮裙，青缎子靴，青缎子靠，除持钢叉还使用其他武器，各显奇技。

开路可以一人单练，也可以几个人对练，还可以过活，和戏曲武打演员打出手一样。开路一般是在平地上练，有时要上到桌子上或高台上练，把两张八仙桌并在一起，再放上一条宽板凳，演员站在板凳上表演。

开路走会时，大多配有乐器，像打击乐，一个丹皮、一个堂鼓、两副铙、两副钹，行话叫"八扇铜"，外加一个小镲锅。

按照花会的解释，开路是打鬼的。因为他们供奉的祖师爷是地府里的地藏王，"开路"是冥界里的武士，可横扫一切鬼魅邪恶。

（二）五虎棍

五虎棍又叫"开路五虎棍"。其中分"架式棍"（正名叫"打路"）"少林棍""藤牌少林棍""跟斗棍"等名称。后三种比较少，跟斗棍更少。相对于开路打鬼的作用而言，这五虎棍的作用在于打人。打谁呢？这里还有个传说。

宋太祖赵匡胤在当皇帝之前，有一次路过一个叫董家桥的地方。这里有董家五兄弟，绰号"董家五虎"。赵匡胤过路也不例外，董家五虎拦桥要钱，否则不准通行。赵匡胤当然不会给钱，于是双方打了起来，恰在这时，卖油郎郑子明打这儿经过，甚为不平，就抽出扁担，帮助赵匡胤打败了董家五虎。如今的五虎棍，其来源正是这段历史故事。表演时，演员都勾着花脸，扮成上述双方角色。赵匡胤勾红脸，戴硬罗帽，穿红开氅。郑子明也戴硬罗帽，勾黑脸，穿黑氅。董家五虎中，大虎勾花脸，二、三、四虎勾素脸、丑扮，五虎脸上画一个蝎子。大、二、三、五虎戴罗帽，四虎戴马尾透风巾，分别穿不同颜色的开氅。五虎棍主要是看红脸（赵匡胤）、黑脸（郑子明）、花脸（大虎）三个人的表演，其表演特点是"红脸稳，黑脸哏，花脸毛"。五虎棍有单练、双练、群练，主要套路有三抽、三扫、三捂、三月子、二龙头、十八棒等，群打时各有各目，并且有故事情节。届时，还有文场十四人，分为两组，一组七人，在表演时轮换击鼓奏乐。

五虎少林棍出场人物除使用棍棒外，还可使用刀、枪等十八般武器。藤牌少林棍多了八个藤牌手，也是五虎少林棍的变体。跟斗棍和演猴戏一样，以翻跟头为主。用真刀真枪对打，更为热闹。

在五虎棍的表演者中，有很多是武林高手、民间英雄。他们表演的路数往往是真功夫。所以，欣赏这些花会，不仅仅是欣赏它的舞蹈动作，而且是欣赏中国武术的精华。

五虎少林以齐天大圣孙悟空作为自己的尊神，取其神通广大、武艺高强的特点。各种花会进香朝山时，进入佛殿，会中所有的人都要向佛磕头，叫"参驾"，唯独扮演赵匡胤的演员，只作揖不磕头，因为赵匡胤是人间帝王。

五虎少林棍安排在第二档，是为了利用武术的群体动作，进一步拨开人群，扩大空间，所以，有时干脆管这档会叫"五虎打路棍"。

（三）秧歌（包括高跷）

"两个灯笼挂竹梢，车中锣鼓任胡敲，

秧歌到处皆能唱，才是京城大土包。"

清代的这首竹枝词，形象地表述了庙会上秧歌嬉戏的热闹景象。同时也说明其参与者的广泛性和形式的多样性。同类的竹枝词还有：

"秧歌椎击惹闲愁，乱簇儿童戏未休；

且说寻常歌舞竟，大头和尚满街游。"

这里所记录的，是儿童戴着大头和尚花脸，争唱秧歌的动人情景。

《北平风俗类征》引用《定县秧歌选·绪论》中的一段话说："北平秧歌的人，脚底下绑上三四尺高的木棍，叫做'踩高跷脚'，并且是在街上游行演唱。主要的角色有：头陀和尚，手拿一对木棒，在前引路，一面走，一面打，后边都按照他打的快慢来走路；他的后面，有傻公子；再后是傻公子的媳妇，以及老作子、小二哥等角色。所唱的都是短歌，或随时说些趣话，演些逗笑的动作。"

在这里，对秧歌的内容作了绘声绘色的描述，但是很片面。原因是这里所说的秧歌，实际是秧歌的一个种类，顶多算一个主要种类。除此之外，还有一种叫地秧歌，与上述秧歌最大的区别就在于前者"脚底下绑上三四尺高的木棍"，而后者没有，也就是说不踩腿子。它们的共同特点是，都载歌载舞、彩绸飞扬、乐声清亮，增添了庙会的喜庆气氛。

高跷秧歌有文武之分。武跷以各种惊险动作为其特点，有劈叉、摔叉、打旋风脚、翻跟头、拿大顶、蝎子爬、鹞子翻身等众多名目。表演时强悍骁勇，英武豪爽。可谓"高跷秧歌夸捷足，群儿联臂欲升天"（《燕京岁时杂咏》）。文跷主要表演走场，也就是走字和图案，另外还有摆山子，以演唱秧歌、唱词、唱段为主。可以说，高跷的表演者个个体轻如燕，踏高跷行走，如履平地。而且人人怀有一身轻功绝技，闪展腾挪，无所不能。他们能打着绊跳坡，能在两张高桌之间悬空表演，甚至从三张高的八仙桌上翻腾下来，稳稳站住；而且能将身体向后仰成九十度，胸上放一满碗水，由高台阶上下来，滴水不洒。可见，高跷是文武兼备、载歌载舞、表演内容丰富的民间艺术。遗憾的是，更高级的动作，像踩高跷上五层高的桌子、踩高跷走大绳等绝技都早已失传了。

地秧歌是不上跷的纯秧歌会，与高跷秧歌的表演方式、内容、乐曲等基本一致。但民国初年以后，地秧歌逐渐形成一套独特的角色结构。共十余人，除文扇、武扇、渔翁、樵夫外，其余均为双上（头陀、小二哥为二人，锣鼓为四人）。整个演出分"堆山子""走场""别篱笆""逗场"和"演唱"五部分。其舞蹈动作是根据头陀的几套基本动作演变而来的六十四套路。舞蹈节奏明快，强弱对比鲜明，动作幅度较大，刚劲沉稳，粗犷有力。舞蹈还大量吸收了戏曲表演的技巧，讲究"手、眼、身、法、步"的综合运用，形成了鲜明的艺术风格。此外，高跷出场的高难动作，像旋子、跟斗等地秧歌也可以表演。

秧歌会作为一种完善的民间娱乐组织，除了十二位角色的演员以外，还包括管理和辅助人员。秧歌会统一由会头指挥，由年长有威望的人担任，手持小三角蓝旗一面，两位青少年持两面三角形大旗，为杏红、白、蓝等色，这叫会旗，上绣会名。庙会进香时，两面会旗交叉缓缓进入院内，回香时则可直执。还有一对挑钱粮挑子的挑夫，内放香烛、银钱及化妆品等物。

京西秧歌会中，龙泉雾村的地秧歌最精绝。由全体表演者相互配合摆成造型的"堆山"，以及繁复走场，边舞蹈边变换队形摆成的吉祥字等表演，充满动势风采，给人留下深刻印象。龙泉雾村的秧歌会，除一般秧歌会的十二个角色外，还增加了青蛇、白蛇两个角色，这是专为表演秧歌《大合钵》而特设的。

（四）中幡

中幡的主要道具是一根大竹竿，长短不一，最长者达数丈，顶上为一小伞（也有的是三个用布圈成的圆筒子，行话叫楼子，斜折着两面带着火焰的三角旗），并缀上铜铃，下边是用细竹竿绑成的长方形架子，行话叫"耙子"。耙子下面挂着一面两尺多宽、一丈多长的红色幡布，由布或绸缎做成，上写豪言壮语"晃动乾坤定太平"等。也有的在幡上绣神像，如关帝、窑神等。门头沟区千军台和庄户村的幡旗上，绣的就是这类神像。而丰台区前泥洼幡会的幡旗上，绣的是八仙庆寿和十八罗汉等。每个幡会所拥有的幡旗数量不等，多则十多面，少则仅一面。除幡旗外，每会出会时还有门旗、拨旗和几副笼子。

因此，"中幡"一词的意思，就是指一面高举的竖旗，为使其竖直，必要保持平衡，是为"中"。如前所述，它是由寺庙门前的经幡演化过来的。

中幡因其高，所以重。少则三四十斤，多则上百斤。加上风力的作用，需要很高的技巧，同时还有相当的危险性。"二档中幡逞英豪，头遭来个怀中抱，举三举，落三落，托塔转云幡，愣往头上掸……别的故事全好了，唯有压肩最难学。劲头不许大，劲头不许小，要一小，砸脑勺，要一大，出溜跑，眼睛鼻子全平了。"这段顺口溜，形象地描述了舞幡中的各种危险。

中幡的表演技艺套路很多，据说有七十二套之多。

俗话说："狮子怕过桥，中幡怕过城。"中幡在行进过程中，难免遇上牌楼、城门。每到这种时候，为了不挫英雄气概，中幡不能放倒，顺着进城，而是要从牌楼或城楼上扔过去——这需要更大的力气和更高的技巧。

与过牌楼时的扔中幡相比，过城楼就更不容易。每到这时，舞中幡的人仗着平时练就的轻功，飞身上墙，将中幡扔给城墙那边等着的弟兄。那弟兄需要同样的力量和技巧，将从几丈高的城墙上落下的中幡稳稳地接住。

舞中幡时，常常赤膊穿厚布纳的褡裢，腰间系一根绳，脚蹬厚帮薄底的"螳螂肚"靴子，头上戴一个小毡垫儿，无论中幡在身体哪一个部位，都不能动手去接或换地，而只能用力去顶。

起先，中幡还只是算花会中的一个档，以娱乐为主。到后来，舞中幡的人为养家糊口，就把舞中幡当作了卖艺的形式，在天桥等地设摊表演。当然，遇到走会时仍然赶来参加。

由于中幡高大挺立，代表了花会的一种精神。所以，花会里就把它看成"大执事"，作为花会的代表了。

（五）舞狮

舞狮与舞龙都是中国古代庙会上的重要娱乐节目。所不同的是，北京的庙会上，舞狮常见，而舞龙却几乎没有。这是因为北京作为都城，是皇帝的居住地。而皇帝自诩为真龙天子，龙的形象常常装饰在皇帝的日常用品上，像龙舟、龙椅等。既然龙专属于皇帝，那么，岂能让普通百姓嬉耍？显然，耍龙成了对皇帝的大不敬，理应禁止。

当然，不让普通百姓耍龙，并不等于皇帝不耍龙。在皇宫里，元宵节舞龙、玩龙灯就成为必有的项目。每年的正月十五元宵节之际，夜色降临的紫禁城内，各式各样的彩灯悬挂空中，火树银花，流彩溢金。灯火中，宫廷太监引出一条蜿蜒舞动的龙灯。龙灯是由绸绢裱糊而成，里面用竹签搭成骨架，内燃着蜡烛。龙灯长约一丈五尺，支以十根竹竿，由十个太监举着，作盘旋曲折式游动。同时，伴以悠扬悦耳的曼妙音乐。彼时彼刻，月光与龙灯天地辉映，花炮腾空轰鸣，五彩缤纷。

关于不舞龙的原因，民间还有一种说法，认为这是出于对龙王的敬重。因为北方向来缺少雨水，人们对水的珍惜也就导致了对管水的龙王的崇敬。龙像鱼一样，离不开水。所以，龙王庙从来不修在山上。当然，有泉水的地方除外。照此说法，每年朝山进香时舞龙上山，不是有困龙于山而离水之虞？

在北京，舞狮的历史，有记载的是在元代。《元史·贺胜传》记载说：天子打猎归来，艺人们用彩色的兽毛做成狮子的形状，奔腾跳蹿而舞，以此来迎接他们的帝王。可笑的是，正巧打猎归来的天子骑的是大象，而大象因舞狮而惊骇。多亏了贺胜的及时制止，否则又将酿成一次大祸。所舞之狮的威武雄壮，色彩飞扬，由此可见一斑。

清代《北京走会图》所画的狮子舞，一个大狮子，三个小狮子，另有两人手执"拂子"，戏逗狮子。舞狮的民间娱乐组织成为"狮子会"，其来源，据说是娘娘庙前守门的石狮或是三大士的坐骑——狮、象、犼中的狮和犼。《京都风俗志》记载的北京舞狮表演："太、少狮以一人举狮头在前，一个在后为狮尾，上遮绸布，彩色绒线，如狮背皮毛状，二人套彩裤为狮腿，前直立，后伛偻，舞动如生，有滚球戏水之名目。"当时把只有两只大狮子表演的叫太狮会，带小狮子的叫太狮少狮会。

（六）双石

双石，有点像现在举重用的杠铃，即在木杠的两头各坠一重物。不同于杠铃的是，"双石"是在杠的两头各坠一块石头。这个石头并不一般，在形状上是像扁鼓一样的圆石，讲究的，还要在圆石上凿出花纹，人称"五花飞石"。其重量，小者十千克，最重的一百八十千克，共分七个等级。

据《都门琐记》上说，表演双石时，一人仰卧，用两只脚来蹬双石，"木两端近石，各二人踏肩立，中复一人，亦以木贯两巨石，举而转之，久乃下，两足所擎近千斤"。这里描述的是"蹬活"，双石表演中的一种。再一种叫"练活"，是用十公斤或二十公斤重的双石，表演十字披红和腰横玉带、燕子过桥、前后背花等套路。

（七）石锁

石锁，是用整块石头凿成中国式挂锁模样，用于大门上头的门锁。当初，人们拿它用来锻炼身体，通常是一人举耍。有的石锁重二十五千克，有的达一百多千克。后来，逐渐发展成多人表演。主要的表演动作是将石锁抛掷于空中，再用身体的各部位，甚至小拇指，伴以各种姿势接住。显然，武艺的高低是能否表演好石锁的关键。

（八）杠子

杠子，俗称"盘杠"，其表演方式，近似于单杠。只是杠子为木制，且固定在马车上，以便于行进中和停下来后都能表演。好在拉车的马都经过训练，停下来后只要用砖石给车轮打上眼就行了。

由于杠子被固定在马车上，所以，经常表演的只有挂肘、片腿、凤凰展翅、倒挂紫金冠等幅度小的技巧动作。此外，也有一些像在杠子上拿大顶等，也是技巧性较高的。还有一种叫八字顶，就是在杠子上倒立后，把两个手指擎起来，竖在杠子上，用两个手指支撑全身的重量。"金勾顶"更玄，是用两个食指倒立在杠子上支撑全身的重量，有点像海灯练过的"二指禅"。

（九）花坛

花坛，顾名思义，表演的道具是瓷坛或瓷缸。表演形式有些像耍石锁，以瓷坛在身体各部位间作种种飞舞式样，单摆浮搁，术极巧妙。有的能将坛子用脚兜向空中，然后再用头或肩接住，端然不堕。

后来杂技表演中的顶花坛，就是在民间花会中花坛这一档的基础上演化而来的。又光又滑的瓷坛瓷缸，大的几十斤，在头上顶来顶去，上下翻转，左右滚动，技术要求很高。相传花坛为寺庙神佛前的净水瓶，谓之"盛净水"。

（十）吵子

吵子会，又叫献音老会，以民间乐器的演奏为主要形式，与前述的各种武术功夫不同，演奏的乐器有：一个丹皮，四副铙，四副钹，有时演奏者把一只铙和一只钹配在一起用，声音介于二者之间，别有特色。此外，还有一个旋子，一个小锣，一副小钹，两个海笛，一面堂鼓。

吵子会分为文武两类，演奏用的乐器相同，只是武吵子铙、钹数量多些，且边演奏边舞，而文吵子只演奏没舞蹈。文吵子常演奏的曲牌有"七鼓三""倒拷袍""十棒鼓""入南楼""旱东山"等。武吵子比文吵子多两面大鼓，铙、钹的数量也增到八副、二十四副。演奏铙、钹的同时，还要敲击手中的器乐，一边作一些"串档""作揖""参驾""虎跳""跟斗"等舞蹈动作。

在花会进行中，吵子可表演出一套又一套极富特色的民间乐曲来，既渲染了气氛，又自成一体，观众在经历了紧张惊险的武艺表演之后，又得到优美的乐曲享受，同时，也为后面的文戏起到了铺垫作用。其安排可谓是独具匠心。

（十一）杠箱

杠箱属于滑稽戏，参加的人比较多。通常在前头有八个人抬着四个有环儿的箱子，每两人一组，箱内装有花会赞歌所说的"来进贡"的银子或叫钱粮。抬杠箱者有时翻筋斗，有时跳着走，但要求表演动作与箱子上环儿的声响节奏一致。在杠箱的后边，用一善于抓哏打趣的演员扮成官员，谓之"杠箱官"，身穿大红袍，头戴圆翅纱帽，嘴上饰短须，骑在一根竹竿上，后张一柄大伞，观众可以随意地向骑在竹竿上的"官员""告状",打趣说笑。

（十二）天平

天平，又叫"莲花落"或"化不闲"。走会时，它也曾与小车会、杠箱排在一起，作为一档。表演时，在八仙桌上摆一个天平架子，架子上悬挂着两个小锣，两副小钹，一面丹皮，用绳牵着，由一个人操纵。另有一面堂鼓，一副大铙，一副大钹。演员一般为八位，两个男丑，行话叫"画面"的；两个女丑，行话叫"画里"的；四个俊扮女相，两个"旗头"，两个"珠头"，因为这四个人不参加演出，所以叫"样头"。

天平会的演出，在清末民初的北京庙会上最兴盛，其内容大多取材于民间传说和戏曲"亭子"（《十里长亭》）、"腿子"（《王小赶腿》）、"墙子"（《墙头会》）。唱的曲调，一般是"太平年""五更调"等。唱时不伴奏，只在唱前唱后或中间停歇时才敲击锣鼓，以增加演出气氛。

（十三）神胆

神胆，就是指大鼓，也叫挎鼓会。挎鼓雷鸣，八面威风，正是所谓"幡鼓齐动庆太平"，它是花会的最后一个高潮，以至整个花会已走过去很远，鼓声仍然在耳边响着，故曰"神胆"。打的时候有种种点儿，通常每一档子会用八面大鼓，无数铜钹。鼓用大人，钹用小孩。走会表演时都要穿上彩衣，小孩一边打钹，一边举起钹来排成种种祝福的词句，如"天下太平""国泰民安"等。还有的做各种翻跟斗表演。

挎鼓分为文武两类，文会有十面大鼓、八个小铜锣、四对花钹，武会除了大鼓和小铜锣之外，还有二十四对花钹，以增加气势。

大鼓的气势大，主要源于鼓本身的体量大。一般的大鼓都有两尺多长，近两尺高，重三四十斤。鼓手在表演时用一根宽布带把鼓挎在脖子上，左手扶鼓，右手用鼓槌击鼓。大鼓的鼓点共有七十二套，称为开门鼓、戏槌、三参、汽点、鬼叫门、喜鹊登梅、五马上桥、三虎回山等。花钹的表演也有很多套路，有对钹、半档对钹、花钹手巾、大筐箩、反串跟斗、蝎子爬等。走会时，挎鼓的鼓点还起着统一指挥的作用。各会排好顺序之后，擂一遍鼓为准备，擂二遍鼓为开始。

以上分类介绍了老北京民间花会在庙会上表演的十三档演出。由于花会的民间性质，以及在长期存在的过程中不断发生变更与演化，因此，花会的演出并不限于这十三档。据北京群众艺术馆的调查显示，历史上的花会品种，竟有九十多种！而会规中规定的仅为十三种，称为会规以里的会档，其余的为会规以外的会档。

春到人间——关于"立春"的话题

"立春"释义

前几年，蒋雯丽主演过一部影片，题目就叫《立春》。说的是边远地区的一位女教师，天生一副唱洋歌的好嗓子。可当地既土又贫，很难找到赏识她才华的人。于是她奋斗，拼搏，屡败屡战，幻想着自己有一天能够在北京人民大会堂演唱，引起满堂喝彩。

我觉得影片的命名很传神。因为影片主人公的际遇与"立春"这个节气有着内在的契合：这正是一个乍暖还寒，让人能看到希望，却又不得不在难熬中忍耐的时节。

立春的"立"字是"初始""刚刚"之意。也就是说春天在此时刚刚出现，就像一个婴儿呱呱坠地，既给人带来希望，又让人感到前途还很长，有事事难料的担忧。

立春一般在阳历的 2 月初，由此开始东风送暖，大地开始解冻。这仅仅是寒冬向暖春转化的开始，春风中仍然夹杂着料峭的寒意。

按照气象学的分法，只有平均气温在 10℃以上时，才算真正进入春季。而且，中国幅员辽阔，地势复杂。所以，春天来到每一地的时间并不相同。最早的是广州，在每年的 1 月末，最晚的是漠河，要到 5 月下旬。因此，就全国的广大地区来说，"立春"更多的只是具有象征意义。

尽管如此，它带给我们的信息依然非常重要。毕竟，春天意味着花开鸟语，万物复苏，生命的苞蕾即将绽放。这是因为此时阳气逐渐升发，阴寒逐渐消散。人们在猫了一冬以后，开始伸腿直腰，迎接春天的到来。

古人发现，立春前后自然界会出现一些新的气象：先是大地逐渐解冻，接着是蛰伏的虫子开始活动，最后是冰下的鱼开始浮出水面，头上顶着尚未完全融化的碎冰，仿佛在白云中飞翔。

善于观察的诗人，对春天的到来最为敏感。宋时的张栻在《立春偶成》中写道："律回岁晚冰霜少，春到人间草木知。便觉眼前生意满，东风吹水绿参差。"此时的冰雪消融、春风徐徐可能只是诗人心中的想象，不一定是实景。但是"春到人间"的大趋势不可逆转。因此，不由得"便觉眼前生意满"了。

然而，这里的"生意满"不是到处充满了商机，生意不是指买卖，而是万物生机勃勃，富有生命力的气象。之所以"生意"一词后来变成了做买卖，实际上是在强调只有先让人对你的商品或服务有兴趣，产生购买欲望，才能使你的买卖兴旺起来，充满生机。

唐朝的罗隐，有一年正赶上过春节时遇到立春。此时的京城已有了可见的春色："一二三四五六七，万木生芽是今日。远天归雁拂云飞，近水游鱼迸冰出。"由此引出的一个有趣话题，就是立春节气与春节的关系，二者相遇的确不是巧合，因为中国的传统节日往往都与节气紧密联系。最有代表性的就是清明，既是节气又是节日。其他的像端午节与夏至的关系，中秋节与秋分的关系，等等。说到春节，它一定与立春节气紧密结合，从而体现出这一节气的特点。

南宋的吴文英有一年正赶上除夕是立春，诗人不禁情发，填了一首《祝英台近》词："剪红情，裁绿意，花信上钗股。残日东风，不放岁华去。有人添烛西窗，不眠侵晓，笑声转，新年莺语。"

"春眠不觉晓"

春天令人陶醉，以至于不知不觉中，天已拂晓。为什么会这样呢？冬天的白天很短，下午5点左右，室内就要掌灯了，而黑夜却格外的漫长，难免让人产生多睡觉、少活动的习惯，所以叫"猫冬"。立春后，白天越来越长，夜晚越来越短，以至于可睡的时间也逐渐减少，人体生理状态正处于调适过程中。这样一来，难免让人有睡不醒的感觉。

不仅如此，由于乍暖乍寒，人体的免疫功能也会受到影响。这时，开始滋生繁殖的致病菌微生物便会乘机肆虐，导致流感、流行性脑脊髓膜炎、风疹等病的流行，人体的血管会随着冷暖而不断收缩扩张，对高血压、心脏病患者危害极大。还会引发中风、心绞痛或心肌梗塞等。

说出这些潜在的危险，目的不是吓唬谁，而是希望大家能够重视，多加小心，要不怎么说预防为主呢。好在我们的先人已然在这方面有过一些提醒，这都是从以往教训中总结出来的。

首先，要保持心情的愉悦。这并非老生常谈，而是出于节气的要求。因为春天是肝旺之时，要特别注重情绪乐观，心胸开阔，力戒暴怒，更忌性情抑郁。要注意多活动，以便气血调畅，精神旺盛。

其次，注意防风御寒，不急于更换衣物，更不必为追求风度，去穿过分暴露的衣物。要注意冬春交替之际的天气变化，适当调整衣服的薄厚。

最后，在饮食上，少吃酸，多吃甜味、发散之品，像韭菜、枣、花生、春笋、胡萝卜等富含 B 族维生素的新鲜蔬菜和水果。增加热量的牛奶、蛋类、鱼类、鸡肉、牛肉等，这也是优质蛋白质的重要来源，有利于增强身体的抗病能力。相反，像那些油腻的伤肝类食物，则要尽量少吃。

春已归，看美人头上，袅袅春幡

立春是廿四节气中打头的一个节气，民间对它格外重视，几乎作为节日来过。"春"，蠢也，动而生的意思。立春就是见（听见，看见，体会到）这种动而生的变化。千百年来，许多活动相沿成袭，成为人们迎接立春节气的重要习俗。比如，打春牛、剪春花、贴春字、吃春饼等。

有人说，这些习俗都是农耕时代劝励农耕的习俗，现在我又不种地了，不必还按这些老礼过立春了。其实不尽然。因为这些活动虽然有些农耕色彩，可更主要的，还是让我们在参与的过程中，去亲身感到春天到来的讯息，祈求生活的幸福美满。您能说这一主题跟您无关吗？更何况，您在参与的过程中，还可以发挥出自身的聪明才智，展示自己平时不易示人的多方面才华，从而对自己更有信心。这会比简单地上饭馆吃顿春饼，仅仅享受结果，更令人难忘。

就拿吃春饼来说，您了解前人为什么要配上固定的肘花、摊黄菜、肉丝炒韭黄、炒菠菜等凉热菜吗？您了解吃春饼的历史吗？

吃春饼早在唐朝即已出现，用小面团擀成薄饼烙制而成。清朝时，春饼的做法有点像炸春卷，是把火腿肉、鸡肉加上时鲜蔬菜油炸而成。也有作甜点吃的，放黑枣、核桃仁、白糖，碾碎后卷入，然后切段食用。

立春时，大葱刚冒出嫩芽，清香脆嫩，尝尝鲜时混入时令菜中。吃时讲究把上述各种菜包起来，并且抹上一点儿黄豆酱或甜面酱，从头吃到尾，叫有头有尾，取一个吉利的开头。吃春饼时全家围坐在一起，把烙好的春饼放在盖帘上，随吃随拿。

吃春饼与咬春不是一回事，后者多指吃春菜，具体就是吃小萝卜。民间认为吃生萝卜免疗疾，解春困。在江南则以煨春为立春习俗。煨春就是烧春茶喝。用红豆、红枣、柑橘、桂花、红糖合煮，煨得烂熟，俗叫"春茶"。据说这样煨出的春茶可以明目益智，并取大吉大利、升官富贵之意。煨春茶的习俗还有一定的仪式，要先敬祖先，然后大家一起享用。

对于那些孩子们来说，比煨春茶更有趣的，是戴春鸡，就是公鸡。立春前，年轻的妈妈、婶子、阿姨们就要找来五彩的碎布，然后缝制成"送春娃娃""唤春咕咕（布谷鸟）""迎春公鸡"等装饰物。到了立春那天挂在孩子胸前或衣袖上，预示新春吉祥。未种牛痘的孩子，春鸡嘴里还要含黄豆，寓意孩子不出天花。

在环境布置方面，从晋代开始就讲究将写有"宜春"二字的红纸贴在房门上。后来又增添了"立新春""大吉大利""万事亨通"等内容。在南方有些地区，立春还要举行祭太岁活动，表示一年的开始，求吉求福的心愿。

东汉时期，为了体现"春朝大于年朝"，已将春礼列入国家典制当中。立春这天，人们手举青色的幡旗，排列成队，在乐曲的伴奏下，来到城市的东郊去迎接春神。春神由一个小男孩装扮，头戴青巾，身穿青衣，迎接的队伍到来时，春神从郊野中缓缓走来，接受人们的尊拜。在以后各朝代，这一礼仪活动一以贯之，并在清代达到高潮。这一礼仪活动肃穆、庄严，让人感到立春是一件很神圣的事，不免产生对天的敬畏，对春天到来的祈盼。

在迎春礼仪活动中，各种娱乐活动充实其中。像甘肃的灵台，要举行社火过堂仪式。72 个行业的人士分别穿着朱衣玄裳，妆成故事中的人物，会聚到县署的大堂进行表演。河南信阳的市民则玩鱼龙、角抵、高跷等游戏，参加的人很多，谁不想沾沾春天的喜气呢？

南宋词人辛弃疾的《立春日》词，是一首可以吟唱的汉宫春曲牌词。词人从惜春、恋春和怨春三个方面，表达了在春到来时的内心感受。词人唱道："无端风雨，未肯收尽余寒。"这是借口冬寒未尽，来表达对春的祈盼，叹惜春天来得晚了。"年时燕子，料今宵、梦到西园。浑未办、黄柑荐酒，更传青韭堆盘。却笑东风从此，便薰梅染柳，更没些闲。闲时又来镜里，转变朱颜。"过年时见到的燕子还没从梦中淡去，立春的春盘也刚下肚，还没回过味来，却已是早梅也开，柳梢已染，春的讯息日益明显，这怎能不让人留恋呢？于是乎，不免感叹春天又去得太快了，对花开花落、人生无常的情景产生出些许畏惧来。真的，人生不过匆匆过客，又有多少人能给后人留下值得怀念的东西呢？既然我们从古人的咏春诗句中，感受到了气象一新之余的人生感慨，那么就让我们珍惜这易逝的年华，把每一个立春过好，少留些遗憾吧。

2012 年冬至草于京东团结湖畔

在母亲的怀抱里绽放

——为洛阳牡丹文化节而作

关于牡丹的传说，最著名的当属武则天把不愿随她意开放的牡丹贬到洛阳这一则了。由此可知，牡丹当年是在皇宫的御花园中被欣赏的珍品，只是因为武则天于冬季命令它开放时，它拒不执行，于是才由都城长安被贬谪到了陪都洛阳。

在北京，欣赏牡丹的重要景点包括景山、中山公园，它们无疑都是当年的皇家禁地，由此也标志着牡丹自古出在帝王家的高贵身份。据说昔日皇家御苑景山公园生的牡丹是从金代就已栽培的名贵品种。如今看到的园子中的牡丹几乎成树，有一人多高，枝干如人的胳膊般粗细，老干虬枝，像一位暮年的老者。

然而，在很多年前，牡丹不过是开得漫山遍野的野生植物，尚未有今天人人艳羡的高贵出身。只是由于天生丽质，气质高雅，所以才为当权者所选中，从荒山被移栽到了皇家御园。这有点像一个农家女孩，由于大自然的赐予而天生一副招人喜爱的面相和身材，人见人爱，所以才被选入宫中，成为皇家人身边的侍女，就此了却一生。此时的她们远离双亲，远离她们生长的山山水水，被按照主子的意愿进行调教，以至于不再存在天然的自我，而被打造成观赏物或实用品。这样"可人"的宫女，百般妩媚的同时却已成了没有根的浮萍，整天漂浮在水面上，随波逐流，难以长成参天的大树。

在山东的菏泽，故称曹州的地方，牡丹花却没有被移到宫中去供少数人观赏，而是生长在广阔的大地，与世世代代生它养它的故乡紧紧地联系在一起。

有一个传说，讲的是民国初年，袁世凯篡夺总统宝座，妄想恢复帝制，一位地方官讨好袁世凯，以便在改朝换代时谋个一官半职。这位地方官来到曹州，选中了两棵两百年以上的牡丹，送到京城。袁世凯见到后大为欣喜，筹划着登基时用来装饰帝座。不曾想，这两棵古老的牡丹还没等到袁世凯复辟就先后枯死，找了几个饲养花草的把式都不管用。那是因为牡丹花格外地恋家，她们的最大愿望就是在母亲的怀抱中绽放，把她们所有的爱献给生育她们的亲人和故乡。

汪曾祺先生曾经指出，菏泽牡丹有赖于当地的干燥气候以及碱性的沙土，真是一方水土养一方人，牡丹花也一样。

2013 年 5 月 23 日

"无赖是年华"——立夏节气逸事

时进五月，气温已高达 30℃，按理说已进入夏季。这天上午，起风了，预报说有 4 级。从窗口望出去，树叶摇动的同时，天空中居然还出现了杨絮。借着风劲，杨絮漫天飞舞，落在行人的头上、身上，甚至钻进鼻孔，弄得人难受。

报纸上说，有一位时装杂志的女编辑，看见别人点杨絮好玩，见到自己单位外的墙角有一堆杨絮，于是过去点着了。不想，火势瞬间变大，顺着风势往前移，把旁边的 3 辆汽车引燃，着起大火，附近的百余棵树也因此遭殃，损失达几十万元。

有人说，这都怪杨絮太易燃。可是杨絮引起火灾毕竟还要人为。可见，杨絮不过是引起火灾的媒介，并非火灾本身。

说到杨絮的媒介作用，在多愁善感的诗人眼中，它还曾和人生命运连在一起，由此生发出无限的感慨。清代女词人顾太清的《春去也·飞絮》，描写的正是这样的内容。

这首词写于道光十八年（1838 年），这年顾太清正好 40 岁。在那年月，40 岁的女人已不算年轻，早点儿的都快抱上孙子了。因此，当杨絮再次在空中弥漫时，词人的心中不免引起起伏的波澜。她想起唐代诗人刘禹锡的《春去也》（又叫《忆江南》，"春去也，多谢洛城人"），刘词以伤春为题，正好符合女词人内心的感伤。

"一年之计在于春"，春天代表着生命的勃动，象征着人生的美好年华，然而春天又苦短，转眼即逝。拿今年的春天来说，由于倒春寒，所以外出时不敢脱夹衣，到了"五一"，气温陡升到 30℃，女孩子上街时已然着上了五彩的夏装。

春季的短暂、不定，仿佛是女词人命运的写照。顾太清虽然生在北京，又是名门之后，但自小就随父亲漂泊异乡。她 7 岁时去广东，8 岁时回到京城，11 岁又去了福建，一年后又寓居江南，直到 26 岁。在这里，她结识了与自己同岁的贝勒爷奕绘，二人都爱好诗词，相互爱慕。奕绘想收顾太清做侧室，但这个想法遭到家族的阻挠。

理由可能是因为顾太清父亲受到的文字狱之累。二人从相识、相恋到结合，花费了长达 10 年的时间。

婚后，顾太清随丈夫回到京城，进入了荣府。从此，二人诗词唱和，共赏珍藏的金石字画，尽享闺房之乐。正室妙华夫人也很善待顾太清，让她在大家庭中有一定的地位。这样的美满生活转眼就过去了 10 多年。

美好的东西总是短暂的。春天是这样，人生莫不如此。早年的颠沛流离，被人冷遇的往事在顾太清的心中挥之不去，以至一场飞絮的漫舞都会让她的心中难平。对她来说，这种短暂的美好竟在两个多月后戛然而止，来得那么突然，猝不及防。

这年的"七夕"，奕绘感到身体不适。很快，病情急转直下，没几天的工夫就夺去了他的生命。丈夫死了，家里的天塌了。以往那夫唱妇随、夫妻恩爱的场景永远地成为了过去。顾太清受到很大的打击。

两个月后，随着天气的迅速转寒，又一个打击接踵而来。顾太清被夫家赶出了荣府，她不得不带着两儿两女，到西养马营另找一处房子居住。为此，她专门写了一首诗。其诗序云"七月七日先夫子弃世，十月廿八奉堂上命携钊、初两儿，叔文、以文两女移居邸外，无所栖迟，卖以金凤钗购得住宅一区，赋诗以纪之"。女词人被迫离开荣府，看来并未得到些许财产，以至于要靠变卖自己的首饰来换得一处居所。

有史料记载，说荣府之所以如此绝情，一来是因为正室所生儿子怕顾太清生的孩子多占父亲的财产；二来是因为有传说，认为顾太清与诗人龚自珍有染。恰在此时，龚自珍匆匆离开京城南下，无形中附会了这传说。一时间，此事在京城上层和文人圈中闹得沸沸扬扬，还被写进了长篇小说《孽海花》第四回当中。

这种事向来传播得很快，顾太清想解释都说不清了。好在和她关系较近的人都为她辟谣，这事传了一阵后也就不再被人关注了。

三年后，荣府的太夫人去世，在定郡王筠邻的帮助下，顾太清所受的冤屈得到了昭雪。又过了一年多，顾太清带着自己的几个孩子又回到了荣府。

早年生活的颠沛，中年丧夫的心痛，加上被逐出家门的耻辱，使顾太清的身心受到严重的创伤。这些不幸常常像噩梦似的不时在她的脑海中浮现。命运是如此地捉弄人，就像飘飞的杨花，有的落在草地上，有的却落在肮脏的污秽中。究竟能落在何处，谁也说不定。"落溷沾茵无定准，任教风送到天涯。"命运反差之大，全不由自主，而且最终也只能无声无息地逝去，"无赖是年华"。

2013 年 5 月于团结湖畔

西涯荷影——为什刹海荷花文化节作

"毕竟西湖六月中，风光不与四时同。接天莲叶无穷碧，映日荷花别样红。"宋代文学家杨万里的这首诗，生动地描绘了六月西湖荷花盛开的壮丽景色，成为咏赞荷花的传世名篇。

荷花被誉为"花中君子"，在我国人民心中象征着美好与圣洁。荷花是古老的植物之一，远在一亿零三千五百年前，地球上就已出现了荷花。赏荷的风俗自古有之，最早的记载，是2500年前春秋年间吴王夫差在他的离宫（今苏州灵岩山）为西施赏荷而专门修建的"玩荷池"。

魏晋南北朝时，由于皇亲国戚、文人雅士的推崇，赏荷之风达到高潮，成为人们广泛参与的风俗活动，涌现出大量与赏荷相关的诗词歌赋作品。其中的代表作有曹植的《芙蓉赋》。"览百卉之英茂，无斯华之独灵；结修根于重壤，泛清流而擢茎……其始荣也，皦若夜光寻扶桑；其扬晖也，晃若九阳出旸谷。"写出了荷花之美，把人们对荷花的喜爱溢于言表。

杭州，因为有"人间天堂"之称的西湖，所以赏荷的风俗尤其兴盛。从一千多年前的唐朝，一直延传至今。

每年的农历六月，西湖上的赏荷景点都呈现出人影浮动、舟桨齐挥的壮观场面。在西湖，代表性的赏荷景点共有三处：里西湖、岳湖和三潭印月（又名小瀛洲）。里西湖是人们乘上瓜皮小船从湖滨出发最先到达的赏荷处。一路上，凉风扑面，心旷神怡，两侧荷姿尽收眼底。到了孤山放鹤亭，弃船上岸，品茗小憩，在一片荷香中沉醉。

岳湖正处于著名的西湖十景之一的曲院荷风，并蒂生长的莲花是这里赏荷的重点。就连梁朝的昭明太子也因其所感，挥毫写下了"同逾并根草，双异独鸣鸾。以兹代萱草，必使愁人欢"的佳句。唐朝诗人刘商也赞美道："菡萏新花晓并开，浓妆美笑面相隈。西方采画迦陵鸟，早晚双飞池上来。"赋予了人间真情的祈盼。乾隆七下江南，曾多次来这里游赏，题词作诗。乾隆二十七年（1762 年），他第二次南巡回京后，在圆明园中按照曲院荷风的布置，筑台建亭，叠石砌池，栽树植荷，也选了一处类似的圆景——曲院荷风，成为圆明园的十景之一。

小瀛洲周围的湖面种满了荷花。湖中的小楼上的对联"四面荷花三面柳，一城山色半城湖"形象地概括了西湖盛景。这里的湖面上，时常出现轻摇小舟的采莲女，同时还有卖莲蓬、切藕、荷叶的。在岸边的酒肆茶楼里，糯米红糖熬成的甜粥，以及蒸熟藕等特色吃食，迎来了八方的赏荷人。

在北京，也有一处被誉为"京城西湖"的开放水域，同时也是夏季赏荷的好地方，这就是被侯仁之先生称为"富有人民性之市井宝地"的什刹海地区。这里曾是永定河的故道，保存了十分难得的自然和人文交辉的历史风貌。侯仁之先生在《什刹海记》中写道："元代（这里）曾是漕运终点，一时舳舻蔽水，盛况空前。其后运河中阻，而人民群众喜其水上风光，乐于游憩其间。"

从明代开始，湖面上种起荷花和水稻，岸边遍植垂柳，形成一派田园风光。湖畔的茶馆、酒肆、应时小吃以及多摊棚和民间艺人表演的喧嚣，形成受到广泛喜爱的风景游览区和消夏场所。尤其到了炎炎夏季，溽热难耐，此时，水面上吹来的阵阵荷风，以及莲蓬、藕片等制成的"河鲜"等应时小吃，构成了荷花市场最受人欢迎的一景。

在前人留下的吟咏什刹海的大量诗篇当中，与赏荷有关的作品比比皆是。像清朝乾隆年间的著名诗人洪亮吉的名句"六月红荷花，清光彻天地"将荷花、荷叶带给人的清凉渲染得淋漓尽致。明代公安派文学家袁宏道也抒情道："一番热雨蘼波沸，穿檐扑屋生荷气。"此诗描述了在游览德胜门水轩时，遇雨观荷的感受。

同样是遇雨观荷，在清宗室同治朝进士宝廷眼中的却是"几点烟迷湖外树，一痕塔认雨中山"。南望雨中禁苑，白塔的身影只留下了似有似无的淡淡的一抹痕迹，雨濛濛、雾蒙蒙，山下太液池中的荷花，此时的婀娜娇姿恐怕更加令人向往了。

清朝康熙年间的刑部主事汪懋麟在《地安门外呼二首》中也提到什刹海的荷花："莲叶莲花足万枝，香风吹送早凉时。"同是描写什刹海荷花的，还有清朝乾嘉年间的学者翁方纲的"濛濛宿雨香，晓熨湖光净。一碧铺红云，周回大圆镜"，晚清诗人李慈铭的"宫墙斜抱处，盈盈一水，莲叶与天齐。几家楼阁好，隐隐垂帘，偏映绿杨堤"，等等。

在什刹海赏荷，这是从金代就有的风俗。文人借此饮酒赋诗，大发豪情；百姓则借机出售河鲜，为赏荷增添情趣。金代的什刹海，就叫"白莲潭"，可见种荷历史之久。元朝的著名画家赵孟頫曾经住在这里，朝夕与荷为伴，深悟荷花的神韵，面对水面上广阔的荷花，不禁吟道"家近荷花似锦湖"，可以想象当年种荷的繁簇茂盛的景象。

明代定都京师的永乐皇帝，惧怕南来的武装借漕运涌入京师，所以把运河的终点改在了东便门外的大通桥。这样一来，什刹海成了完完全全的旅游之地。明万历年间的《长安客话》记载："都城此隅旧有积水潭……内多植莲，因名莲花池……王公贵人家水轩、水亭最为幽胜。"因此招来历代无数文人、名士来此游玩，留下了众多诗词传世。像明代袁中道的"如何尘十丈，有此芙蓉池。雨至绿先暗，风来红乱披"就是其中的代表之作。

所谓什刹海，相传源于10座著名的寺院，古寺又称古刹，所以称"什（十）刹海"。而寺庙与荷花（又称莲花）的渊源可谓久矣。荷花出淤泥而不染，保持洁净，以便顺利进入净土佛国——这正体现了出家僧人们的精神追求。所以，佛教自产生之际就与莲花结下不解之缘，成为佛国的象征。在佛经当中，佛国称"莲界"，寺庙称"莲舍"，袈裟称"莲服"。和尚手中的念珠用莲子串成（传说这比用槐木珠要好。同样掐念一遍，所得之福可多千倍）。佛祖诞生之际，不仅百花盛开，百鸟群集，鸣声悦耳，而且更奇特的是，宫中大池塘里突然长出一朵大如车轮的白莲花，舌根闪出千道金光，每道金光上都有一朵千叶白莲，上坐一位小菩萨。

佛教传入中国以后，荷花的文化内涵更加丰厚。《无量清净经》上说："无量清净佛，七宝池中生莲花上，夫莲花者，出尘离染，清净无瑕。"北魏之后，莲花图案大量出现在寺庙的装饰当中。如佛像背景、两侧，以及门檐、横植和柱基、彩画等。与此同时，寺庙庭院中植荷养莲，也构成了特有的景观。庐山东林寺以种白莲著称，它象征了净土宗的教义。扬州大明寺栽种的"唐招提寺莲"，则最早是唐代大和尚鉴真东渡日本时带回的种子。

什刹海地区寺庙集中，古刹赏荷成为一大特色。

赏荷最宜在清晨，晨光熹微，说亮未亮，正值破晓。此时的荷花已从睡梦中醒来，伸展身姿，绽放出妩媚的容颜。所以，趁此时登船，穿越荷塘，才能观赏到最美的荷景。《帝京景物略》记载："士大夫看莲北湖，来憩寺中。"也许为了次日赶早，入湖赏荷之便，文人士大夫提前一天就来到寺中住一宿。

在积水潭南岸，明代建有一座莲花庵，位于高坡之上，正好俯看水面盛开的荷花。明嘉靖年间，被称为"后七子"之一的诗人王世贞有一次带上自己的弟弟，邀上好友汪伯玉、汪仲淹，来这里赏荷游玩。照理说，庵应是尼姑所在，怎好安排异性俗人住宿呢？想来彼时的庵里已实行"承包"，或把一些附属院落改为接待用房，借此增加收入吧。

住在庵里的王世贞，由于身居高处，俯身即见"帝城西北有莲宫，水槛冰壶面面通"的辽阔景象。当他走下土坡，近距离观察水里的荷花时，只见亭亭玉立的荷叶上"甘雨跳珠千叶上，法云垂绮百花中"。水珠的晶莹剔透，有如佛法神明的念珠。那缥缈在荷田之上的雾气，则如无处不在的佛法祥云，普照大地，沐浴万物。

明朝嘉庆年间任吏部右侍郎的邓以赞则更喜爱在雨中去莲花庵赏荷。因为此时"雾起云低作夕阴，雨余荷气四边侵"的景象更有诗意。到了夜深人静之际，寺庙中响起悠扬的钟声，身在寺中，仿佛置身尘世之外，闲暇的时光更显脱俗清雅，令人难忘。

位于积水潭北岸的净业寺，也是赏荷的好去处。明朝嘉庆年间，首任陕西按察副使的刘效祖来到这里，写下了《净业寺看莲》一诗。"雨过尘心净，风来爽气偏。浮生闲自惜，不是为逃禅。"诗人所要表达的，正是宦海浮沉，希望在这清净静谧之地，通过赏荷来抚慰心中的不安，远离红尘。"年来漫习山僧味，始向尘中静此心。"（邓以赞《莲花庵》）

百余年后，一个初秋的雨后，又有几位文人来到了净业寺，也是为了赏荷。其中就有华亭（今上海松江区）人汪历贤。他是受好友范质公之邀而来。此时，雨后初霁，未完全放晴的天空还浮着几大块乌云，遮住了大半个天空，仿佛护卫着水中的荷花免受骄阳的烘烤。清风送来阵阵荷香，在默默无语中，盈盈的风姿更加令人陶醉。

雨中赏荷仿佛成了文人的传统。清朝康熙年间的诗人高士奇更好于此。"僧舍无人满绿苔，新荷一顷雨中开。"看来他已是寺中的常客，即便没有僧人出来迎接，他也可以在寺中随便出入，趁着下雨来欣赏荷花。而且，这样反而减少了俗礼，可以专心于雨中盛开的新荷了。其实，寺中此时无人，却非真的没人来过，而是"寺前多少冲泥客，谁为看花趁晓来"。真懂爱花情趣的人已经来过，此时已尽兴而返，而自己倒成了迟到客了。好在"香色偏宜细雨中"，白莲泛浅绿的花瓣中，浅黄色的花蕊正像老朋友一样和他打招呼呢。

对于很多为赏荷而在寺中留宿的人来说，这个特别的夜晚一定会给他们留下难忘的印象。在屋檐下的廊凳上坐下来，啜茗之余正好眺望不远处别有洞天的一番景色："碧汉秋云薄，澄湖晓镜圆。柳丝低飐水，芦叶远沉烟。"

怎么没见到荷花呢？别着急。等到月色初升、银光洒地之际，阵阵荷香才会无声地，似有似无，以其略含幽怨的雅洁徐徐传来，让人在枕上榻前，感受到远离红尘的清静，伴随着客人进入梦乡。有的人还在梦中，迫不及待的人早已趁早起身，与破晓时分的荷花仙子亲密接触了。这正是身处激烈权势之争中的作者心生临渊之忧，望作遁世之求的真实体现。

相比之下，清朝康熙年间翰林院偏修查慎行，倒显得超凡脱俗一些。他赏荷更显单纯，图的就是放松，哪怕是暂时的快乐。"六月游人汗汁融，透肌一阵好凉风。欲知鱼乐看鱼戏，长在田田翠影中。比似濂溪（周敦颐，《爱莲说》作者）爱有加，年年贪看画中花。直从叶点青钱后，剥过莲蓬始到家。"您看，莲蓬吃完了，正好也到家了，既饱眼福又饱口福，多大的乐趣啊。

作为雅集的一种形式，文人赏荷时除了作诗之外，免不了还要聚会吃喝一番。一年的立秋，清风徐来，暑气渐消，洪亮吉应邀来到积水潭此岸小山顶上的江通祠，参加由友人举办的赏荷泛舟聚会。他先进入寺中，拐了几个弯才来到一座阁楼前。这里庭院宽敞，一棵大槐树把它如伞的枝叶笼罩了大半个院落，阳光透过枝叶的空隙，把点点斑影洒落在地上。先到的画家张道渥已在屋里开始挥墨，只是用的工具不是毛笔而是手指，他在画指画。这往往是文人的乘兴之作，比毛笔来得更直接、洒脱。有的人到阁后去吟诗，为的是躲个清静。诗人何道生边落座边招呼着其他客人，商议下回出游的日期。土坡下的假山旁，已事先摆好了冰碗和各种瓜果，新收的莲蓬剔去了莲芯，莲芯随后成了小鸟的吃食。刚摘的大枣一上桌，也不问来处，已被性急的客人瓜分一空。

宴会开始，用荷叶做成的酒器有三尺高，里面盛满美酒后传了上来。不胜酒力的客人急忙推辞，为此不得不躲进屋内。结果，还是被捉了出来。

终于到了可以上船游湖的时候。三四个人上船后直奔了船头，为的是先于他人投入莲花丛中。后来的几个人只好坐在了船尾。置身在宽广的水面上，两边都是望不到边的荷花正在盛开，遮天蔽日，凉风习习，暑气被彻底地抛去。在船上，还可以饮到用荷盘盛着的甘露，盘底是粉红的荷花图案。这时，传来了轻轻的吟诗声，众人一下子静了下来。

一会儿，小船开始划向湖的东侧，水面上的香气似乎有了变化。原来，是来到了种植菱角的地方。水鸟听到水声，振翅飞向远方。诗人洪亮吉用叙述诗的形式，记录下了这次赏荷的经历。

"人间六月赏荷天。"赏荷真正成为一个节日，大概始于唐朝。虽然荷花产生的年代已很久远，但是人们却不知道它的具体生日是哪一天。佛教产生之后，有人把它的生日定在了六月廿四日，从此荷花就算有了生日。人们此时都会到有荷花的地方欢聚，对荷花表达祝愿和敬慕之情。

清朝道光年间的一次六月廿四，翰林院编修黄霁青特意邀请了廿四位诗人，在李广桥旁的酒楼上聚饮，为荷花庆贺生日。这天，广东番禺人张维群应邀出席，并用诗的形式记录下了活动的场景，即《黄霁青太史招二十四诗人集李公桥酒楼，为荷花贺生日有作》。酒楼坐落在田田荷叶铺就的绿意当中，又正处于路口的便利之处。所以，既容易寻找，又有尘世器闹中的情趣，让参与者重温了西涯团聚的喜悦，饮尽美酒近百壶。与荷花交友，让这些远离家乡的士子，聊解孤羁他乡的寂寞。

清朝嘉庆年间的学者得硕亭以创作吟咏北京名胜、风俗的诗篇见长。他的《什刹海》一诗，记述的也是酒楼赏荷的美景："地安门外赏荷时，数里红莲映碧池。好是天香楼上坐，酒阑人醉雨丝丝。"

同是为荷花庆祝生日，1931年现代文人的雅集更显得喜庆热闹。

前清时出任过布政使的樊增祥在《荷花生日诗并序》中记载道：庚午观莲节，冒鹤亭先生做东，为荷花过生日。逊帝的老师陈宝琛也受到邀请。本来他已计划动身去天津，但得到雅集的邀请后特意留了下来。这天参加雅集的也是廿几位，大家赋诗言志，各抒胸怀，伴随的是源源不断的美酒，让大家畅饮一番。不觉已是月阑人稀，夜已很深了。巧的是，这深邃幽静的气氛竟使诗人诗兴大发，挥笔写下了"女仙彩袖倾霞盖，公子金衣奏玉笙。齐为国厄公主寿，鸳鸯福禄在瑶京"的诗句。仿佛夜色中正有一队仙女身穿彩衣翩翩起舞，穿着金色衣饰的公子亲自为她们操笙，载歌载舞，共同为荷花庆生呢。这种独特的感情和境遇，真是只有在那样的时刻不经意地来到身边，才能给人留下深刻的印迹。

民国年间的女诗人、旅行家单士厘曾与夏曾佑的夫人一起参加过一次在什刹海畔举行的荷花生日宴会，为此专门写了一首诗送给夏夫人。诗中写道："红衣翠盖竞新妆，香海能今溽暑忘。我爱花含君子德，特邀仙侣共称觞。"

对荷花的喜爱是许多人的共同兴趣，由此将人们紧密地结合在了一起。晚清洋务派重要人物张之洞就曾因赏荷的机会与一位素不相识的同僚结了缘。浙江粮道奇克坦泰的家在前海北岸，有一天他正在家门口的空地上闲逛，无意间发现不远处走来一个人，此人虽然打扮平常，并无奢华独特之处，但一旦细看不禁吃惊：只见此人目光锐利，神情专注，嘴角流出自信的表情。手倒背，脊背虽有些驼，但步履坚定，显得心中意志坚定。他以自己为官多年的经验判断，此人绝非等闲之辈，定是朝廷的命员。

不能不说这位奇克坦泰有眼力，因为此人正是清末著名的洋务运动领军人物之——张之洞。不久前，张之洞正在全力以赴经营湖广新事业之际，忽接朝廷下旨，召他进京担任军机大臣。张之洞进京之后才逐渐感到，自己被召进京并非被重用，而是作为政治天秤上的一个砝码，是慈禧为了安抚改革派，故意做出的姿态而已。

所以，张之洞来到北京后反而闲了起来。平时只被安排一些祭祀、典礼、陪同接见外国公使等可有可无的差事。张之洞不免有些懊丧，他在什刹海边的白米斜街买了一处房产，把家眷接来团聚，过起了清闲的寓公生活。然而，内心的渴望仍然强烈，只是难以施展了。

巧合使张之洞与奇克坦泰相遇，惺惺相惜的情感让二人有相见恨晚的感觉。于是，张之洞被请进了奇克坦泰的内宅，在临水的轩敞里一边饮酒一边赏荷，共同的爱好正体现了二人共同的追求。这次经历给张之洞平庸的日常生活增添了一抹亮色，他写诗记录下自己当时的感受："压地红云不见水，水足叶大花房深。初日流照开花心，暗有小风动疏葛。"然而笔锋一转，记录下与主人相遇的过程："最胜桥东第一宅，青衣拔关出延客。……冻醪（春酒）钉果金鳞鲜，主人为我偿酒钱。

王猷看竹不问主，乃知何代无高贤？"王猷即王徽之，因其爱竹子，谁家有了他喜爱的竹子，哪怕与主人素不相识，也会自荐上门去观赏，尽欢而去。张之洞引用这一典故，说明共同爱好比曾经相识更宜让人成为知己。

什刹海不光寺庙集中，而且还坐落着历朝历代的高官、王爷们的府邸。在金代，金兀术的相国府就在这一带。还有原国家名誉主席宋庆龄的故居，就是清末摄政王载沣的府邸。之前，康熙年间的武英殿大学士、兵部尚书纳兰明珠也曾住在这里，并建有渌水亭。他的儿子正是清代著名词人纳兰性德。

翰林院检讨严绳孙曾参加过纳兰性德在渌水亭举办的雅集活动，并按照进士姜宸英的原韵，创作了一首即席诗作。其中的"只看叶叶风翻去，不辨荷声更雨声"两句，正写的是雨中赏荷的感受。曾参与《明史》编写的清代康熙年间学者陈维崧也在一次渌水亭观荷雅集时创作了一首咏莲词："分明一幅江南景，恰是凤城深处。野翠罗罗，嫩晴历历，扑到空香万缕。……亭亭波面斜袅，西洲都盖满，睡鸭新乳。"在如此惬意的气氛当中，再"黄泥小灶，几斛冷泉亲煮"，该是怎样的趣事啊。

纳兰性德之弟揆叙，曾将兄长与诸友的雅集情景绘成图画，题为《荷荫清暑图》，仿佛大家可以永远与荷成为伴侣了。查慎行作一首七绝赞叹道："碧云擎盖午阴凉，不独花香叶亦香。想见公门清似水，春锄（即白鹭）飞近读书床。"

渌水亭的观荷雅集令人向往。百年后，清朝道光年间的文人边浴礼重临渌水亭，只见亭已塌落，成了遗址。池水也早已干涸。当年的热闹场面已成往事。一时间无限感慨："小立平桥一惆怅，西风凉透白鸥心。"

纳兰性德当年的知交近友当中，除了已提到的几个人外，还有顾贞观、朱彝尊、吴兆骞、曹寅等，多为一时的名人雅士，在文化史上留有盛名。他们在渌水亭赏荷作诗的往事，已成为后人流传不衰的佳话。

什刹海的荷花年年盛开，令人陶醉，夏季来这里赏荷、尝荷鲜成了北京人度夏的首选，以至于夏季的乘凉场所也被命名为荷花市场。届时，人们坐在水边的凉棚里，仿佛一伸手就能够到水面上盛开的荷花。那些留存下来的大量咏荷诗作，则成为后人领略荷花魅力的重要凭借。

2013 年 1 月

节气的表情与性格

——高艳津子《二十四节气·花间十二声》舞蹈赏析

舞蹈家高艳津子以农历的二十四节气为主题，编排了一套舞蹈，显得别开生面。她说，编这套现代舞，是想告诉观众舞蹈不是肤浅的审美愉悦。为此，她把二十四节气的变化，用花的视角和四季的结构串联起来，以表达在季节轮回的过程当中，生命的收获和情感的涌动。

"节气是有表情和性格的。"高艳津子的这一独特感受，首先使这套现代舞具有了特别的立意。在她看来，二十四节气中每个节气的名字都富有诗意，赋予了时间以个性。所以二十四节气是一个有关时间的话题，具有中国文化之美。

编这套现代舞的意义，高艳津子觉得不是要为二十四节气做教科书式的图解，相反，是要用艺术的形式去拓展人的想象空间和感受空间，从而让世界了解中国人对时间的独特观察。

由于找到了这一独特的立意，高艳津子显得信心十足且陶醉其中。她觉得，把自己想象力的触角伸到了别人没有感知的领域，在熟视无睹中突然悟出了新意，意料之外，又在情理之中——这种感受十分美妙，也是创作者的价值所在。

当然，对于舞蹈等艺术来说，光有好的立意还只是第一步，要想真正产生魅力，还必须依靠具体的细节处理。"大的题材只有通过一个小的生命世界才能去表达。"

高艳津子的《花间十二声》的每一声都是一部相对独立的单元，对应一个节气。每个节气被赋予了一个主题、意象或者故事。比如，谷雨——席间，小满——鱼梳，大暑——帐香，寒露——唇影……这些意象很诗意，有些又很抽象，节气主题之间关联并不紧密。

比如谷雨——席间，席子是睡觉做梦的地方，于是这段舞蹈表达的是农民的一场梦。谷雨带来的雨水让庄稼喝饱，继而冒芽，开始酝酿果实，万物生发最饱满。人也一样，情感和欲望也在生发。于是农民梦到天上的神仙下凡，仙女环绕，五谷丰收，日子美满无比。最后，一阵惊雷响起，他从梦中醒来，重回人间。这段舞蹈的主题就是用人的生理和心理状态来对应大自然中发生的生命状况。

在具体情节的塑造中，人物、情节、矛盾（情感）冲突是必备的几个元素。但在表现上，又没有固定的模式，追求形式和内容的最大自由度，甚至有很多即兴随意的东西在其中。

花在舞蹈主题和具体情节中的运用是本套舞蹈的一大特色。因为在高艳津子看来，不同的花在不同的时间开放，其丰富的表现代表的正是不同季节的不同性格。每种花的性格都非常鲜明，仙人掌、水仙、牡丹、罂粟花，等等。对这些花进行具有张力的表达，正是艺术体现不同节气特点的手法。

为了表达主题，不仅舞蹈的形式是全方位的——古典舞、芭蕾舞和现代舞，还包括即兴的成分，并且运用多媒体手段营造舞台的氛围，扮成花朵的舞者和满场飞舞的真蝴蝶犹在画中。今后，高艳津子还要加入山石、美人等新的元素。这些都体现了她诗人般的敏感和想象力。

2012 年 11 月 28 日中午， 晴窗下

鸭蛋络子

《端午的鸭蛋》是老作家汪曾祺先生很有名的一篇散文，谈的是早年间，他的家乡过端午时的习俗。俗话说，"十里不同风，百里不同俗"，位于苏北的汪老先生的家乡高邮，也有自己的一些独特风俗。端午节，孩子们挂"鸭蛋络子"就是独特风俗之一。

端午头一天，就由姑姑或姐姐用彩色的丝线打好了络子。端午一早，鸭蛋煮熟了，由孩子自己挑一个淡青色，样子不蠢，有灵性的，装在络子里，挂在大襟的纽扣上。鸭蛋络子挂了多半天，什么时候孩子一高兴，就把络子里的鸭蛋掏出来，吃了。端午的鸭蛋，新腌不久，只有一点淡淡的咸味，白嘴吃也可以。

在这里，汪先生虽然没说自己当年挂鸭蛋络子的实际感受，但从细腻的叙述中可见，他当年肯定也是挂过的，而且觉得新奇，比较喜爱。否则，不会这么津津有味地加以叙述。端午节挂鸭蛋络子，对大多数孩子来说，肯定也会很愿意，因为这的确是一件充满乐趣的事情。

这里所说的"彩色丝线打好的络子"，虽然汪先生未说这"彩色"究竟是几种颜色，但估计应该是五种，由此才符合"五彩"的典故。五彩何讲？这与五行学说有关，代表五种颜色，五个方位，五种物质……总之具有一定的代表性和权威性。既然如此，具备"镇邪"作用是情理之中的事。人们用这五种颜色（红、黄、蓝、加上绿和黑）染成的丝线作为络子，把鸭蛋装在里面，在心理上就能起到上述作用。这与北京人用五彩丝线缠缯子（三角形）的作用有共通之处。

在汪先生的故乡，之所以用五彩丝线作络子装鸭蛋，而不是像北京这样缠缯子，可能出于两个原因。之一是鸭蛋是汪先生家乡的特产，取材便利。高邮是水乡，出鸭，高邮大麻鸭是著名的鸭种。鸭多，鸭蛋也多。当地人善于腌鸭蛋，高邮鸭蛋很有名。而端午节挂"鸭蛋络子"，不但应了景，还增加了一项特色的吃食。

特别是高邮出双黄鸭蛋，在袁枚的《食单》中就有专门的记载："腌蛋以高邮为佳。"蛋白柔嫩，质细油多，可用来待客，也可做成朱砂豆腐，成为苏北名肴。尤其是端午之际，刚腌不久的鸭蛋，正适合孩子当零食吃。同时又当玩意，一举两得。再加上心理上的"避邪"作用，意义更多。

之二，鸭蛋，又称鸭卵，是尚未孵出的小鸭子的胚胎，正好可以代表小孩儿。

端午节讲究给小孩额头抹黄油，戴五彩手链，戴红绒花，等等。这一切都表明儿童是端午节保护的重点。因为端午节作为春天结束、夏天到来的时间"节点"，正处于蚊蝇等有害虫类生长的旺季。而儿童作为弱势群体，最有可能受其侵害，所以要成为保护的重点。用五彩线络子装鸭蛋，有如母亲在用自己的手臂呵护自己的儿女，情感倾向十分突出。挂在儿童胸前的确是一种心理暗示。

当然，汪先生家乡过端午节的习俗并不限于此。比如，放黄烟子，就是在大小如北方的麻雷子的纸筒内，装好雄黄并点着，冒出一股黄烟，然后扔在床柜下面熏五毒。这要比北京洒雄黄酒这种象征意义更显实际。再有就是吃十二种带红颜色的菜肴，如炒红苋菜、油爆虾、咸鸭蛋等，可能也是取红颜色的镇邪作用。这种吃法又实用又有趣，还别致。北京人不妨也来仿一仿，兴许还能举一反三，变换出新的花样来呢。

竹枝词中过年节

——老北京人的时间生活记趣

传统年节有什么文化价值？它的形成和发展，积淀了历史，渗入了历代生活的细节，表现出民族心理、审美情趣和价值观念。所以，它是古代人民生活的活化石。

遗憾的是，往昔百姓丰富的年节生活缺少文字的系统记录，文人更不屑去进行研究，只在个别的笔记和诗作中保有记载。即便如此，这些在今天看来依然是十分宝贵的文字资料。这些宝贵的文字资料，在竹枝词中记载得颇为生动。

一、年禧

老北京人说"恭贺新禧"，而不说"恭贺新春"，这一个"禧"字包含着良好的祝愿和对新年的祈盼。为此，新春到来之际，是老北京人最热闹的时候。"正月家家贺新年，元宵佳节把灯观。宫观寺院处处照，大街小巷炮竹喧。夜半归来回家园，弹唱投骰又摇摊。明晨赶早又起炕，相携去逛白云观。"（北平俗曲《十二月景·正月》）

在这短短的几句竹枝词中，集中记述了春节期间的几个关键的热闹点：除夕之夜的守岁唱曲打牌，过年期间的放鞭炮，逛庙会和上元节观灯。这使得但凡经历过往昔春节的人们，无不回忆起当年的热闹景象，久久难忘。

具体到街上的过年景象，也有一首竹枝词作了详细介绍："新年又到来，诸事巧安排。挂钱儿贴门神，炮儿纸满地白。新年新衣添新气，闹闹哄哄把年拜。"（《拜年》）

提到拜年，古代官员们的老礼儿是投名刺。《道光都门杂咏》竹枝词道："新正投刺古遗风，小楷端书样若穷。羡慕翰林名字大，也将红纸印来工。"由此看出，凡是有功名、有地位的官员，大多是用红纸印上自己的尊姓大名、官衔名分，看上去富丽高雅。可是对于一些小官或没有名分的人来说，只好用毛笔、楷书一笔一笔往上抄了。纵然自己的毛笔字也还看得过去，可毕竟显得有些寒酸，不够气派。

论起有身份的人，不仅名片印得气派，而且人也气派，很会摆谱。对于过年期间来拜访他的人，大多让手下人接待，只是留下姓名而已。有竹枝词为证："家家名柬贺新年，门簿书来住址全。惟有谏垣常游客，免教拜谒费车钱。"（《道光都门杂咏》）

细想也是，来拜访的人大多是冲着主人的身份地位来的，有的还不一定认识。所以跟这些人拜见说的都是官话，见不见没多大意思。所以干脆在门房留个签到簿，写下地址、姓名足矣。

与此相反，一旦真是脾气秉性相投的好友、同乡或同期的举人、翰林相见，那亲热劲儿自然不同一般。《望三益斋清稿》《东岳庙竹枝词》记述的就是这样一帮人逛东岳庙庙会的情景："大家三五喜同游，服饰清华迥不侔。忘却须眉名士派，行行一例逗风流。品蓝葵绿任情穿，的是多情美少年。只未蛾眉同淡扫，却随人流裹婵娟。崇礼仪文古与稽，东方作镇秉无圭。"

二、端阳

五月初五端午（阳）节也是老北京人重视的一个大节。它正赶上春末夏初换季，处于时间的节点上。老北京人对这类时间的节点很重视，觉得此刻因为时间变化，人们需要适应，而老人小孩等弱势群体尤其需要关爱和保护。

这类行动在竹枝词中屡有表现："五月端午卖神符，女儿节来黄酒沽；樱桃红，桑葚紫，小儿背心绣五毒。头上更戴布老虎，红火榴花挂满树。"（北平俗曲《端阳节》）

当然，过节时人们也没忘了赶热闹。"樱桃桑葚与菖蒲，更买雄黄酒一壶；门外高悬黄纸帖，却疑账主怕灵符。"（《都门杂咏·端阳》）这当中，樱桃、桑葚是应时当令的水果，端午节期间正好上市应景，而菖蒲则和艾蒿一样，都是端午节时搞卫生熏虫子用的。因为有一股怪味，所以用火点燃冒出的烟去熏虫子最有效。雄黄是一味矿物质，可用于制药。拿它泡的酒有杀菌去毒的功效。用来抹在小孩的额头、颈窝、大腿根以祛虫子。这都是端午节常有的习俗。

三、中秋

中秋正值八月，天气渐凉，果蔬丰收，粮食进仓，正是一年收获的季节。此时过节，正有利于人们全家团圆，共享劳动成果。虽然过中秋节有收账的习俗，但一高兴也顾不上了。"莫提旧债万愁删，忘却时光心自闲。瞥眼忽惊佳节近，满街争摆兔儿山。"（《道光都门杂咏·中秋》）兔儿山是兔儿爷山的简称，就是摆卖各种兔儿爷的摊子，是集中卖兔儿爷的地方。

中秋节卖兔儿爷，这是老北京人的习俗。因为兔子繁殖力强，所以人们觉得它是得到了太阴（也就是月亮）的精华。所以视月亮为兔子的发祥地。与此同时，多子孙是过去人们的普遍愿望，所以女眷要在中秋之夜拜月，祈求赐子。而兔儿爷就成了月亮的化身，拜月成了拜兔儿爷。彭蕴章《幽州土风吟·月宫符》说："月宫符，玉兔成，瑶台居月是仙境。一只白兔满人间，银蟾紫府留其影。"

与此同时，吃月饼也体现了团圆的主题。所以有竹枝词记载说："红白翻毛制作精，中秋送礼遍京城。论斤成套皆低货，馅少皮干大半生。" 老北京人爱吃的月饼是自来红自来白，买时可以论斤也可以论套，就是装盒成套。

前门外有果子市，中秋节时果子上市，人们相约去购，一时堵塞。在此期间，商家燃放烟花招徕顾客。天上、地上五彩缤纷，热闹非凡。

关于万圣节的思考

每年的 11 月 1 日，是西方的万圣节。依惯例，万圣节前夕，也就是 10 月 31 日晚，要举行盛大的狂欢活动，在美国，万圣节是一个重要的民俗节日，在北美，万圣节成为仅次于圣诞节的第二大狂欢节日。

万圣节起源于两千多年前的凯尔特（Celts）人，他们居住在爱尔兰、英国和法国的北部。这一天标志着农作物收获季节的结束和冬天的开始。西北欧的冬天寒冷而漫长，时间长达 7 个月。加上没有电灯照明，夜晚黑暗、寒冷而漫长，整个世界像死一般沉寂。这不免让人联想到死亡。而处于这一时间点的 10 月 31 日之夜，不仅处于季节变换的模糊状态，而且阴阳两界的隔离也不太清晰。传说死去的鬼魂会于此时重返阳间，对于那些孤魂野鬼们则一定要善待，否则会引来许多麻烦。于是万圣节的前夜要举行祭鬼活动，有点儿像中国人的除夕夜祭祖，对他们表示敬意，以求平安。同时，借此点燃篝火，进行烧烤讨好鬼魂。

公元 4 世纪以后，基督教席卷欧洲，凯尔特人的传统习俗变成了异教徒的邪恶文化。教廷下决心要消灭这些异教徒的节日，他们采取移花接木的办法，把好多基督教节日嫁接在原有的民俗节日之上。最典型的就是夏至，很多人在这一天祭水祭火，祭庄稼，盼望丰收。于是教廷把基督教的圣约翰节也设在了这一天。

公元 837 年，教皇格里高利四世把基督教的殉道者纪念日——万圣节，正式定为 11 月 1 日，试图把凯尔特人过鬼节的习俗转变成对基督圣徒的崇拜，从此，原来的鬼节（Sanbain）改成了万圣节（Halloween）。

结果如何呢？教廷的目的并未达到，鬼节的习俗借着商业运作的推波助澜日益兴盛，万圣节的叫法往往只在宗教场合才被提起。

19 世纪 90 年代，鬼节习俗传入美国，因饥荒，从爱尔兰移民美国的人们成为这一习俗的传播者，经过一百多年的演变，如今的鬼节（万圣节）几乎已经没有了什么宗教的色彩，成为了美国人一年一度的狂欢节。

此时，最高兴的是孩子。他们从学校抱回南瓜，在上面雕出鬼脸。然后央求大人给他们买来黑色长袍，把自己装扮成鬼的模样，在家里跑来跑去，期盼着 10 月 31 日晚的狂欢。

到那时，小区里会举办"不招待就捣蛋"的活动，家长要陪着孩子挨门挨户去要糖果。小区里的人家，也要随时迎候上门来要糖果的孩子。这也许会让他们一晚上都不能安宁，看不成电视，也不能很好地休息。尽管如此，快乐也随之而来，因为可以看到装扮成鬼的各种模样，让人眼花缭乱，大开眼界。

这天夜晚，许多人家的装饰也各具特色。起码门口要摆一个雕刻好的南瓜，有的还要弄个稻草人来代表鬼。有的在门上钉一个骨头架子或骷髅。有一家索性把自家的房子打扮成鬼屋，把门的是一只硕大的黑蜘蛛，窗户里还不时闪过蓝光的鬼火。

在商店里，各种与鬼节有关的商品应有尽有。不光是鬼节饰品专卖店，就连大型超市也是如此。包括发出鬼哭狼嚎声音的电子玩具，青面獠牙的鬼魅面具，特别是鬼节的典型用品——南瓜、玉米和糖果。

孩子们提着南瓜灯挨门挨户去讨糖果，喊着"不招待就捣蛋"。大人和年轻人则涌上街头，制造快乐的恐怖气氛，装神弄鬼吓唬人。在纽约等大城市，还会有盛大的鬼节狂欢游行，那群魔乱舞的场面制造着少有的热闹。在这些队伍中，有唱有跳，还有杂耍、魔术。一些游客随时加入队伍，表演一些拿手的绝技，赢得阵阵掌声和喝彩。参加表演的人来自各地，有 4 万之众，而围观的人更达百万以上。

这样的狂欢游行，有时也会加入一些主题活动，如为在飓风中失去生命的亡灵招魂而举办的凤凰再生仪式等。

纵观鬼节—万圣节—鬼节的演变过程，可以看出民俗文化的内在影响。万圣节之夜，孩子们提着南瓜灯挨家讨糖果，正反映了鬼节当初主持祭鬼仪式的祭司到各家索要祭品的史实。不过，当年祭司们提的是萝卜灯，掏空后里边插上蜡烛，外面刻上鬼符，又能照亮，又能增加和渲染鬼节气氛。看谁还敢不招待？"不招待就捣蛋"。人们对这样的鬼的使者，只好敬而远之，为尽可能消灾才舍财（糖），只是因为美国盛产南瓜，所以南瓜最终取代了萝卜。

而把自己装扮成鬼魂，不仅可以吓唬别人，觉得好玩，而且也能吓唬鬼，把鬼吓跑了，自然也就平安了，不会来捣蛋。何况，这当中还让人们的想象力纵情发挥，依自己的理解去把鬼装扮得更加狰狞可怕。

节日是民族传统的集中表现。而且，这一传统也会随着时代的变化而不断增添新的内容。传统因此而被延续，时尚也因此成为源源不断的活水。

如今的万圣节，虽然越来越商业化，以至于遭到很多人尤其是基督教人士的排斥，甚至在美国本土，也曾经有人否定它。罗马天主教神学家指责美国鬼节破坏了欧洲的文化品位。尽管如此，对鬼神的向往和崇拜，往往在世界上许多民族那里都可以得到印证。更何况它已然在人们心中扎了根，成为受到普遍欢迎的民俗节日。在美国，万圣节不光标志着冬天的开始，而且它让人们有了盼头，因为休假的节日开始增多。接踵而至的是感恩节、圣诞节和元旦（新年），这让工作的压力得到缓解，带给人生活的希望。狂欢，真的可以让人暂时把一切烦恼和不快抛到脑后，获得心理上的喜悦，这不正是鬼节（万圣节）最吸引人的地方吗？难怪最喜欢过鬼节的是孩子。

北京孔庙的祭孔大典

2002 年 9 月 28 日，是孔子诞辰 2553 周年纪念日，正好又是北京孔庙建成 700 周年。祭孔典礼表演于下午 3 点在位于国子监街的孔庙内隆重举行。

如今的中青年对孔子的了解并不是很全面，好在近些年出版了包括日本作家井上靖等人撰写的孔子评传以及"四书五经"等大量书籍，从而有利于广大读者对以孔子为代表的儒家学说产生新的了解。因此，一听说这次大典活动的消息，很多人就自发地从京城的各个角落向孔庙涌来。

走进大成门，见甬道已被绳子拦了起来。在它的外面，左右两旁摆满了小方凳，作为观礼者的座位。虽然仪式尚未开始，但置身于苍松翠柏掩映着黄瓦红墙的庭院内，人们心中自然生发出一种庄重肃穆的情感。在甬道的左侧，一些随旅游团前来的游客正在聆听关于孔庙的介绍；右侧，前来观礼的人们也在入座。三三两两的外国人更是有备而来，早早地就占据了有利位置。

过了一会儿，两名武警战士迈着方步而来，分列在大成殿前高高的石阶下，为典礼增添了几分严肃的气氛。

典礼以典礼官的入场作为正式开始的标志。伴随着阵阵的鼓声，作为"皇上"派来的主祭人、陪祭人，身穿清朝官服，迈着缓慢、沉稳的脚步进入中庭。在其后面，是由 120 人组成的乐舞表演队伍，他们身着清式红色礼服，左手执籥，右手持羽，表情庄重。

这支队伍缓缓地登上大成殿前的十七级汉白玉台阶，分左右两列肃立站好。典礼官宣布："祭孔大典正式开始——"此刻，整个庭院鸦雀无声，观礼者的目光齐聚到台阶之上。时光仿佛倒回到一千多年前的西汉时期。由于孔子和儒家学说得到当时统治者的赏识，被推向了社会政治舞台的中心，取得了独尊的地位，祭孔典礼也由民间行为被逐渐演化为国家的典制。

祭孔典礼共分为迎神、初献、亚献、终献、撤馔和送神 6 个部分。祭孔乐舞穿插在前 4 个部分当中。每当主祭人向孔子牌位上香跪拜一次后，乐舞就要表演一次。舞生队伍由 36 人组成。舞蹈来自于"夏"，舞生的每一个舞蹈动作都表示一个字，连起来为"予怀明德""生民未有""玉振金声""展也大成"四句，正好是一首四言绝句诗，主题都是颂扬孔子生前业绩的。乐生共 45 人，一字排开，演奏的音乐源于孔子推崇的韶乐，伴奏的乐器有特磬、瑟、编钟和建鼓等。乐、歌、舞合为一体。歌生唱完一句歌词，乐曲奏毕一节，舞生正好完成一个动作。

"撤馔"一节是整个仪式进行中最热烈生动的部分。执事生在此阶段端着刚刚从祭台上撤下来的枣、花生和栗子等干鲜果品，分发给甬道两旁观礼的人们，以表示祝福之意。其受欢迎程度自然很高。

最后，祭礼的官员捧着刚刚诵完的表文和一部分供品，送到大成门西侧的燎炉内焚化。送神仪式完成以后整个典礼全部结束。

此时，观礼的人们不约而同地站立起来，全场发出由衷的、长时间的热烈掌声。在崇敬的目光注视下，长长的表演队伍缓缓地向大成门外退去。此时此刻不禁令人感慨万千，深深地为自己民族历史的悠久和丰富而倍感自豪，对中华民族文化的缔造者之一的孔子倍加景仰。

北京的孔庙，作为元、明、清三代皇帝亲临祭祀孔子的场所，代表了历史上各朝各地孔庙的最高规格，从而表明了它在等级森严的中国封建社会受重视的程度。特别是在清代，大型的祭孔典礼每年都要举行两次，日期分别为每逢仲春上旬和仲秋上旬的丁日。参祭的人员要从午夜开始，陆续会聚孔庙门前。因为典礼仪式要在凌晨三点就开始。届时，钟磬交错、韶乐齐鸣，场面十分壮观。尤其是到了光绪三十二年（1906 年），处于风雨飘摇之中的慈禧，幻想着把儒家思想当作救命的稻草。于是，在技穷之际，竟将祭孔典礼升格为行帝王之礼。在仪式上也由原来的跳六佾舞改为跳八佾舞。这一典礼一直要持续到拂晓方告"礼成"。

如今，皇上亲临祭孔的热闹场面已化为了历史的尘烟。然而，儒学庞大的思想文化体系在经历了历史的考验以后，仍可视为有一定价值的瑰宝，它体现在民族精神、民族心理、思维方式、生活习惯等许多方面，值得后人借鉴。特别是儒家思想体系中蕴含的，具有人类群体生活共同规律的内容，更会为新的时代与新的思想体系所发扬。

也许，这正是人们今天还来参观祭礼表演，并为之所感动的重要原因。这一表演，可以作为传播和弘扬传统文化，对人民群众进行爱国主义和道德教育的有效形式。据统计，每年到全国各地孔庙参观的中外游客已达 300 万人次，而在港、澳、台，以及海外，无论是东方的越南、韩国、日本，还是西方的美国、英国、德国、法国和意大利等国，孔子都被当作世界伟大的思想家而受到普遍的尊敬。学习儒家思想成为他们了解中国文化的重要途径。儒学在哲学、文学乃至商业活动中，都产生了广泛而深刻的影响。

附录
Excursus

祭祀与传统节日

一、祭祀与传统节日有关系吗？

提起这个话题，恐怕认可二者间有关系的人不会太多。有人说，过节就是吃喝玩乐，放松一下；有人把过节比喻为"大众的狂欢"。

回想 2005 年，韩国将自己的一个节日向联合国申报世界遗产时，用的是"端午祭"，而非端午节。不过，更多的人沉浸在因此引起的议论当中，对于二者究竟有何区别，似乎并不介意。即便在韩国申遗成功以后，关于端午的这一字之差，也并未受到关注。

在日本，很多传统节日也不称"节"，而是称"祭"。一般认为，日本、韩国等国受中国文化的影响较大，所以民族文化中不免含有中国元素。"节"与"祭"的差异正是其中突出的表现。

据说在唐代，甚至宋代，节日就是称"祭"，而不称"节"。许多周边国家也是借鉴了中国的这一传统。所意何为？这还与传统节日产生的背景有关。

今天，当我们把清明节作为纪念介子推的节日，把端午节当作纪念屈原、曹娥、伍子胥等历史人物的节目，以及把中秋节和飞上月亮的嫦娥联系在一起时，尽管增添了节日的浪漫、厚重，但同时也不免因此忽略了一个重要问题：这些节日设立的背景。

中国的传统节日往往都会与节气的变化紧密相连。比如，春节对应的是立春节气，中秋节对应秋分，端午对应着夏至，特别是清明，又是节气又是节日，而且把春天里的三个大节——上巳、寒食和清明结合在了一起，目的就是强调节气变化对人类生产生活的影响，在其变化之际主动采取措施，以适应变化，顺利度过。所以，老北京人过端午时并不去纪念屈原，而是大搞卫生，以便在炎炎夏季到来时，避免流行病的传播。清明也是一样。至今人们仍然更多地认为这是一个祭祖扫墓的节日，缺乏对春天到来、生命勃发这一主题的关注。

不仅如此，中国先人在节气变化之际，更多地还预见到因此带来的负面影响。比如，夏日炎炎，蚊虫滋生，瘟疫流行，对家禽家畜，特别是人类产生危害。所以，他们要通过膜拜神灵、祖先，求得庇佑。于是就产生了祭祀，特别是节日祭祀。其规模越大，越隆重，仿佛心越诚，结果才越灵验。

有人讥之为迷信，可就其出发点来说，则一定具有实际的诉求，未必迷信。说不迷信，还体现在祭祀对象上。与西方的信仰单一不同，中国人的信仰具有实际目的。比如，求庙时拜龙王，除夕时祭祖先，立春时迎春神……

在节气的不同节点上举行的祭祀活动，首先得到统治者的认可和参与，并被文人不断累加具有实际效用的含义，再加上历史人物与这些日子的某些巧合，以及不同民族间的交流、丰富，各地不同的内容……这一切的累加和过渡，形成了我们今天看到的传统节日。有趣的是，传统节日一定以某种特定吃食为先导，以历史人物的传说为起源，以丰富的内容、最广泛的参与为保证。

这当中，祭祀最初的作用被逐渐淡化，但它在节日起源，特别是节日文化内涵方面的核心作用却不应被淡化，这是传统节日的本质所决定的。无其参与，则不为中国传统节日。

相比之下，周边国家以"祭"，而不以"节"来命名这些节日，正是固守这些节日本质的努力和认同，这倒是我们中国人自己要认真体会的。

二、祭祀在传统节日当中有什么作用，其本质是什么？

祭祀在中国的历史十分悠久。早在氏族社会时期，酋长们就十分重视祭祀。以后的历代统治者，无不以十分贵重的财力、物力和人力用于祭祀。在《左传》中，祭祀和战争被当作国家的两件大事来对待。在全国各地，至今还保存着关于祭祀的遗迹、遗址、遗物，以及关于祭祀的大量文献。在"二十四史"中，对于历朝历代的祭祀活动都有详细记载。祭祀已成为中国文化传统的重要组成部分。

"祭"字由三部分组成，上半部的左侧为"肉"，右侧为"手"，"示"则表示祭坛。这种组合方式形象地表现了人们手捧肉放在祭坛之上的场景。干吗呢？对被祭祀对象——祖先或神灵表达敬意。

"祀"更多地是指祭神的场所。"祭祀"二字合用，充分表达了对被祭祀对象的隆重礼遇，以及诚挚的心情。目的只有一个，就是保佑祭祀者。相对于大自然的神力，人类更像是弱者。所以求得庇护很有必要，尤其是在节气转化的关键时刻。

传统仪式多种多样，但是按其动机不外乎这样两大类：一类是以解决人与社会之关系而产生的传统仪式，一类是解决人与自然关系而产生的仪式。前者包括祖先神祭祀仪式、英雄神祭祀仪式、行业神祭祀仪式以及个人生活仪式等多种类型，后者包括天神祭祀仪式、日月神祭祀仪式等。

张岱年先生说过，传统文化的价值主要体现在三个方面：一个是调整天与人的关系，努力实现天人合一的理想；另一个是调整人与人的关系，使人的周围充满和谐、关爱的良好氛围；最后是人内心的和谐，保持愉悦的心情和克服困难的勇气与信心。

通过节日的祭祀活动，有利于人们在节气变化的不同节点上，寻找到一份信心和勇气，面对即将开始的新节气，实现上述三方面的和谐。这对每一个人来说都是非常宝贵和迫切的。按照中医的观点，病从心生，心理健康有利于去正确处理上述三方面的关系。

拿春节——每年中最初、也是最大的一个节日来说，祭祀活动的重要性就十分明显。进入腊月，人们首先迎来的就是腊八节，又称腊祭。熬出的第一锅腊八粥要祭祖、祭神。而且在人们自己享用的同时，还要给家里的大牲畜、家禽，乃至果木树也送一些腊八粥。这种简单的仪式也具有祭祀的感觉，本质就是感恩。正是因为做了这项工作，所以接下来人们才能开始忙碌俗间的事——扫房、买年货等。

腊月廿三过小年，是过年的预演。这一天晚上要进行祭灶仪式，送灶王爷上天。其仪式之隆重，堪比除夕。

除夕的祭祖，以及午夜的接神仪式，把春节祭祀推向高潮，同时也是过年的高潮，二者有机结合在了一块儿。

在接下来的几天里，还会有一系列的祭祀仪式，比如，初二早上的祭财神，初四晚上的诸神下界，初八的顺星，初五的财神生日，十五的祭火神……祭祀几乎贯穿于过年的全过程。

几乎每个传统节日都有祭祀活动，崇拜不同的对象。像介子推这样的传说人物也成为清明节祭祀的对象。类似的如端午祭祀的钟馗（避邪打鬼的功能），中秋节的兔儿爷（月亮的代表）……不同的祭祀对象体现了节日的不同主题，满足了人们在不同季节的各异诉求，提供给人们心理上的庇佑。

这种精神上的暗示作用，无疑给一代又一代中国人，乃至周边国家人民提供了精神上的支撑，成为他们心中的动力。

祭祀的仪式与日常世俗化的生活形成差异，可以给人一种视觉上的冲击和精神上的震撼，这正是能够让人们产生某种满足感的重要原因。这对于参加祭祀仪式的人们来说，无不留下深刻的印象。

在北京，每年春节之际，天坛都会举行盛大的祭天模拟表演。尽管以往的祭天并不在此时，而且祭祀的规模也已大大缩简。然而，它带给人的震撼依然令人难以忘怀。在新年伊始之际，它提醒我们要重视对天时、天理的尊重，起到了净化人们心灵的作用。正因为如此，天坛这一周时间里的接待人数，往往有二三十万之多。这在春节期间许多庙会中独领风骚，这也是祭祀的力量所在。

从 2014 年开始，国家每年都会在 9 月 30 日这一天在天安门广场举行祭奠先烈的仪式。赶在国庆日前一天举行这一仪式，实际上也是为国庆增添了浓重肃穆的一笔。这无疑是对节日祭祀传统的继承和创新，让祭祀文化在今天仍能发挥积极的作用。

论灶神与祭灶

常人春 / 文

一、论"神道设教"

纵观中国的风俗，乃是儒、释、道各占一席，从某种意义上讲，宗教是"源"，风俗是"流"。正统的宗教经过与世俗的融合，演化成民间俗信。古代的封建统治者欲从精神上、思想意识上统治、约束庶民，必然根据中国固有的国情、民情——儒、释、道"三教圆融"，不是国教，胜似国教的特点，实行所谓的"神道设教"。

"神道设教"的目的和功能，在于使人的思想、意识、言行、待人接物规范化。此乃综合治理社会的一种手段，即用儒家的礼治、人伦道德，如礼、义、廉、耻、忠、孝、仁、爱作为"精神宪法"，并以宗教上的"福因善造，寿以德昌"等因果报应作为劝诫和震慑，凡不受以上两种教诲和约束的，才以人间的法律进行惩诫，从而达到社会的长治久安。

"神道设教"当然就要实行多神主义。如山有山神，土有土地，水有龙王，城有城隍。对居家过日子来讲，门有门神，厕有厕神，炕有炕公、炕母，灶有灶神……神主宰一切。

灶神不单单是主管厨灶，还是"一家之主"，是住家宅神，是玉皇大帝派往人间监督家政的神。正像民间《灶王经》所说："来到人间察善恶，未从做事我先清。"灶神既是民间的俗神，又是道教正一派所奉祀的正神。

有神就有其信仰者，有神的信仰就有祭祀活动。祭祀是信仰行为的具体表现。民间俗信中的祭祀，包括祭灶是世俗化的，而不是佛、道两教规范化的。这是因为民间俗信既是从正统宗教脱胎而出，但又区别于正统宗教的教理教义，并且在一定程度上带有实用性、娱乐性。民间俗信中的祭灶就是带有宗教信仰痕迹的世俗化的乡里风俗，在社会上充满了"神道设教"的意味。

二、灶王马是劝善惩恶的直观教具

过去，供人奉祀的灶王马（纸像）分两种，一是供常年奉祀的，谓之"金灶"，此又分为双座的（灶王爷、灶王奶奶），单座的（只有灶王爷）。双座的是给有配偶供奉的，独座的是给无配偶或"勤行"（饭铺、二荤铺、切面铺）供奉的。另一种是王府宅门以及大户人家平时不供"金灶"，到旧历腊月二十三临时到香蜡铺请一份号称"司命之神"的灶王马，谓之"烧灶"。这种纸像相当粗糙，无双座、单座之分，仅一灶王爷而已。而供常年奉祀的"金灶"则比较精细，成为一件惩恶扬善的直观教具。

神像上端印有当年二十四节气时刻表，表的两旁印有"上天言好事，回宫降吉祥"的红对联，横批是"如在其上"。神像面部皆重施粉彩。灶王爷头上金冠盖顶，有红色光环，身着紫袍，手执白色朝简（牙笏）；灶王奶奶头戴凤冠，有绿色光环，身着绿袍，手执黄色朝简。按男左女右并排端坐殿上。神像身后有白马（只露头部）。殿上吊透明牛角泡灯一盏，左右两旁有红对联，上书"东厨司命主，人间福禄神"，横批为"定府福宫"。殿前有香案，炉内整股高香燃烧正旺，烛台红烛吐焰。香案围帘为红地紫走水，上绣白蓝云朵，青绿海水江牙。香案两侧站有"善恶童子"，一捧"善瓶"，意为凡属居家有善行者均纳入之；一捧"恶罐"，意为有恶行者均纳入之。年终上天言事时，对于善行多于恶行之家，将恶行之签亦倒入"善瓶"，以全善奏之；若恶行多于善行之家，即将善签亦倒入"恶罐"，以全恶奏之。又，岸旁另有"日历司"一名，记居家一年用粮多寡，有无浪费行为。还有"监司"一名，监察居家财源是否正当。香案前有一聚宝盆，盆的两侧为左犬右鸡，俗云"无鸡犬不成家"，鸡、犬能捡拾居家浪费掉的粮食，故能为主人消灾。最早的"金灶"马左边还有粮仓和仓神，右边有金库和库神，后来多被简化掉。

神像中所标的"东厨司命主，人间福禄神"意为厨是为炊之处，乃是上天主管，充分显示了"人以食为天"，食是天所赐，俗云"小猪生下来还带来二斗糠呢"。人生在世，口粮有份，吃喝乃天赋之权。至于吃得好坏、多寡，要由你在阳世三间的行为来决定。所谓"福禄神"只赐给积德、行善之家。人的福禄本来都是平等的，如果作恶多端，而又不知忏悔，则被这位"福禄神"所夺算。由此看来，"福禄神"主要的使命是监察家政。当然，这是"神道设教"的警世之说。

神像上的"善恶童子"分别抱着"善瓶""恶罐"，寓意善者平安（"平"与"瓶"谐音），平安则是福；同时寓意奸者（坏人）如果恶贯满盈（"贯"与"罐"谐音）就要获罪，警惕人们"诸恶莫作，众善奉行"，以求得福报。

神像上的"日历司"是居家用粮的监察官。粮食是宝中宝，"粒粒皆辛苦"，不容糟蹋浪费。

神像上的"监司"是家政财源上的检察官，忌讳贪污、受贿、巧取豪夺、搜刮暴敛、诈蒙偷。如是"好财"必须"取之有道"，无原则地榨取不义之财即是罪业。

居家过日子难免在粮米、饭菜上有所撒漏、糟蹋浪费，如果养有鸡、狗，则可被它们捡拾，就不算糟蹋浪费。这样，就为主人消灾免罪了。实际上，神像上的鸡、犬，象征天鸡、天犬。天鸡为主人报晓，呼唤黎明，防邪防祟防"小人"。

一张灶王马（像）既宣扬惩恶扬善，又表达了人们居家过日子的追求与向往。现在我们也可以把它看作是一张警世年画。

三、民间《灶王经》是劝善的课本

道教也有《灶王经》，道藏收有《太上洞真安灶经》及《太上灵宝补谢灶王经》，内容比较玄妙。民间的《灶王经》则通俗易懂，可以朗朗上口，旧时脍炙人口，可以被看作是信神、祭灶、积德、行善的通俗课本。过去，谓之"善书""宝卷"。

《灶王经》首先牵扯的是灶王爷的姓氏。民间的《灶王经》开卷便说："灶王留下一卷经，念与善男信女听。吾神姓张名自国，玉皇封吾掌厨中。"但汉《淮南子·氾论训》说："炎帝作火，死而为灶。"《礼记·礼器》孔颖达疏："颛顼氏有子曰黎，为祝融，祀以为灶神。"最初赋予灶神以老妇形象，"主炊食之事"，后渐由老妇变为男子，而且是美男子。《庄子·达生》司马彪注："灶神，着赤衣，状如美女。"且有许多姓氏。许慎《五经异义》等书载，灶神姓苏名吉利，或姓张名单，字子郭，他的夫人字卿忌，其职权也逐步扩大，由管一家饮食而变为操一家生死祸福，并随时录人功过，并年终上奏玉皇。灶王究竟是谁？各个历史时期的说法都不尽一样。清末民初，民间《灶王经》上说是张自国，已为近代人所接受，乡间穷祭灶者有云："灶王爷本姓张，一碗凉水三炷香。"一般人敬灶、祭灶都不究其竟，只是"神在我心"而已，究竟灶王爷为何许人，没人质疑，没人考证。

民间《灶王经》的特点是一反"善书""宝卷"正面说教的写法，它开门见山地揭露了民间居家过日子所存在的造孽现象，如"可恨世上男合女，不信真神胡乱行；打公骂婆多作罪，糟蹋食物哄孩童；夜晚起身冲撞我，赤身露体面前行……"有的正文下边还作了极为通俗的注解。虽是些"婆婆妈妈"的小事，但说得淋漓尽致，如说有的"小人"食紧财上黑，认钱不认人，见空子就钻，见便宜就上。没理搅三分，得理不让人。敲缸边，站缸沿，不站南不站北，不三不四，八面玲珑四面风。"拉老婆，曳舌头"，当着张三骂李四，当着李四损张三。离人骨肉，破人婚姻，夺人所爱，施人所忌，妒人所长，讥人所短，气人有，笑人无。长处掐，短处捏。嫌贫爱富，刮穷人，拍富人，说大话，使小钱，借钱如白捡，还钱认丧气。里踢外蹾，上蹿下跳，搬弄是非，调词架讼。心黑手狠、嘴上无德、无事生非、无中生有，有枝添叶，有叶添花，有花添果，下井投石，予人加罪，自己居功。见人拢不住火，见女人走不动道。嫖娼聚赌，输打赢要，说脏话，唱窑调，淫词浪语，神魂颠倒，酗酒撒泼，指天骂地，喝风斥雨。为官不义，酷吏虐民，鱼肉乡里。为商不义，货假价昂，童叟必欺，掺糠兑水，缺斤短两，见利忘义，等等。这些行为在当年虽提不到法律制裁的高度，但都是不道德的行为，按《灶王经》的说法乃是一种罪恶，如有违犯，即被写上恶签，放入"恶罐"，等到年终朝奏玉帝。凡恶罐（贯）满盈者，必当获罪，减福折寿，毁灭造化，由此可见《灶王经》是一本居家、为人处事的行为准则。

《灶王经》还有很大篇幅向世上士、农、工、学、商、兵一一宣示敬灶读经的善利。如"买卖商人念此经，陶朱事业火样红；手艺工匠念此经，心灵手巧显技能……年高老者念此经，眼不花来耳不聋；年轻学者念此经，一笔文章锦绣成……"由此，我们可以看到当年规范人心、治理社会的一个侧面。

四、不同的祭灶仪式

祭灶是年终的"岁祭"。过去曾列入皇家典制，清宫每年腊月二十三以黄羊祭灶，且不分帝、后均亲诣坛前拈香礼拜，直到送神望燎，没有民间"男不供月，女不祭灶"之说。

祭灶，民间贫富皆有此举。富户有以黄羊、糖瓜、糖饼并为供品的，还给骑的马也供上草料，甚至有给灶神糊了八抬大轿，或金鞍宝马的（如旧时的同仁堂乐家和天宝金店刘家）送他上天。穷人，即使是赤贫者，亦不失此礼。用两个白菜疙瘩当烛台，以一个小碗当香炉，仅以一碗凉水当供品，用秫秸秆插个小马来送灶。虽然近于儿戏，但祭者却说"心到礼到，心到神知"。这种求福报的心理人皆有之。就连草料铺在腊月二十二也发心做功德，在门前施舍草料，让祭灶之家喂饲灶君的坐骑。

旧时祭祀灶神不光是在岁终，而且根据用灶为炊的具体事情而举行不同形式的祭祀仪式。例如：佛教所举行的各种道场，甚至应了民间的佛事，不论是祝寿，还是度亡的，都在吃斋前举行祭灶仪式。让斋主以铜盘捧一份"敬神钱粮"，"香灯"或"铺排"（伺候僧人的杂务）捧一个给厨灶上大师傅的钱包，到临时厨房诵念《大吉祥天女咒》，表示敬神谢厨，然后才能享用斋饭。此乃僧家之礼也。又如：梨园界每年阴历九月初九为谢罪祈福，举行所谓"九皇会"。据道教《玉清无上灵宝自然北斗本生真经》说，龙汉年间周御王之妃名紫光夫人，即斗姥元君，生九子，初生二子，为天皇大帝、紫薇大帝；后生七子，为贪狼、巨门、禄存、文曲、廉贞、武曲、破军，合称"九皇"。九月初九为其母斗姥元君生辰，九皇共庆是为九皇会。是日梨园界丑角演员扮作道士，作一道场，不会念道经念佛经，文不对题地走个形式，但开坛前也必须祭灶，以便用斋。此乃道家之礼也。

灶王被厨行尊为行业神，每逢旧历八月初三灶王诞辰之日，必齐集崇文门外花市都灶君庙，举行隆重的祭祀仪式。好年成时还要唱一台小戏（河北梆子、评戏之类），谓之"酬神堂会"。过去，凡属厨行学徒出师，必要在都灶君庙举行祭灶谢师仪式。此乃厨行之礼也。

旧时，祭灶是社会上一切善信人士的基本礼仪，祭灶，表示敬灶，一心积德，争取"福缘善庆"。当然，人生居家过日子不可能完全符合"天道"，即"上天"与"神"的意志，既有功德之举，又有失礼之处，有意无意地做些错事。所以送灶时，忏悔谢罪，让灶君向玉帝给自家举功掩过，以求福报。这是一种很朴实的信仰，朴实的民风，它区别于正统的宗教信仰，乃是中国所特有的乡土风俗和乡土文化。

绝不能简单地将它说成是"封建迷信"，而应该本着历史主义的观点来认识这一民俗事象。

参考文献

1.（魏）王弼注《老子》，北京：首都经济贸易大学出版社，2007 年 11 月

2.（战国）庄周著，胡仲平编著《庄子》，北京：北京燕山出版社，1995 年 4 月

3.（春秋）孔丘著《论语》，太原：山西古籍出版社，2003 年 1 月

4.（战国）子思著《中庸》，北京：中国华侨出版社，2002 年

5.（汉）戴德著《大戴礼记》，北京：中华书局，1985 年

6.（汉）许慎著《说文解字》，北京：中华书局，1985 年

7. 陈成国点校《周礼》，长沙：岳麓书社，1989 年 7 月

8.（汉）司马迁著《史记》，北京：中华书局，2011 年

9.（汉）班固撰，（唐）颜师古注《汉书》，郑州：中州古籍出版社，1991 年 12 月

10.（汉）应劭著《风俗通义》，上海：上海古籍出版社，1990 年 10 月

11.（汉）蔡邕著《独断》，上海：上海古籍出版社，1990 年 10 月

12.（梁）吴均著《续齐谐记》，北京：中华书局，1934 年

13.（南北·梁）宗懔著，姜彦稚辑校《荆楚岁时记》，长沙：岳麓书社，1986 年 6 月

14.（五代）王仁裕著，曾贻芬点校《开元天宝遗事》，北京：中华书局，2006 年 3 月

15.（唐）唐玄宗敕撰《唐月令注补遗》，北京：中华书局，1985 年

16.（唐）释慧能撰，张文修编著《坛经》，北京：北京燕山出版社，1995 年 10 月

17.（宋）朱熹注《周易》，上海：上海古籍出版社，1987 年 3 月

18.（宋）王钦若等编纂《册府元龟》，南京：凤凰出版社，2006 年 12 月

19.（宋）朱熹编，（战国）孟轲著《孟子》，上海：上海古籍出版社，1987 年 3 月

20.（宋）释赞宁著《大宋僧史略校注》，北京：中华书局，2015 年 3 月

21.（元）马端临著《文献通考》，杭州：浙江古籍出版社，2007 年 9 月

22.（元）脱脱等撰《金史》，北京：中华书局，1975 年 7 月

23.（明）沈榜著《宛署杂记》，北京：北京古籍出版社，1980 年 11 月

24.（明）蒋一葵著《长安客话》，北京：北京古籍出版社，1982 年 4 月

25.（明）郎瑛著《七修类稿》，上海：上海书店出版社，2009 年 4 月

26.（明）刘侗、（明）于奕正著《帝京景物略》，北京：北京出版社，1963 年 9 月

27.（清）李光庭著《乡言解颐》，上海：上海古籍出版社，1996 年

28.（清）顾禄撰《清嘉录》，北京：商务印书馆，1976 年 6 月

29.（清）富察敦崇著《燕京岁时记》，北京：北京古籍出版社，1981 年

30.（清）赵翼著《陔余丛考》，北京：商务印书馆，1957 年

31.（清）袁景澜撰，甘兰经、吴琴校点《吴郡岁华纪丽》，南京：江苏古籍出版社，1998 年 12 月

32.（清）让廉著《京都风俗志》，北京：北京古籍出版社，1981 年

33.[美] 爱伯哈德著，陈建宪译《中国文化象征词典》，长沙：湖南文艺出版社，1990 年 6 月

34.张惠民著《中国风水应用学》，北京：人民中国出版社，1993 年 8 月

35.李家瑞编《北平风俗类征》，上海：上海文艺出版社，1986 年 1 月

36.王兆祥主编《中国神仙传》，太原：山西人民出版社，1992 年 4 月

37.闻一多著《闻一多全集》，北京：生活·读书·新知三联书店，1982 年

38.潘铭基著《孔子的生活智慧》，香港：汇智出版有限公司，2011 年 6 月

39. 李安宅著《<仪礼>与<礼记>之社会学的研究》，上海：上海人民出版社，2005 年 5 月

40. 邹士方著《国学大师的文人情怀》，杭州：浙江大学出版社，2012 年 7 月

41. 张岱年、程宜山著《中国文化精神》，北京：北京大学出版社，2015 年 3 月

42. 余英时著，彭国翔编《中国情怀：余英时散文集》，北京：北京大学出版社，2012 年 4 月

43. 余英时著，彭国翔编《学思答问：余英时访谈集》，北京：北京大学出版社，2013 年 1 月

44. 韩复智编《钱穆先生学术年谱》卷一——卷六，北京：中央编译出版社，2012 年 3 月

45. 常人春著《老北京的年节》，北京：中国城市出版社，2000 年 1 月

46. 苑利、顾军著《非物质文化遗产学》，北京：高等教育出版社，2009 年 11 月

47. 浙江民俗学会编《浙江风俗简志》，杭州：浙江人民出版社，1986 年 11 月

后 记

本书得以编辑完成，顺利出版，首先应该感谢北京燕山出版社的领导、同人，是他们的支持、指导和辛勤工作，才保证了本书的问世。

北京燕山出版社在我心中拥有较高的地位。尽管本人曾从事出版事业三十多年，所在的也是一流的大出版社，但燕山出版社的图书一直是我的阅读首选。当年该社的一批老编辑还是北京文史研究的大家，出版了大量关于北京历史、地理、文化的知识读物和工具书。

这是我第一次在燕山出版社出书，就自身而言，这也算是给多年教诲我的老师们奉上的一份答卷。对其内容是否满意，尚待老师们的评判。不过本书实实在在凝聚了我多年来研究和实践传统节日文化的成果，也是一份心血之作。

我已多年不从事如此辛苦的写作了。这一方面是因为在媒体，特别是在电视上做节目，往往省事，而写一本书需要穷经皓首，做一番掏心掏肺的奉献。另一方面，为虚名所累，大量的社会活动耗去了大量的时间、精力，又难以从事深入细致的钻研。

好在我有随时记笔记、写日记的习惯，同时见缝插针地读书，并固定化为生活方式。因此，几年下来，不仅大量阅读了相关图书，而且记下了上百万字的相关内容。此次应李满意副总编之邀，将其中有代表性的内容挑选出来，大致归一归类，形成了本书的主要内容。其中有些内容和想法都曾经见诸报端，一些不成系统的想法在记者采访的促使下也渐渐系统起来，所以相关报纸的记者和编辑对本书中某些内容的成形也有促成之功，在此表示感谢。

为了编辑成书，李副总编、王主任、葛编辑等花费了大量时间和精力。李副总编为本书申请出版基金，葛编辑负责具体的编辑工作，王主任为宣传、组织出了力。所以我非常感谢各位的大力帮助，对他们致以诚挚的谢忱。

半个多世纪前，当我还是一个孩子的时候，父亲就常常望着我的背影感叹道："狗揽八泡屎，泡泡舔不净。"因为我的兴趣广泛，又没长性，所以以后的很长时间里，我没有任何的一技之长，以至于生计、事业都无可言之。

年近半百，命运之星忽然光临我的头顶，像中了彩票一样，多年的种子开花了。这当然首先要感谢大环境，为像我这样的无用之人提供了机会。

就自身而言，是我多年的积累发挥了作用。它让我有如冰山一角，以强大的底蕴为支撑，乘着时代的大潮奔移向前。老领导的谆谆教诲，长辈的榜样作用，自身的使命感，以及长耳的知识积累，一下子让我有了报效社会的机会和能力。特别是"狗揽八泡屎"的经历让我获得历练，积累了经验，开阔了眼光和胸怀……由此获得的宽广知识面，以及在生活中的较强适应能力，特别是强烈的使命感，推动着我在民俗领域，尤其是传统节日的研究和实践中取得了一些成果。

本书是多年来我在上述方面成果的汇总，尚属于阶段性的，但也是一次重要的总结。因为，早在本书出版之前，我已在酝酿并力行了一次新的行动，希冀在新的战场上再次拼搏。也许不停奋斗才是人生生命力的体现，我希望由此展现出自身新的价值，为社会再做一次贡献。

2016 年 2 月 8 日 丙申新年之夜